Wer schön sein will, muss reisen

Tine Wittler

Wer schön sein will, muss reisen

Ein Selbstversuch im Land der runden Frauen

Scherz

www.mussreisen.de

Erschienen bei Scherz, einem Unternehmen
der S. Fischer Verlag GmbH, Frankfurt am Main

Satz: Dörlemann, Lemförde
Druck und Bindung: CPI – Ebner & Spiegel, Ulm
Printed in Germany

ISBN 978-3-502-15197-5

*Für alle Frauen, die keinem Schönheitsideal entsprechen –
also für fast jede. Und für meine Freundin Wafa.*

»Fatimas erotische Reize beruhen nur auf einer einzigen Eigenschaft: ihrer Körperfülle. (...) Ali kommt aus der Wüste heim, Blut und Sand in den Augenwinkeln, und taucht mitten hinein in die feuchte Fruchtbarkeit ihres Fleisches. Sie ist ein Brunnen, eine Quelle, eine Oase. Sie ist überfließende Milch, ein bewegliches Festmahl, eine saftiggrüne Weide, eine Rinderhälfte. Sie ist Gold. Sie ist Regen.«

Aus: T. C. Boyle, »Wassermusik«

Nørhede, Dänemark
Mittwoch, 12. August 2009

Och nee, ne! Verdammte Axt. In was habe ich mich jetzt schon wieder reingeritten?!

Da sitze ich nun in meinem kleinen dänischen Ferienhaus; dem Ort, nach dem ich mich nahezu elf Monate im Jahr so sehr sehne, und plötzlich kommt mir ausgerechnet dieser Ort vor wie ein Gefängnis. In meinem Kopf tobt ein Sturm, und in meinen Ohren rauscht es. Wobei Letzteres vermutlich auf eine Ohrenentzündung zurückzuführen ist, die ich mir hier – Ohrenstöpsel hin oder her – jedes Jahr aufs Neue hole, weil ich zwei Stunden pro Tag durch das minikleine, stark gechlorte Schwimmbecken tobe, das dem Häuschen angegliedert ist. Aber egal. Weitaus mehr beschäftigt mich die Tatsache, dass sich hier plötzlich alles ganz anders entwickelt als geplant. Es sollte doch sein wie immer: Einmal im Jahr ziehe ich mich für vier, fünf Wochen hierher zurück, nach Jütland, in besagtes kleines Häuschen. Allein. Um zu schwimmen, Kraft für den Jahresendspurt zu tanken – und vor allem um zu schreiben.

Diesmal steht die Entwicklung von Roman Nummer sechs an. Oder vielmehr: Sie *stand* an. Denn jetzt sitze ich hier, völlig durcheinander, und die Hauptdarstellerin meines nächsten Romans ist schon tot, noch bevor ich sie überhaupt zum Leben erweckt habe. Sie sollte Kaja heißen und eine ganz normale Frau sein. Eine Frau allerdings, die ein Problem hat (ganz normal also, sag ich ja). Ein Problem, das für sie zum Dreh- und Angelpunkt ihres Lebens wird: Kaja ist zu dick – und darauf schiebt sie alles, was in ihrem Leben schiefläuft. Allein dieser Umstand, so glaubt Kaja, macht sie klein, minderwertig und machtlos. Die ganze Welt scheint darauf herumzureiten. Und ihr Wunsch, endlich dem herrschenden Schönheitsideal (oder zumindest der akzeptierten Norm) zu entsprechen und somit vermutlich all ihre Probleme auf einen Schlag los zu sein, lässt sie einiges an Fehlern begehen.

Mit dieser Problematik kenne ich mich aus! Als eine der wenigen weiblichen deutschen Prominenten, die nicht die Kleider ihrer sechzehnjährigen Tochter tragen könnten, ist dieses Thema für mich allgegenwärtig. Gerade auf dem glatten Parkett von Fernsehpräsenz und Promipartys habe ich mich anfangs wie der berühmte Elefant im Porzellanladen gefühlt oder wie ein Nilpferd unter lauter Flamingos, und ich weiß durch viele, viele Gespräche, wie sehr dieses Thema auch die meisten anderen Frauen beschäftigt.

Dabei geht es längst nicht nur ums Gewicht: Ob fünf oder fünfzig Kilo zu viel; ob labbrige Oberarme oder schlaffe Schenkel; ob zu kleine Brüste oder eine zu große Nase; ob X- oder O-Beine; ob schlechte Zähne oder schlechte Haut; ob zu alt oder zu faltig – Schönheitsfehler ist Schönheitsfehler, basta, und das ist nun mal ganz und gar nicht gut. Und hinderlich. Und überhaupt. Es ist erschütternd, wie aufopferungsvoll Frauen sich tagein, tagaus mit Selbstzweifeln und Komplexen herumschlagen. Und wie sehr wir alle uns von Idealen und überhöhten Ansprüchen, von bewussten und unbewussten Boshaftigkeiten und von konstanter medialer Gehirnwäsche nur zu gern unter Druck setzen und verrückt machen lassen.

Die Beschäftigung mit der gesellschaftlichen Wahrnehmung, Darstellung und Behandlung von Menschen, die nicht der erwarteten Norm entsprechen oder nicht als »schön« gelten, ist zu einem Teil meines Lebens geworden. Aufgrund meiner eigenen Erfahrungen habe ich dieses Thema quasi adoptiert, wenn auch anfangs widerwillig. Und deshalb gehört allen Menschen mit angeblichen Schönheitsfehlern meine ganze Empathie – Menschen wie meiner soeben gestorbenen Romanfigur Kaja eben.

Im Fortlauf ihrer Geschichte sollte Kaja erkennen, dass die Macht der Ideale vielleicht gar nicht so groß ist, wie sie glaubt. Dass diese Macht durchaus begrenzt sein kann – wenn man zum Beispiel einfach mal die Perspektive wechselt. Und deshalb sollte Kaja in »ihrem« Roman auf eine Reise gehen, in der ihr Verständnis von Schönheit, von Perfektion und Ideal, von Begehrenswertem und Verachtenswertem völlig auf den Kopf gestellt wird. Kaja sollte in ein Land reisen, in dem Frauen wie sie als besonders schön gelten – also Frauen, an denen nicht möglichst wenig, sondern möglichst viel dran ist.

Denn das soll es ja tatsächlich (noch?) geben: Länder, in denen jene Frauen als krank, arm, bemitleidenswert und unsexy gelten, die schlank sind. Schön, begehrenswert, reich, gesund und gesegnet sind dort hingegen jene Frauen, die es in Kajas Welt so schwer haben: je runder und je üppiger, desto besser, desto be- und geliebter, desto reicher an Liebe und Lebensqualität. Diese Vorstellung hat mich von Anfang an unglaublich fasziniert. Wie fühlt es sich wohl an, wenn man einem solchen Land einen Besuch abstattet – und das eigene Weltbild, alles, was man bisher erfahren und gelernt hat (und von dem man sich bislang nur zu gern hat stressen lassen), plötzlich nicht mehr gilt?

Trotz ihrer vermutet großen Bedeutung sollte Kajas Reise aber zunächst nur ein kleiner Teil ihrer Erlebnisse sein, aufgrund deren sie eine entspanntere Haltung zu sich selbst, ihrem Körper und ihrer Umwelt finden sollte. Und so habe ich diese Reise in meinem ersten, ein wenig ungeduldig verfassten Exposé eher am Rande erwähnt. Nicht einmal das Land, in das Kaja reisen würde, stand fest; dazu hatte ich noch zu wenig recherchiert. Klar war lediglich, dass es sich dabei um ein arabisches Land handeln würde. Denn dass dort, besonders im Norden und in der Mitte Afrikas, andere Maßstäbe gelten als hier bei uns, wusste selbst ich zu diesem Zeitpunkt schon. Aber welches Land würde sich besonders eignen, um Kaja dorthin zu schicken? Darum hatte ich mir noch kaum Gedanken gemacht.

Es kam, wie es mit dem hastig zusammengezimmerten ersten Exposé kommen musste: Es fiel durch – bei Susanne, meiner Lektorin, und bei Schorsch, meinem Agenten, mit dem ich schon seit meinem allerersten Roman, also seit zehn Jahren, zusammenarbeite.

Aber irgendwie glaubte ich weiterhin an Kaja und ihre Geschichte, und ich war nicht willens, die beiden dranzugeben. Also baute ich übers Wochenende um und aus. Ich dachte, strich, fügte hinzu und wieder zurück, bis ich ganz blöd im Kopf war und selbst nicht mehr genau durchblickte. Aber eines war klar: Kajas Reise gewann dabei enorm und wie von allein an Raum und Wichtigkeit.

In der Zwischenzeit wusste ich immerhin, wo diese sie hinführen sollte: in ein Land namens Mauretanien. Denn ich hatte recherchiert. Ein bisschen. Ach was – rudimentär! Die Internetverbindungen sind hier in diesem Jahr die schlechtesten, die ich jemals erlebt habe – weiß der Henker, woran es liegt, trotz nagelneuer Hardware und obwohl es doch angeblich von Jahr zu Jahr so etwas wie technischen Fortschritt geben soll. Jedenfalls lädt alles nur aufreizend langsam, so dass man das verantwortliche Gerät am liebsten anschreien und schütteln möchte vor Ungeduld. Trotzdem: In Mauretanien gilt das Schönheitsideal der runden Frau angeblich weiterhin. Jedenfalls laut meiner bisherigen Recherchen.

Mauretanien also! Na bravo. Ausgerechnet ein Land, von dem ich noch nicht einmal wirklich wusste, dass es überhaupt existiert. Es ist eines von diesen Ländern, die meine Omi bei »Stadt – Land – Fluss« immer eingetragen und womit sie auch meistens gewonnen hat – aber das war es dann auch mit dem, was ich damit in Verbindung bringe. Trotzdem: Ich gab mich weiter der nervigen Schnecken-Recherche hin, während ich an der zweiten Version meines Exposés arbeitete. Und fand dabei heraus, welche Blüten das »umgekehrte« Schönheitsideal in Mauretanien treibt.

Fasziniert-abgeschreckt las ich darüber, dass es dort Tradition war und teilweise noch sein soll, junge Mädchen regelrecht zu mästen, um sie im wahrsten Sinne des Wortes besser an den Mann bringen zu können. Dass Frauen dort, statt sich mit Diäten und gefährlichen Schlankheitspillen zu quälen, angeblich gefährliche Medikamente einnehmen, um an Gewicht zuzulegen und dem Idealbild der sinnlichen, runden und somit wohlhabenden, gebärfähigen und gesunden Frau nahezukommen.

Ganz »nebenbei« lernte ich, dass Mauretanien mit seinen 2,8 Millionen Einwohnern ein sehr armes Land ist; eine französische Exkolonie mit vielen Nomaden, noch mehr Wüste und einer zunehmenden Bevölkerungswanderung in die wenigen, eh schon überfüllten Städte. Ich erfuhr, dass Mauretanien ein sehr heißes Land ist. Und ein politisch unruhiges; geprägt durch eine Diktatur von 1984 bis 2005 und gebeutelt durch fast ein Dutzend Putsche und Putschversuche. Just im vergangenen Jahr hatte es wieder einen solchen gegeben, in dessen Zuge der erste demokratisch gewählte Präsident durch das Militär gestürzt wurde; vor einigen Wochen, im Juli 2009, war der damalige Putschanführer, ein General, zum Präsidenten gewählt und vor erst wenigen Tagen vereidigt worden.

Aufregend!, dachte ich. Nicht mehr, nicht weniger. Und tippte meine Rechercheergebnisse eifrig in die zweite Variante meines Exposés – fast ohne mir dessen wirklich bewusst zu sein. Vielleicht spürte ich zu diesem Zeitpunkt schon, dass sich mir da etwas auftat, das mich gedanklich noch sehr, sehr lange beschäftigen würde; jedenfalls sandte ich das neue Exposé mit äußerst gemischten Gefühlen ab, die ich im Nachhinein nur schwer beschreiben kann. Ich fühlte eine Unruhe, die ungewohnt war. Dies war nicht die Ungeduld, die ich sowieso jedes Mal an den Tag lege, wenn ich auf ein Feedback zu meiner Arbeit warten muss. Dies war etwas anderes. Um 13.04 Uhr an diesem Sonntag schickte ich das zweite Exposé mit einem Stoßgebet auf die beschwerliche Reise zu Lektorin und Agent.

Die ersehnte Antwort aus dem Lektorat, die Reaktion auf mein zweites Exposé, kam am Montag um 15.47 Uhr. Ich hielt vorsichtshalber die Luft an, als ich die Mail öffnete.

»Liebe Tine«, schrieb meine Lektorin Susanne. »Liebe Tine, uns ist etwas tigergleich angesprungen in Deiner Mail: Mauretanien und das umgekehrte Schönheitsideal – in Konfrontation mit einer vom westlichen Idealbild qequälten Protagonistin. *Das* ist neu, originell, noch nicht gelesen und spannend! Wie wäre es, wenn die ganze andere Konstruktion wegfällt und der Roman stattdessen in Afrika seinen Ausgangspunkt nimmt?«

Bingo, dachte ich. Oder vielmehr: Scheiße. Oder auch schlicht: Oh nein, oh nein, ich hab's geahnt.

»Liebe Susanne«, antwortete ich leichthin, »na prima – ich wusste doch, dass da wenigstens *etwas* Gutes drinsteckt!«

Aber ich dachte in Wirklichkeit etwas anderes. Nein, falsch, ich dachte es nicht – ich musste es nicht denken, denn es stand schon fest. *Es* dachte quasi *mich.* Denn ich würde nach Mauretanien reisen. Reisen *müssen*! Kajas Reise war eigentlich für mich bestimmt. Das hier war kein Roman, der geschrieben werden wollte, keine Fiktion. Das hier schrie nach einem Selbstversuch. Mein Roman war von einem Moment auf den anderen gestorben. Es würde ein Reisebericht daraus werden müssen. Ein Reisebericht der etwas anderen Art. Und Kaja war tot.

Wie fühlt man sich, wenn man soeben der bislang größten Herausforderung seines Lebens begegnet ist?

Und das ausgerechnet mir! Mir, die das Fliegen verabscheut und die Hitze hasst. Die sich zu Hause in Hamburg am wohlsten fühlt und schon Heimweh hat, wenn sie nur eine Nacht weg ist – es sei denn, natürlich, in Dänemark. Die man mit Fernreisen so gar nicht locken kann. Die es gern bequem und überschaubar hat, die ihre Rituale und Alltäglichkeiten liebt, ohne tägliches Haarewaschen nicht leben kann, ja schon fast ein bisschen eingefahren ist! Aber egal: Mit solchen Kinkerlitzchen würde ich mich erst beschäftigen, wenn aus meinem wahnwitzigen Plan überhaupt ein Buchprojekt werden könnte. Reisen in entfernte, fremde Länder hatten auch andere schon überstanden, ja sogar Spaß daran gehabt. Und außerdem: Noch wusste ja noch nicht einmal mein Agent Schorsch, was in meinem vermaledeiten Hirn gerade vor sich ging, dieser ollen Krücke, in der sich die Synapsen überschlugen und die mir momentan gerade mal wieder selbst Angst machte.

Ich einigte mich schließlich mit mir selbst darauf, dass es schlicht meine unbezähmbare Neugier war, die befriedigt werden wollte. Diese Neugier hatte mich zwar schon oft in Teufels Küche, aber letztendlich immer weitergebracht. Mal gucken, was diesmal passiert, dachte ich.

Also suchte ich nach Reiseberichten; fand nur ganz sporadisch ein paar Sätze – offenbar wird Mauretanien nur sehr wenig gezielt bereist, sondern eher nebenbei abgehandelt. Immerhin: Von Paris Linienflüge. Hotels? Sehr wenige, jedenfalls mit westlichem Standard, genauer gesagt: exakt ein Einziges, und das so teuer wie in Paris, na toll.

Nouakchott, die Hauptstadt – ursprünglich für 30 000 Einwohner angelegt, heute mit weit über 700 000 Menschen heillos übervölkert; in die Stadt gekommene Nomaden sollen dort in Zelten leben, für eine Wohnexpertin eine gewöhnungsbedürftige Vorstellung. Weil islamische Republik, Alkoholverbot – die Wirtin und Partyqueen in mir gerät gleich mal in Panik. Sprache – hm, mit Französisch komme man ganz gut durch, schreibt jemand. Wieder Panik. Zwar habe ich in der Schule Französisch gelernt, aber das ist Jahre her; »Französisch auffrischen«, notiere ich also brav im Hinterkopf. So viel zu tun!

Ein paar Artikel sogar, die sich ganz gezielt mit »meinem« Thema beschäftigen, dem Schönheitsideal, das dem westlichen so entgegengesetzt ist – einer im *Spiegel*, einer im *Tagesspiegel*, einer in der italienischen Tagszeitung *La Repubblica*; alles so weit glaubwürdige Quellen. Und ich stelle fest, dass ich just zum richtigen Zeitpunkt aufmerksam werde: Ein zusätzliches Spannungsfeld tut sich auf. Denn seit kurzem wird das traditionelle Schönheitsideal, so scheint's, auch in Mauretanien zur Diskussion gestellt. Man habe sogar eine Fernsehkampagne gestartet, die diese Diskussion nähre: In einem der Spots schiebe ein Ehemann seine fast bewegungsunfähige Ehefrau in einer Schubkarre umher, lese ich. Seit neuestem seien Frauen im stadteigenen Stadion anzutreffen, wo sie, eingewickelt in ihre langen Gewänder, langsame Runden drehen würden, auch der Figur wegen.

Dass Mauretaniens Frauen zunehmend berufstätig und damit auch selbständiger würden, steht in einem der Artikel; und dass Gewichtsabnahme dabei durchaus eine Rolle spielen könne, denn eine schlanke Frau gelte als schwerer zu verheiraten. In einem anderen Artikel hingegen wird eine junge Frau zitiert, deren Familie sich die kostspielige Fütterung der Tochter, um sie schön und begehrt zu machen, nicht mehr leisten konnte. Heute sei die Tochter unglücklich, weil »viel zu dünn«, fühle sich unter ihren Freundinnen als Ausgeschlossene und für ihren Ehemann nicht attraktiv genug. Wie irre ist das denn, denke ich, das ist doch verrückt! Wirklich alles genau andersrum. Verkehrte Welt!

Dann lese ich über die Zwangsfütterung. Diese soll es wirklich geben: in Einrichtungen, geführt von strengen Matronen, in denen kleine Mädchen regelrecht gemästet werden, um sie für den Heiratsmarkt wertvoll zu machen. Die traditionelle Zeit für die »Gavage« sei die Regenzeit von Juli bis Oktober – wenn man sie denn so nennen kann, denn in der Regel gibt es in Mauretanien sehr wenig Regen, und wenn, dann hauptsächlich im Süden an der senegalesischen Grenze. Trotzdem ist dies die fruchtbarste Zeit des Jahres: Dann finden die Schafe, Ziegen und Kamele Futter, und es ist genügend Kamelmilch für die Mästung der Mädchen vorhanden.

Gern spreche man über dieses Thema nicht, erfahre ich; erst recht nicht mit Ausländern, was meine Arbeit sicherlich nicht leichter machen wird. Aber ich verspüre sofort den Wunsch, unbedingt mit Frauen reden zu wollen, die so etwas tatsächlich durchgemacht haben. Aber auch mit den mauretanischen Männern würde ich gern sprechen. Darüber, was sie wirklich schön finden, zum Beispiel. Darüber, was ihnen dieses traditionelle Schönheitsideal bedeutet. Und darüber, ob die Durchsetzung ebenjenes vielleicht auch ein Instrument von Machterhaltung ist.

Was ich *nicht* will, ist mir hingegen genauso klar: Ich will nicht mit dem Finger auf eine Tradition dieses mir unbekannten Landes zeigen, »Du, du, du!« machen und mich als Westeuropäerin erhaben oder schlauer fühlen. Ich will mich auch nicht künstlich aufregen über etwas, das in unserer Gesellschaft genaugenommen ebenso brutal stattfindet. Nur eben unter anderen Vorzeichen und mit anderen Instrumenten. Macht es denn wirklich einen so großen Unterschied, ob ein Mädchen körperlich gemartert wird, damit es einem Schönheitsideal näherkommt, oder ob ein Mädchen durch den Druck seiner Umwelt seelische Qualen leidet, sich verrückt macht und nach dem Essen den Finger in den Hals steckt?

Ich bin die Letzte, die berechtigt dazu wäre, die Tradition eines Landes zu kritisieren, dessen Religion und Lebensweise mir völlig unbekannt sind. Ich habe keine Ahnung von Afrika, ich habe keine Ahnung vom Islam, und ich habe erst recht keine Ahnung von Mauretanien. Aber ich könnte versuchen, dieses Land und seine Tradition zu verstehen – und über diesen Umweg vielleicht auch etwas über uns und unsere Gesellschaft lernen.

Dazwischen völlig wirre Gedanken: Soll ich, soll ich nicht; was machst du hier eigentlich; du spinnst doch total; du überschätzt dich völlig; stell dich nicht so an; in fremde Länder reisen, das ist für manche ein Hobby und heutzutage doch ganz easy; leg dich einfach wieder hin; jetzt denk doch mal an was anderes. Ich ertappe mich dabei, dass ich über die Recherchen das Essen vergesse. »Aber du musst jetzt deine Figur halten! Für dein Projekt!«, schießt es mir durch den Kopf, und ich weiß gar nicht, ob ich darüber lachen oder weinen und überhaupt was ich damit anfangen soll. Ich verschiebe das Essen; ein paar Minuten noch. Da!, ein ganz aktueller Artikel, welt.de. Von heute. Ganz frisch! Ich lese:

Selbstmordattentat vor französischer Botschaft

Nouakchott/Paris. In Mauretanien hat sich ein Selbstmordattentäter vor der Botschaft der ehemaligen Kolonialmacht Frankreich in die Luft gesprengt. Bei der Explosion in der Hauptstadt Nouakchott seien drei Menschen, darunter zwei Franzosen, leicht verletzt worden, teilten die mauretanische Polizei und die Botschaft mit. Es war der erste Selbstmordanschlag in der Geschichte des Landes. Der Selbstmordattentäter sei ein 1987 in Nouakchott geborener Mauretanier gewesen, hieß es aus Polizeikreisen. Er werde der Dschihad-Bewegung zugerechnet. Mauretanien ist seit zwei Jahren Ziel von Anschlägen des nordafrikanischen Arms des internationalen Terrornetzwerks al-Qaida. 2007 waren vier Franzosen in Aleg ermordet worden. Zu der Tat hatte sich die al-Qaida im Maghreb ebenso bekannt wie zu der Erschießung eines US-Bürgers vor sechs Wochen in Nouakchott. ■

Sofort sehe ich meine ganzen Pläne den Bach runtergehen. Herausforderung hin oder her, sie muss ja wohl nicht gleich lebensgefährlich sein! Schnell wähle ich die Homepage des Auswärtigen Amtes an und suche die Reisehinweise für Mauretanien. Und die sind mehr als deutlich. Denn da steht:

»In den nordafrikanischen und den südlich an die Sahara grenzenden Ländern wächst die Gefahr des islamistischen Terrorismus und krimineller Übergriffe. Al-Qaida im Maghreb (AQMI) sucht derzeit gezielt nach Ausländern zum Zwecke der Entführung. Wirksame Gegenmaßnahmen gegen diese Terrorgruppe zeichnen sich nicht ab. Es ist, wie aktuelle Hinweise bestätigen, jederzeit mit weiteren Entführungen westlicher Staatsangehöriger zu rechnen. Gerade auch deutsche Staatsangehörige sind einer deutlich ansteigenden Anschlags- und Entführungsgefahr ausgesetzt. Das Auswärtige Amt rät von Reisen in entlegene, nicht hinreichend durch wirksame Polizei- oder Militärpräsenz gesicherte Gebiete der Sahara und ihrer Randbereiche eindringlich ab. Erhöhte Anschlagsrisiken bestehen auch für touristische Ziele, an denen regelmäßig westliche Staatsangehörige verkehren.«

Tja. Und es hätte alles so schön werden können. Beunruhigt gehe ich schlafen.

Dienstag, 18. August 2009

Mittlerweile habe ich immerhin Sibylle vom Management in meine Mauretanien-Pläne eingeweiht. Sie hat mir daraufhin prompt einen Artikel aus dem *Süddeutsche Magazin* vom 31. Juli nach Dänemark geschickt, der sich genau mit »meinem« Thema beschäftigt. Die Fakten, die die Autorin Michaela Haas in ihrem Essay zusammenträgt, sind keine bahnbrechenden Neuigkeiten im eigentlichen Sinne. In ihrer hier auftretenden Masse erschüttern sie mich dennoch:

Zwei Drittel aller zwölf- bis fünfzehnjährigen Mädchen in Europa und in den USA finden sich nicht schön genug. 40 Prozent aller Mädchen zwischen sechs und sechzehn Jahren würden sich gern Fett absaugen lassen. Jedes dritte Mädchen in Deutschland hat ein auffälliges Essverhalten. Mehr als eine halbe Million Schönheitsoperationen werden pro Jahr in Deutschland durchgeführt. 82 Prozent der Deutschen sagen, sie hätten in den letzten zwei Jahren eine Diät gemacht. Die Adipositas-Gesellschaft erklärte vor zwei Jahren 70 Prozent der Männer und 50 Prozent der Frauen in Deutschland für übergewichtig.

Auch international treibt der Schönheitswahn sein ausuferndes Unwesen: 30 Prozent aller Südkoreanerinnen zwischen zwanzig und fünfzig Jahren haben sich 2008 einem kosmetischen Eingriff unterzogen; die Hälfte aller jungen Frauen dieser Nationalität hat sich angeblich schon »westliche« Augenlider schneidern lassen. Die Argentinier bekommen Schönheitsoperationen von ihrer Krankenkasse erstattet; in Brasilien bezahlt sie gleich der Staat. In Nigeria begann vor acht Jahren ein landesweiter Diätwahn, nachdem zum ersten Mal eine (sehr dünne) Nigerianerin zur »Miss World« gewählt wurde. Chinesen lassen sich Metallrohre in die Oberschenkel einsetzen, um bis zu zehn Zentimeter größer zu werden. Schwedinnen dagegen, die sich für zu groß halten, lassen sich die Oberschenkelknochen brechen und zusammenstauchen. Allein in einer einzigen Ausgabe der amerikanischen *Vogue* sind rund 150 Bilder digital retuschiert und alle Models sorgfältig von vermeintlichen Makeln befreit worden.

»Das ist kein Geheimnis, das kann jeder nachlesen«, schreibt Michaela Haas. »Dennoch nehmen wir uns diese Avatare zu Vorbildern, eifern ihnen verzweifelt nach und glauben tatsächlich, dabei Herr unseres Willens zu sein, alle Schinderei freiwillig zu begehen und nicht in die Fangarme der Schönheitsindustrie geraten zu sein.« Und so, schlussfolgert Haas, entstehe der »moderne Körperhass«: »Der eigene Körper wird zum Feind, weil er sich nicht so stark formen lässt, wie wir es von ihm fordern.«

»Körperterror« nennt Susie Orbach das. Susie Orbach ist eine US-amerikanische Psychoanalytikerin, die schon Ende der Siebziger ein Buch mit dem schönen Titel »Fat is a Feminist Issue« schrieb, seither gegen überzogene Schönheitsideale kämpft, die Körper und Geist gefährden, und schon Prinzessin Diana wegen ihrer Bulimie therapierte. Im Gespräch mit Michaela Haas sagt sie: »Wir erleben eine nie dagewesene Hysterie um den Körper, es gilt als normal, ihn nicht zu mögen. Millionen Menschen schämen sich für ihn, kämpfen täglich gegen ihn, weil er sie stört und verunsichert. Das ist ein immenses Problem und hat nichts mit Eitelkeit zu tun.«

Und dieser Körperfetischismus der industrialisierten Welt, schreibt Michaela Haas, habe »den hintersten Winkel dieser Erde erobert«. Auch Mauretanien?

Ähnlich wie Susie Orbach hat die Psychologin Barbara Mangweth den Schwerpunkt ihrer Arbeit ebenfalls auf Ess- und Körperbildstörungen gelegt, und sie hat sicherlich im engeren Sinne recht, wenn sie schreibt: »Nur wir in unserer westlichen Industriegesellschaft versuchen, den Körper durch Hungern, Erbrechen, Anabolika und extremen Sport zu formen« (und, ergänze ich in Gedanken, durch Schönheitsoperationen). Die Tatsache an sich – nämlich die, dass Frauen sich für das Erreichen eines Ideals quälen – träfe aber auch in Mauretanien zu, falls auf den Frauen dort ein ähnlicher Druck lasten sollte, dick zu sein, wie hier, schlank zu sein. Denn dann wäre lediglich alles »andersrum« – von den Grundmechanismen her aber gleich.

Und im weiteren Sinne ist die Kasteiung für Schönheit (und Anerkennung) mitnichten ein Alleinmerkmal westlicher Industriegesellschaften. Anderswo ist nur die Fixierung eine andere: Bei den Mursi in Äthiopien sind Narben ein Statussymbol, die dadurch entstehen, dass dem (z.B. durch erfolgreiche Jagd) zu Ehren Gekommenen eine Wunde zugefügt wird, in die man immer wieder Salz streut. Dadurch verheilt die Wunde entsprechend schwer, und es entstehen (auch bei Frauen) bis zu zwei Zentimeter hohe Schmucknarben. Nicht nur in Äthiopien, sondern ebenso in Tansania und Mosambik, bei den Zo'é-Indianern im Amazonasgebiet, den Kayapo, Botokudo und Suyá in Brasilien, den Sara-Frauen im Tschad und den Tlingit in

Alaska gibt es die sogenannten »Lippenteller« aus Ton (manchmal auch Lippenpflöcke aus Holz): Dort werden Mädchen am Ende der Pubertät zwei Schneidezähne ausgeschlagen, die Unterlippe aufgeschnitten und anschließend gedehnt, indem immer größer werdende Tonscheiben eingesetzt werden. Auch die Ohrläppchen werden auf diese Art und Weise verziert. Der Lippenteller ist nicht nur ein Zeichen von Schönheit (je größer, desto schöner): Eine so geschmückte Frau erhöht auch ihren Status und ihren Preis als Braut.

Die Hälse der Padaung-Frauen aus Myanmar werden durch das Tragen von schweren Schmuckringen, die die Schultern und Schlüsselbeine deformieren, und durch das regelmäßige Hinzufügen solcher Ringe von Jahr zu Jahr um bis zu sagenhafte vierzig Zentimeter »verlängert«: Je mehr Ringe eine Frau trägt, desto größer sind sowohl ihre Schönheit als auch das Ansehen ihrer Familie.

Interessanterweise verfolgten sowohl die »Tellerlippen« als auch die Halsringe ursprünglich den genau entgegengesetzten Zweck als den, für Schönheit zu sorgen: Eingangs sollten Mädchen und Frauen hierdurch für Feinde wie Sklavenhändler unattraktiv gemacht werden. Die Padaung-Frauen versuchten, durch die Halsringe ihre Töchter davor zu bewahren, dass der Maharadscha – der das Recht hatte, sich die schönsten Frauen zur Braut zu machen – sie erwählte und mit sich nahm.

In China quälten sich Frauen nahezu ein Jahrtausend lang für den sogenannten »Lotusfuß«, eine Deformierung, die erreicht wurde, indem der Fußrücken mit Hilfe eines Steines gebrochen und danach extrem eng mit einer Bandage umschlungen wurde. Als ideale Fußlänge galten zehn Zentimeter, was etwa der Schuhgröße siebzehn entspricht. Tatsächlich erreichten jedoch nur wenige Frauen diese Länge, die meisten abgebundenen Füße maßen im Durchschnitt dreizehn bis vierzehn Zentimeter. »Lebenslange Schmerzen und die körperliche Behinderung wurden selbstverständlich akzeptiert und machten junge Frauen bei Männern attraktiv. Es kam sogar vor, dass Männer gar nicht mehr auf das Gesicht ihrer Braut achteten, wenn nur die Füße klein waren, und dass Frauen mit größeren Füßen gesellschaftlicher Ächtung unterlagen. Die eingeschränkte Bewegungsfähigkeit ließ viele Frauen zudem fülliger werden, was ebenfalls dem damaligen Schönheitsideal entsprach«, lese ich bei Wikipedia.

Das »Füßebinden« wurde erst im Jahr 1911 verboten, als die chinesische Regierung die Gleichberechtigung der Frauen verlangte, weil sie im Zuge der zunehmenden Industrialisierung als Arbeitskräfte gebraucht wurden. Mit abnehmender Tendenz wurde es dennoch bis in die dreißiger Jahre praktiziert.

Welche Macht hat also das angebliche Ideal der »runden Frau« in Mauretanien? Wie stark ist der Druck, der dahingehend auf die mauretanischen Frauen ausgeübt wird? Geben die Frauen dort diesem Druck ebenso bereitwillig nach wie wir – und wie schon vor ihnen Millionen anderer Frauen in allen Ecken dieser Welt? Wenn ja, wie? Und wie fühlen sie sich dabei?

Am Wochenende kommt Boris mich besuchen. Ich befürchte, ich werde ihm sagen müssen, was ich vorhabe.

Montag, 24. August 2009

Es ist raus. Und es war gar nicht so schlimm. Obwohl es mir schwergefallen ist, meinem Freund die Beweggründe für den anstehenden Selbstversuch darzulegen. Denn wir haben bislang noch nie wirklich darüber gesprochen, dass ich äußerlich ja doch »anders« bin als manch andere Frau. Dass ich keine Superfigur habe, nach der die Männer sich auf der Straße umdrehen. Oder darüber, wie verletzend es sein kann, wenn andere einen aufgrund dieses vermeintlichen Makels bloßstellen – nicht nur in der persönlichen Begegnung, sondern in aller Öffentlichkeit. Also eben so, dass auch der eigene Partner es zwangsläufig mitbekommen muss oder gar selbst mit angegriffen wird. Wenn ich verletzende Dinge lese über meine Figur und mein Aussehen; darüber, »was für ein Kerl *die* wohl überhaupt anfassen will« und wie »*die* wohl nackt aussehen muss«, dann geht es nicht in erster Linie darum, wie sich das für *mich* anfühlt. Sondern eher darum, wie Boris sich dabei fühlen muss, wenn er so etwas liest oder hört. Oder auch meine Eltern, meine Freunde. Ich schäme mich dann dafür, dass die Menschen, die mir am nächsten stehen, so etwas ertragen müssen.

Dafür, dass ich so bin, wie ich bin, schäme ich mich nicht mehr, dazu habe ich mich zu sehr daran gewöhnt. Mittlerweile bin ich manchmal sogar dankbar dafür, so zu sein, denn man lernt sehr viel über die Menschen, wenn man »anders« ist. Und trotzdem fällt es mir schwer, solche Angriffe an mir abprallen zu lassen und sie nicht zum Anlass zu nehmen, an mir zu zweifeln.

Boris habe ich bislang nie danach fragen müssen, wie er damit umgeht, es war schlicht nicht nötig. Er macht mir oft Komplimente und hat mir nie das Gefühl gegeben, dass ihn meine Figur stört. Und wenn es doch mal auf dieses Thema kommt, dann gibt er mir immer das Gefühl, dass ich richtig bin und die anderen die Idioten sind. Er ist ein toller Mann! Und deshalb werde ich auch nie vergessen, was er sagt, nachdem ich meine Ausführungen beendet habe.

Boris sagt: »Du musst das machen. Das ist klar. Aber eines musst du mir mal erklären: Warum ist Schönheit eigentlich immer so wichtig? Also, für euch Frauen? Euer Aussehen. Eure Figur. Warum spielt das so eine große Rolle?« Das ist eine gute Frage. Und ich werde ihr auf den Grund gehen müssen.

Freitag, 28. August 2009

Boris ist zurück in Hamburg, aber wir telefonieren viel miteinander. Und Boris wäre nicht Boris, wenn er zu meinem Projekt nicht doch noch etwas zu sagen hätte, auf das ich selbst bislang gar nicht gekommen bin. Etwas sehr Bedeutsames.

»Das ist nicht nur ein Buch«, sagt er in einem unserer Gespräche. Einfach mal so zwischendurch. »Das ist nicht nur ein Buch. Das ist auch ein Film. Du musst eine Kamera mitnehmen nach Mauretanien. Und zwar nicht nur die Fotokamera!«

Ich antworte nur: »Na, na, jetzt mal langsam mit den jungen Pferden«, aber zum zweiten Mal in kurzer Zeit bin ich wie elektrisiert.

Rückkehr nach Hamburg
Samstag, 29. August 2009

Während der Heimfahrt von Däneland nach Hamburg denke ich nur an den möglichen Film zum Buch. Oder wäre es ein Buch zum Film? Das eine würde das andere auf jeden Fall beeinflussen, das steht fest. Aber ein Buch kann man allein schreiben. Einen Film hingegen kann man nicht allein drehen. Andererseits, ganz allein zu fahren – traue ich mir das überhaupt zu? Will ich nicht sowieso viel lieber jemanden an meiner Seite haben?

Und wenn ich eh mit jemandem reise, dann kann dieser Jemand auch eine Kamera in die Hand nehmen. Vorausgesetzt, man kriegt eine Drehgenehmigung da unten. Und vorausgesetzt, man findet überhaupt Menschen, die bereit sind, vor laufender Kamera so etwas Intimes wie ihr Schönheitsempfinden und ihre Schönheitspraktiken mit mir zu teilen – mit einer Westeuropäerin, die weder ihre Sprache spricht, ihre Religion kennt noch sonst irgendetwas über ihr Leben weiß. Und sich dabei deshalb wahrscheinlich alles andere als geschickt anstellt.

Und will ich selbst das überhaupt? Will ich, dass festgehalten wird, wie ich bei 37 Grad Hitze durch ein Land stapfe, das fast nur aus Wüste besteht? Will ich so nah dran dabei beobachtet werden, wie ich mich mit einem Thema beschäftige, das mir emotional doch sehr nahegeht? Und will ich mir neben der Verantwortung für ein druckfähiges Manuskript auch noch die Verantwortung für einen Film ans Bein binden, wo ich doch noch gar nicht weiß, was mich in diesem Land überhaupt erwartet – wenn ich es überhaupt bis dorthin schaffe?

Ich ertappe mich erst bei dem Gefühl, dass mir die ganze Angelegenheit über den Kopf wächst, und gleich darauf bei dem Wunsch, ich wäre überhaupt nie auf dieses Thema gekommen und auf die irrwitzige Idee, nach Mauretanien zu reisen. Tja. Zu spät. Wie heißt es doch gleich? Curiosity killed the cat.

Hamburg
Dienstag, 1. September 2009

Bei Amazon alle verfügbaren Reiseführer über Mauretanien (1) und Westafrika (3) bestellt. Dazu einen Bericht von zwei Französinnen, die schon in den Neunzehndreißigern »barfuß durch Mauretanien« sind. In den Dreißigern! Dann kann es ja im Jahrhundert danach auch nicht mehr so schwierig sein, das Land zu bereisen. Oder?

Im Internet finde ich ein paar Foren, in denen sich Reisende tummeln, die auch vor Mauretanien nicht haltmachen wollen oder haltgemacht haben. Viele sind es nicht, und die meisten von ihnen scheinen erfahrene Backpacker zu sein oder Verrückte, die mit ihrem Wohnmobil da runtergurken. Bei der Lektüre ihrer Berichte komme ich mir vor wie eine blutige, unerfahrene Anfängerin, die von der Welt noch nichts gesehen hat. Ach was: Ich *bin* eine.

Dazu tonnenweise Literatur über Schönheit und Schönheitsideale geordert. Fühle mich in meine Zeit als Studentin zurückversetzt. Wann soll ich das alles lesen?

Donnerstag, 10. September 2009

Morgen Abend treffe ich mich in der »parallelwelt« mit meinem alten Freund René. Wir kennen uns schon seit Jahren, und René lebt das Leben, das ich mir absurderweise manchmal (zurück)wünsche. Ein Künstlerleben, würde man wohl sagen: ständig pleite, aber frei. Und voller Leidenschaft für seine Projekte: eine Retrospektive über Klaus Kinski, ein Buch zusammen mit der Filmemacher-Koryphäe Klaus Wildenhahn oder – Nachtigall, ick hör dir trapsen! – einen neuen Dokumentarfilm. Sein Geld verdient René als Filmvorführer in einem alten Hamburger Kino, als Dozent oder als Veranstaltungstechniker, aber sein Herz schlägt fürs Filmemachen. Das ist sein Ding.

Samstag, 12. September 2009

Ich hätte mir denken können, was dabei rauskommt. Also, neben einem Schädel, der sich gewaschen hat. Aber es war klar: Irgendwann sprudelte es nur so aus mir raus, und ich habe René von Mauretanien erzählt. Es hat keine zehn Minuten gedauert, bis er lichterloh in Flammen stand und für das Projekt genau so brannte wie ich. Und, verdammte Axt, es fühlte sich toll an, die Begeisterung teilen und gemeinsam Pläne machen zu können.

Heidewitzka, was haben wir rumgesponnen! Aber war es wirklich nur ein Rumspinnen? René hat jedenfalls gesagt, er will mit. Er will den Film machen. Ich schick ihm jetzt mal eine Mail und frag ihn, ob er sich daran erinnert.

Montag, 14. September 2009

Ja, René erinnert sich. Und will nicht nur mit nach Mauretanien, sondern hier in Hamburg sogar Filmförderung beantragen. Schöne Idee. Das Blöde daran ist nur: Für die kommende Vergaberunde ist in zwölf Tagen Abgabeschluss. Hahaha! Das schaffen wir nie.

Dienstag, 15. September 2009

Der dritte Dienstag im Monat – Mädelsstammtisch! Habe sie lange nicht gesehen, dementsprechend viel gibt es von allen zu erzählen. Von meinem Mauretanien-Projekt will ich eigentlich gar nicht berichten, weil es mir zu ernst und zu schwermütig erscheint für einen lustigen Abend, tue es dann aber irgendwann doch. Es ist ein Volltreffer. Binnen kürzester Zeit bricht die schönste und lebhafteste Diskussion über Schönheit, Schönheitsideale und unseren Umgang damit aus. Die Mädels reden sich die Köpfe heiß; die einen deutlicher, die anderen weinbedingt schon ein bisschen weniger deutlich.

Eines wird dabei ganz schnell klar: Das Thema betrifft und berührt jede Einzelne von uns. Jede von uns hat ihre eigenen Erfahrungen damit, ihren eigenen Komplex, ihre eigenen Makel schon verflucht und zu beseitigen versucht – auf der anderen Seite aber auch längst die Erkenntnis gewonnen, dass das eigentlich alles nicht so wichtig ist. Oder zumindest nicht so wichtig sein *sollte*.

Warum zum Teufel fällt es uns dann aber so schwer, uns von all den überzogenen Ansprüchen, die uns umgeben, nicht ins Bockshorn jagen zu lassen? Warum setzen wir uns so unter Druck? Warum sind wir nicht in der Lage, uns davon freizumachen? Warum pfeifen wir nicht auf Ideale, sondern finden uns einfach toll, so wie wir sind, und lassen auch allen anderen ihre Freiheit, sich toll zu finden, so wie sie sind? Auf diese Frage haben die Mädels auch keine Antwort, also notiere ich sie mir auf meiner Liste der offenen Merkwürdigkeiten.

Mittwoch, 16. September 2009

René sagt, wir schaffen das mit den Anträgen für die Filmförderung. Sein Wort in Gottes Ohr. Das wird ein Spaß!

Montag, 21. September 2009

Hatte ich gesagt: Das wird ein Spaß? Es ist die Hölle! René und ich haben sehr unterschiedliche Arbeitsweisen, und das treibt mich so langsam, aber sicher in den absoluten Wahnsinn. René ist extrem reflektiert, liebt die Beschäftigung mit Wenns, Fürs und Abers, er denkt und denkt und denkt und spricht über seine Bedenken, über die er denkt, und denkt dann noch mal über das, was er gesprochen hat. Dann geht das wieder von vorne los, und dazu läuft er immerzu um den Tisch herum wie ein Tiger im Käfig.

Ich hingegen sitze zwar still da, könnte aber gleichzeitig explodieren, denn ich will nur noch eines: Ergebnisse, Ergebnisse, Ergebnisse! Mal was fertig haben! Mir schwirrt der Kopf vor lauter Zahlen. Einen Film zu machen ist teuer; allein für die Projektentwicklung landen wir bei einer unvorstellbaren Summe, da ist die Produktion an sich noch nicht mal dabei. Und wenn wir wirklich einen Film machen wollen, dann müssen wir mindestens zu dritt reisen. Denn was nützt einem das schönste Bild, wenn man dazu keinen Ton hat? Und was, so ganz nebenbei, der beste Ton, wenn man keinen Übersetzer hat, der die Verständigung ermöglicht?

So viel Geld habe ich nicht. Hoffentlich klappt das mit der Förderung.

Mittwoch, 23. September 2009

Ich kann nicht mehr. Ich will nicht mehr. Ist mir sowieso alles egal. Ich will gar keinen Film mehr machen. Und ein Buch schreiben auch nicht.

Donnerstag, 24. September 2009

Bei unseren Recherchen stoßen wir heute auf einen Beitrag des französischen Fernsehens aus dem September 2007. »Grossir à tout prix« ist er betitelt, »Zunehmen um jeden Preis«.

Wir sehen ein kleines Mädchen, das eine riesige Schüssel Kamelmilch in ihren Händen hält. »Bois«, sagt die Frau, die neben ihr sitzt, »trink!« Auf dem Boden stehen weitere Schüsseln voller Milch. Schnitt auf den Fuß des Mädchens, die Frau hält einen Zeh des Kindes in der Hand und biegt ihn gefährlich weit in Richtung Körper hin – in die Richtung, in die es wehtut. So demonstriert sie, wie sie dem Mädchen im Fall der Fälle Schmerzen zufügen und es zwingen wird weiterzutrinken, auch wenn es nicht mehr kann. Ein weiteres kleines Mädchen hilft fröhlich, ja geradezu stolz bei der Präsentation. Sie scheint keine Angst zu haben, selbst wenn auch ihr diese Prozedur eines Tages bevorsteht.

Gavage in Mauretanien sei Frauensache, betont der Off-Sprecher, Männer hätten dabei nichts zu suchen. Trotzdem ist diese Reportage von Männern gemacht.

»Es gibt ein Sprichwort bei uns: Eine Frau hat im Herzen eines Mannes den Platz, der ihrem Umfang entspricht«, sagt eine der Frauen.

Im weiteren Verlauf des Beitrages lernen wir Aminetou kennen, die Präsidentin der »Association des Femmes Chefs de Famille«, einer Organisation, die für die Rechte der Frauen und gegen die Gavage kämpft. Aminetou ist groß, sehr schlank, trägt eine Brille, über die sie ihre Gegenüber streng anblickt – und Aminetou ist der Knaller. Mit offenem Mund sehen wir, wie sie sich auf dem Markt in Nouakchott mit den Männern anlegt, die dort an Frauen Medikamente zum Zunehmen verkaufen: Hormonbomben, die eigentlich für Tiere gedacht sind. Aminetou sagt darüber auf dem Markt derart laut ihre Meinung, dass sich schnell eine wütende, wildgestikulierende Männermenge um sie herum sammelt und sie Mühe hat, sich ihren Weg zurück zu ihrem Auto zu bahnen – was Aminetou aber nicht davon abhält, weiter laut und deutlich auf die Männer einzuschimpfen, während es zeitweise so aussieht, als würden diese gleich auf sie einprügeln.

Diese Frau müssen wir unbedingt treffen, also haben wir am Ende des Tages ein neues Ziel. Gleichzeitig haben wir aber auch neue Fragen: Warum hat man für diese Reportage ausgerechnet zwei Männer geschickt? Hätte eine Frau vielleicht anders darüber berichtet? Und sollen wir unhinterfragt alles glauben, was wir hier gesehen haben?

Freitag, 25. September 2009

Nachtschicht hingelegt. Heute ist der letzte Termin für die Einreichung der Unterlagen bei der Filmförderung. Haben es nur mit Hilfe eines chinesischen Lieferdienstes, zwei Flaschen Rotwein und Glückskeksen geschafft. »Sie werden eine aufregende Reise machen«, stand doch tatsächlich in Renés Keks. Und in meinem: »Niemals den Humor verlieren«. Wir haben sehr gelacht – und es dann durchgezogen. Und jetzt will ich davon erst mal nichts mehr hören.

Montag, 28. September 2009

Das mit dem »Nichts-davon-Hören« klappt leider überhaupt nicht. René ruft mich ganz aufgeregt an, denn er hat eine Studienkollegin, von der ihm einfiel, dass sie »irgendwie mal in Afrika« war. Jetzt hat sich herausgestellt: Sie war in der Zwischenzeit nicht nur mit einem Malier verheiratet, sondern sogar in Nouakchott. Das ist zwar Jahre her, aber was macht das schon? Wir müssen sie unbedingt treffen! Auch deshalb, weil sie einen Dokumentarfilm im Jemen gedreht hat. Irina spricht nicht nur Französisch, sondern auch Arabisch. Deshalb denken René und ich wahrscheinlich das Gleiche, während wir darüber telefonieren: Ist Irina unsere Dritte im Bunde?

Dienstag, 29. September 2009

Bis wir Irina treffen können, dauert es noch. Ich werde die Zeit nutzen, meinen offenen Fragen nachzugehen: Warum spielt der Wunsch nach Schönheit eine so große Rolle in unserem Leben? Warum können wir uns davon auch dann nicht freimachen, wenn wir es eigentlich längst besser wissen? Warum reagieren die Menschen entgegen besserem Wissen oftmals so heftig auf Leute, die »anders« sind und sich einem Ideal nicht beugen können – oder gar wollen? Und wer oder was bestimmt eigentlich, was schön ist?

Freitag, 2. Oktober 2009

Habe in den letzten Tagen ein kleines Experiment gemacht und ein paar Leute gefragt, was sie denken, warum Schönheit so wichtig sei. Die häufigsten Antworten waren so etwas wie: »Weil man sich einfach besser fühlt, wenn man gut aussieht und gepflegt ist«, »Weil es wichtig ist, etwas für sich zu tun« oder »Weil man in erster Linie eben doch nach seinem Äußeren beurteilt wird«.

So richtig befriedigend sind diese Antworten nicht. Sie sind eher Allgemeinplätze, die ein bisschen nach Ergebenheit klingen. Nach Wirkung, aber nicht nach Ursache. Man kümmert sich eben um sein Äußeres, weil es so üblich ist. Weil es erwartet wird. Aber es muss doch mehr dahinterstecken! Es hilft alles nichts: Ich muss endlich ran an die Literatur.

Sonntag, 4. Oktober 2009

Also, wenn ich das jetzt richtig verstehe, geht es bei »Schönheit« gar nicht in erster Linie um »Schönheit« an sich. Sondern darum, für die Mitmenschen und vor allem für potentielle Partner den sichtbaren Beweis zu erbringen, dass man – oder vielmehr frau – jung, fruchtbar und gesund ist. Wegen der Gene. So schreibt es jedenfalls Martin Gründl, Attraktivitätsforscher an der Universität Regensburg. Und Mode und Kosmetik sind dabei nichts als gezielte Täuschungsmanöver und Manipulationsversuche.

Mit ihrer Hilfe versuchen Frauen seit Jahrtausenden, sich jünger und gesünder zu machen, als sie sind. Ein zusätzlicher Zweck dieser Hilfsmittel, lerne ich außerdem, ist die Vortäuschung sexueller Erregung, zum Beispiel mit Rouge und Lippenstift, denn rote Wangen und Lippen sind Zeichen einer durch sexuelle Erregung erhöhten Durchblutung. Das hätte ich nun nicht gedacht: Dass wir jedes Mal, wenn wir Lippenstift auftragen, dies eigentlich tun, um zu signalisieren: Nimm mich, ich bin bereit! Die alten Ägypterinnen gingen dabei so weit, sich den Saft der Tollkirsche ins Auge zu träufeln, um ihre Pupillen zu erweitern, denn auch erweiterte Pupillen werden vom Gegenüber als Zeichen von Erregung verstanden.

Aber zurück zu Jugend und Gesundheit. Diese, so Martin Gründl, seien besonders gut an der Haut abzulesen: Pickel, Ausschläge, Entzündungen und Schuppen sind ein offensichtliches Zeichen dafür, dass etwas nicht in Ordnung ist, und so war eine glatte, makellose Haut schon immer ein Schönheitsmerkmal – deshalb Puder (früher) und Make-up (heute). Und am besten keine Sommersprossen, obwohl diese mit einer Krankheit nun gar nichts zu tun haben, aber sie widersprechen nun mal der erwünschten gleichmäßigen Färbung der Haut.

Auch dass wir uns die Haare nur äußerst selten lila, blau oder grün färben, selbst wenn uns diese Farbe doch sonst so gut steht, erscheint unter diesem Aspekt logisch. Bei Haarfarben herrscht ja, betrachtet man die Möglichkeiten, ziemliche Phantasielosigkeit. Aber auch mit unseren Haaren signalisieren wir eben Gesundheit, Jugendlichkeit und Frische. Und wenn man da einfach eine Farbe drüberknallt, die auf Menschenköpfen normalerweise gar nicht wächst, dann gehen dem Gegenüber diese Informationen über Gesundheit und »Allgemeinzustand« verloren.

Und die Vorliebe für die Jugend? Na ja, denke ich, das ist ja dann klar, ein paar Schuljahre Biologie hatte ich auch: Wer jung ist, ist meistens auch gesund, hat noch ein langes Leben vor sich und kann zwecks Arterhaltung noch viele Kinder gebären. So weit, so gut.

Blöderweise ist aber die Vorliebe, über die wir im Zusammenhang mit Schönheit und Attraktivität sprechen, letztendlich keine Vorliebe für Jugend im weiteren, sondern in weiten Teilen eine Vorliebe fürs Kindliche im engeren Sinne. Denn Frauen mit kindchenhaften Gesichtszügen werden von Männern als besonders attraktiv wahrgenommen. Und wir Frauen haben das natürlich erkannt: Die meisten Make-up-Tricks zielen darauf ab, dass wir uns künstlich Merkmale des Kindchenschemas zulegen. Also unsere Augen größer machen, unsere Augenbrauen schmaler, unsere Wimpern länger. Was den Körper betrifft: Völlig haarfreie und glatte Haut kommt bei erwachsenen Frauen, selbst wenn sie noch jung sind, auch nicht vor. Schwamm drüber, rasieren wir uns also, und zwar, wenn es sein muss, auch überall (bis auf oben auf dem Kopf natürlich – aber das hatten wir ja schon). Und auch hier sind wir völlig inkonsequent. Denn ironischerweise hört unsere Vorliebe fürs Kindchenschema heute genau da auf, wo bei einer erwachsenen Frau der (Baby-)Speck ins Spiel kommt: Dieser ist, anders als am niedlichen Baby, nun gar nicht mehr gern gesehen. Das Gesicht also soll kindlich sein, der Körper hingegen jugendlich schlank, straff – und fruchtbar.

Wenn aber eine schöne Frau eine Frau ist, die gleichzeitig Reife *und* Jugend bis hin zur Kindlichkeit signalisiert – tja, dann stinkt der Fisch doch schon vom Kopf her! Denn bevor eine Frau die Fruchtbarkeitsreife erlangt, muss sie nun mal durch die Pubertät. Und verliert dabei einiges an kindchenhafter Attraktivität. Was also an einer Frau als »schön« gilt, ist ein Widerspruch in sich. Und kommt in der Natur nicht vor. Eine Frau, die alles, was erwünscht ist, vereint, die gibt es nicht, und die wird es nie geben. Selbst wenn man uns genau das vormachen will.

Das versuchten auch schon die Maler im 16. Jahrhundert und malten reife, üppige Frauen mit beeindruckenden Fettpolstern an Oberschenkeln, Bauch und Hüften, aber vergleichsweise viel zu kleinen Brüsten und Gesichtern. Alessandro Allori (1535–1607) zum Beispiel verpasste seiner Venus, der Göttin der Liebe, des erotischen Verlangens und der Schönheit, den Körper einer üppigen, sehr reifen Frau, die aber die kleinen festen Brüste einer Achtzehnjährigen hat – und das Gesicht eines Kindes. So signalisiert die Göttin: Ich bin reif. *Und* ich bin jung! Ätsch!

Aber letztendlich ist das alles nur getürkt. Selber ätsch! »Einer Person, die so viele Pfunde auf die Waage bringt wie diese Göttin, würde man ihr Gewicht auch am Gesicht ansehen«, schreibt Martin Gründl. Das ist hier nun so gar nicht der Fall.

Und der kleine Busen? »Bei der übrigen Körperfülle würde man auch da etwas mehr erwarten«, schreibt Gründl. »Der Grund dafür dürfte sein, dass der Busen gerade durch seine geringe Größe signalisierte, dass die betreffende Frau noch jung war. Anders als heute diente er damit offenbar weniger als Kennzeichen von Reife, sondern als Kennzeichen von Jugendlichkeit. Die Geschlechtsreife konnte man ja mehr als deutlich am üppigen Gesäß und den Oberschenkeln ersehen.«

Also, alles Lug und Betrug. Und wer – so wie ich es bis gerade eben getan habe – glaubt, dass Manipulationen und Korrekturen in Darstellungen von vermeintlich »schönen« Frauen etwas Neues sind, das es erst seit der Existenz von Bildbearbeitungsprogrammen wie Photoshop gibt, irrt somit gewaltig. Das Ideal, von dem solche Darstellungen ausgehen, ist früher wie heute eigentlich nur eines: völlig absurd und unrealistisch.

Nur dass dieses Ideal im Vergleich zu dem des 16. Jahrhunderts heute sozusagen genau »andersrum« ist: Heute ist ein sehr schlanker Körper mit einem eher großen Busen attraktiv, während es früher ein üppiger Körper mit einem kleinen Busen war. Total spinnert, da schlicht unmöglich, ist aber beides. »Bei einer Figur mit reichlich Fettansatz lagert sich auch mehr Fett im Brustgewebe ein, und bei einer Frau, die sich eine heutzutage als schön geltende dünne Figur ›erhungert‹, nimmt gleichzeitig auch die Größe des Busens ab.« Letztendlich bedeutet das, dass wir alle uns von etwas verrückt machen lassen, das nicht mehr ist als eine hübsche kleine Illusion. Und dann auch noch eine, die mal so, mal so aussieht! Eine Verarschung im Namen der Fortpflanzung sozusagen.

Wobei das Ganze aber sooo wichtig zur Fortpflanzung auch wieder nicht sein kann, denke ich. Denn wenn es wirklich so wichtig wäre, »schön« zu sein und einem Ideal zu entsprechen, um einen Partner zu finden und Kinder zu kriegen, wenn also »Schönheit« tatsächlich eine unabdingbare Voraussetzung wäre für Sex und Fortpflanzung oder gar für Liebe, wäre die Menschheit dann nicht längst ausgestorben? An ihrem eigenen Anspruch zugrunde gegangen? Oder aber es gäbe nur noch eine Handvoll wirklich »schöner« Menschen, was dann aber auch wieder nicht von Dauer wäre, wegen der Gefahr von Inzucht und so, die ja erwiesenermaßen auch nicht unbedingt hübscher macht.

Mein Respekt vor der Evolution und der angeblichen Intelligenz des Menschen ist seit heute immens gesunken. Aber dafür ist meine Laune um einiges gestiegen. Immerhin entspräche ich *fast* dem Schönheitsideal des 16. Jahrhunderts – wenn nur mein Busen straffer und mein Gesicht kindlicher wären! Die Frage ist jetzt, wie es passieren konnte, dass ich damit leider gar nicht mehr in die heutige Zeit passe. Und was ist eigentlich mit den Männern?

Mittwoch, 7. Oktober 2009

Habe mir in einem Gesundheits-Schuhversand schon mal ein paar schicke Schuhe für die Wüste bestellt. Kann ja nicht schaden. Ich habe sie ins Atelier kommen lassen, wo meine Mitarbeiterin Catrin sie prompt für eine Fehlbestellung hielt und zurückschicken wollte, weil sie so pottenhässlich sind. Sie sehen aus wie Elefantenfüße, genauso grau, genauso klobig und mit Klettverschlüssen obendrauf. Aber sie haben eine Luftsohle und so komische Noppen, die die Füße massieren sollen. Klingt super. Ich behalte sie und lagere sie ganz hinten im Schrank. Mit den richtigen Gesundheitsschuhen wird alles gut.

Freitag, 9. Oktober 2009

Jetzt muss ich glatt noch mal bei Adam und Eva anfangen! Jedenfalls wenn ich mich weiter mit dem Herrn Gründl beschäftige. Der hat nämlich zu Recht bemerkt, dass es auch vor ein paar Jahrhunderten – entgegen dem damaligen eher üppigen Ideal – schon Darstellungen sehr schlanker Frauen gab. Oder vielmehr *einer* sehr schlanken Frau – Eva nämlich. Auf einem Bild aus dem Jahr 1425, das sie mit Adam im Garten Eden zeigt, wirkt sie schmal und durchtrainiert. Ihre Bauchmuskeln sind gut zu erkennen und erinnern an ein männliches »Sixpack«, ihr Busen hingegen ist kaum vorhanden und sitzt viel zu weit oben, nämlich nicht unterhalb der Achsel, sondern darüber. Alles in allem erinnert vor allem ihr Oberkörper mehr an den eines Mannes als an den einer Frau. Aus heutiger Sicht würde man vielleicht sogar sagen: an den Körper eines Mannes, dem nach viel Bodybuildung und der Einnahme von noch mehr Hormonen so etwas wie kleine Brüste gewachsen sind.

Martin Gründl schreibt dazu: »Wer im Jahr 1425 einen nackten Menschen malen wollte, musste dies vor den kirchlichen Sittenwächtern schon gut begründen können. Daher ist das beliebteste Nackt-Motiv des Mittelalters die Darstellung von Adam und Eva im Garten Eden. Gegen dieses religiöse Motiv aus der Bibel konnte auch die Kirche nichts einwenden. Dennoch musste ein Maler aufpassen, dass seine Figuren (vor allem die Frau) nicht zu sexy wirkten, denn dies hätte den Betrachter auf unkeusche Gedanken bringen können und auch den Künstler dem Verdacht der Unsittlichkeit aussetzen können.«

Aha. Eine durchtrainierte, sehr schlanke Frau galt damals also als absolut unsexy und als gar nicht geeignet, im Betrachter ein erotisches Verlangen zu wecken. Eva war zu androgyn und ihrem Gatten zu ähnlich, sie sah zu wenig nach »Weib« aus, um wirklich attraktiv zu sein. »Interessanterweise«, schreibt Martin Gründl, »kommt aber gerade diese absichtlich unsexy gemalte Figur dem heutigen schlanken Schönheitsideal relativ nahe – mit Ausnahme des Busens.«

Wie konnte das denn passieren? Wie konnte sich das Ideal so verändern – von der üppigen Venus mit dem kleinen Busen zur fast knabenhaft schmalen Frau, die aber trotzdem unrealistisch große Brüste und am besten auch noch einen knackigen, runden Po haben soll? Und warum waren die fülligen Idealfiguren früherer Zeiten doch noch ein wenig üppiger als eigentlich nötig, um nur Fruchtbarkeit zu signalisieren? Die Betonung typisch weiblicher Kurven hätte man im Zweifelsfall ja auch mit ein bisschen weniger Fett erreichen können. Die Fettpölsterchen der Damen müssen also noch eine weitere Bedeutung gehabt haben, die für uns heute nicht mehr relevant (oder mittlerweile gar unerwünscht) ist.

»Ein Körper mit reichlich Fettansatz galt als etwas Erstrebenswertes, da er für die Mehrheit der Bevölkerung etwas Unerreichbares war«, fasst Martin Gründl diese Bedeutung zusammen. Oder, anders ausgedrückt: Früher war es ein Problem, genug zu essen zu haben und satt zu werden. Es gab Kriege, Hungersnöte und strenge Winter; Nahrung musste unter hartem körperlichen Einsatz erarbeitet, geerntet oder gejagt werden. Dick wurde so niemand. Nur Reiche und Mächtige konnten sich Nahrung im Überfluss leisten oder gar so etwas wie Müßiggang, und Fett war nichts anderes als ein Statussymbol.

Heute hingegen, so schreibt Michaela Haas in ihrem Essay »Der Feind in mir«, arbeiten wir nicht mehr körperlich – »stattdessen glauben wir, uns einen Körper erarbeiten zu müssen«. Es gibt genug zu essen für alle, und die industriell gefertigte Nahrung kommt mehr oder weniger fertig auf unseren Tisch, ohne dass wir uns groß dafür anstrengen müssen. Körperfett ist somit überflüssig. Oder, wie Gründl es ausdrückt: »In unserer westlichen Überflussgesellschaft mit einer gesicherten Nahrungsversorgung hat ein fülliger Körper seinen Informationswert als äußerlich sichtbares Zeichen von Reichtum verloren.«

In Mauretanien, denke ich, wird das anders sein. In einem Land, das größtenteils aus Wüste besteht, haben ausreichend Nahrung und deren Beschaffung vermutlich auch heute noch einen höheren Stellenwert. Vermögend ist dort wahrscheinlich nach wie vor, wer genug zu essen hat; ein glücklicher Mann einer, der durch eine üppige Ehefrau zeigen kann, dass bei ihm niemand Not leiden muss; eine angesehene Familie eine, die ihre Tochter sorglos rund füttern und dementsprechend gut verheiraten kann, um darüber wiederum die Existenz der Familie zu sichern.

Schönheitsideale sind somit nicht nur seit jeher eine unrealistische Illusion, von der uns weisgemacht wird, dass wir sie erreichen können, wenn wir uns nur genügend anstrengen: Sie sind noch dazu nichts anderes als eine durchschaubare Reaktion auf die Gegebenheiten des Lebensumfeldes.

Ein ähnlicher Mechanismus greift auch in Bezug auf die als jeweils »schön« geltende Hautfarbe: Jahrhundertelang war bei Frauen eine möglichst helle Haut das Ideal. Braune Haut hingegen galt als »hässlich, abstoßend und vulgär«, denn eine braungebrannte Frau war eine, die draußen auf dem Feld in der Sonne harte Arbeit verrichtete. Blass hingegen waren nur die Adligen und Wohlhabenden, denn sie flanierten mit einem Sonnenschirm bewaffnet durch gepflegte Gärten und hielten sich ansonsten in den schattigen Gemächern auf.

Heute ist das schon wieder anders: Wer braungebrannt ist, der signalisiert, dass er Zeit und Geld dafür hat, in der Sonne zu liegen, und nicht wie die meisten anderen tagein, tagaus sein Dasein in Büro oder Fabrik fristet. Wer braune Haut hat, wird als gesünder, sportlicher, fitter und jünger wahrgenommen – und das, obwohl wir doch mittlerweile sehr genau wissen, dass Sonneneinstrahlung die Haut altern lässt und Hautkrebs verursachen kann. In Afrika versuchen Frauen, ihre Haut zu bleichen, denn dort ist es erstrebenswert – so wie noch vor einiger Zeit hier – zu zeigen, dass man sich drinnen, im Zelt oder Haus, aufhalten und das Tierehüten oder Wasserholen anderen überlassen kann. Gleichzeitig legen wir in Europa uns unter die Klappkaribik, um endlich braun zu werden, und riskieren dabei unsere Gesundheit.

Das ist alles total absurd, und langsam zweifele ich an unser aller Verstand. Was veranstalten wir eigentlich?

Samstag, 10. Oktober 2009

Ich mag Irina. Man merkt ihr sofort an, wie sehr sie den afrikanischen Kontinent und seine Menschen liebt. Und auch, wie wichtig es ihr ist, bei einer Darstellung derselbigen bei den Fakten zu bleiben, Rücksicht auf Land und Leute zu nehmen und dabei nicht zu vergessen, dass wir als Westeuropäer auch nicht immer die Weisheit mit Löffeln gefressen haben.

Irina legt deshalb erst einmal eine (gesunde) Skepsis an den Tag, was unser Projekt betrifft, und ich habe ein bisschen Mühe, ihr klarzumachen, dass ich keine sensationshungrige Boulevard-Reporterin bin, die auf möglichst niedrigem Niveau möglichst schockierende Bilder sammeln möchte. Wir diskutieren lebhaft und lange, und ich hoffe sehr, dass sie René und mir letztlich vertrauen wird. Denn wir hätten sie wirklich sehr gern dabei. Als Dritte im Bunde, für den Ton, für die zweite Kamera in Fällen, in denen René als Mann leider draußen bleiben muss – und überhaupt.

Was ihr Äußeres betrifft, ist Irina in meinen Augen schlank, sollte also mit ihrer Figur eigentlich kein Problem haben. Aber sie wäre keine Frau, wenn sie nicht doch etwas an sich auszusetzen hätte, in ihrem Fall ihre »viel zu starken Fesseln«, wegen denen sie sich hier in Deutschland oft nicht gut fühle. In Afrika, hat Irina uns erzählt, habe man diese aber eher als Pluspunkt wahrgenommen. Denn starke Fesseln seien dort ein Zeichen für eine lebenstüchtige Frau, die mit beiden Beinen auf dem Boden stehe.

So ganz nebenbei hat Irina übrigens auch noch mit dem Vorurteil aufgeräumt, die mauretanischen Frauen seien in ihrem islamischen Heimatland, in dem die Scharia Gesetz ist, automatisch eine unterdrückte Minderheit, die zu machen habe, was ihre Männer ihnen sagen. Irina behauptet sogar, ohne die Frauen liefe in Mauretanien gar nichts. Sie seien nicht nur innerhalb der Familien die eigentlichen Entscheidungsträger, die sogenannten »Chefs de famille«, sondern auch patente und pfiffige Geschäftsfrauen: Der Handel zum Beispiel sei mitnichten eine Männerdomäne, viele Frauen würden durch Kooperativen für zusätzliche Haushaltseinkommen sorgen. Und darüber hinaus besäßen die Mauretanierinnen, so sagt sie uns, eine nur schwer zu beschreibende Würde und einen großen Stolz.

Außerdem hat Irina einen ganz praktischen Trumpf in der Tasche: Ihren Bekannten Hamoudi, einen in Hamburg lebenden Mauren aus dem Norden Malis, der einige Jahre in Nouakchott gelebt und noch gute Kontakte dorthin hat. Und zum guten Schluss zieht sie zwei weitere Asse aus dem Ärmel: Denn Irina kennt doch glatt jemanden aus dem mauretanischen Informationsministerium, und zwar auch noch ausgerechnet denjenigen, der dort für Pressekontakte zuständig ist. El Moktar heißt er, und Irina, die ab und zu als Dolmetscherin arbeitet, hat ihn vor einigen Jahren begleitet, während er auf Einladung der Bundesregierung Hamburg und Berlin besuchte. Hinzu kommt Lemine, ein Freund ihres Ex, der in Nouakchott eine kleine Reiseagentur führt und – tadaaa! – auch Autos mit Fahrern vermietet.

Das kann doch alles kein mehr Zufall sein! Langsam glaube ich, dass das alles hier irgendwie – nun ja – vorbestimmt ist. Dass das Thema nur darauf gewartet hat, von mir entdeckt zu werden. Und dass das Schicksal uns ganz offensichtlich dabei behilflich ist, es zu beackern. Das klingt vielleicht ein bisschen albern. Aber dass auch Irina einfach dabei sein *muss*, ist somit beschlossene Sache.

Sonntag, 11. Oktober 2009

Habe heute die einzelnen Bevölkerungsgruppen Mauretaniens studiert. Komplizierte Sache! Da gibt es die Weißmauren, die geschätzt etwa 30 bis 35 Prozent der Bevölkerung ausmachen und traditionell die obere Schicht der Gesellschaft darstellen. Dann gibt es die Haratin, dunkelhäutigere Menschen, deren Vorfahren Sklaven waren und die etwa 35 bis 40 Prozent der Bevölkerung ausmachen. Die übrigen 30 Prozent der Gesamtbevölkerung teilen sich mehrere schwarzafrikanische Völker wie die Soninké, die Wolof und die Fulbe, auch Peul genannt.

Ich kann es bislang nur vermuten, aber es liegt nahe zu denken, dass es dann vielleicht auch in den einzelnen Bevölkerungsgruppen wieder unterschiedliche Schönheitsideale gibt. Wie würde das wiederum die grundlegende Bedeutung eines solchen Ideals beeinflussen? Hat dieses vielleicht deshalb in Mauretanien eine geringere Wichtigkeit, weil es generell nicht so »absolut«, so allgemeingültig ist wie in unserer Gesellschaft? Führt das wiederum vielleicht zu mehr Toleranz? Oder ist genau das Gegenteil der Fall, und die Frauen der einzelnen Bevölkerungsgruppen versuchen durch die möglichst deutliche Demonstration des in ihrer Gruppe gültigen Ideals, sich dieser zugehörig zu zeigen?

»Der Kompromiss zwischen den verschiedenen Kulturen Mauretaniens ist die Seele der Nation«, lese ich im Online-Lexikon Wikipedia. »Der Islam gilt als Bindung zwischen den verschiedenen Ethnien und ist die einzige vom Volk anerkannte Legitimierung eines jeden Gesetzes. Alltagssprache ist Hassania, der maurische Dialekt des Arabischen.« Das Arabische hat Französisch mittlerweile als Amtssprache abgelöst, auch als Unterrichtssprache; weiterhin wird aber viel Französisch gesprochen, vor allem unter der schwarzafrikanischen Bevölkerung. Eine allgemeine Schulpflicht gibt es nur für Sechs- bis Elfjährige, und lediglich drei Viertel der Kinder werden tatsächlich eingeschult. Die Analphabetenrate betrug 2004 bei Frauen 57 und bei Männern 40 Prozent. Und: »Im Norden Mauretaniens wird noch die weibliche Genitalverstümmelung praktiziert. Das Auswärtige Amt geht davon aus, dass über 70 Prozent der mauretanischen Frauen verstümmelt sind.« Ich denke an Waris Diries Film »Wüstenblume«, den ich neulich im Kino gesehen habe. Er war schwer zu ertragen, und ich schlucke.

Ich schlucke noch einmal, als ich lese, dass die Sklaverei in Mauretanien noch längst nicht Geschichte sein soll. Zwar habe die mauretanische Regierung in den Jahren 1980/81 ein Dekret erlassen, das die Abschaffung der Sklaverei verkündete, »doch erfuhren viele Sklaven, die in ländlichen Regionen leben, hiervon nichts. Gemäß der Regierung existieren heute allenfalls ›Spuren der Sklaverei‹ im Land; Menschenrechtsorganisationen sehen dies dagegen anders. Die mauretanische Organisation *SOS Esclaves* geht von bis zu 600 000 Sklaven in Mauretanien aus, was 20 Prozent der Gesamtbevölkerung entspräche.«

Und ein letztes Mal schlucke ich, als ich lese, dass die statistische Lebenserwartung in Mauretanien laut Wikipedia nur sechzig Jahre beträgt, andere Quellen sprechen sogar von 53,5 Jahren oder weniger. Sie liegt damit mehr als zwanzig Jahre unter der Lebenserwartung in Deutschland. Ich versuche sofort, diesen Umstand in einen möglichen Zusammenhang mit meinem Thema zu bringen. Wenn die Frauen dort längst nicht so alt werden wie bei uns, überlege ich, spielt der sogenannte »Jugendwahn« dann in Mauretanien vielleicht eine kleinere Rolle als in einer Gesellschaft, in der die Fünfzigjährigen noch mal ein halbes Leben vor sich haben? Oder wird Jugendlichkeit, wenn die Lebenszeit geringer ist, nur umso bedeutender, um als »schön« zu gelten?

Montag, 26. Oktober 2009

Eine Mail von Irina. Sie hat zu El Moktar im mauretanischen Informationsministerium Kontakt aufgenommen, um sich nach der aktuellen Sicherheitslage zu erkundigen. Seine Antwort übersetzt Irina wie folgt: »Es gibt nur wenige isolierte Vorkommnisse und ein negatives Bild, das einige ausländische Medien verbreiten. Derzeit empfangen wir zahlreiche Journalisten und Produzenten aller europäischen Nationalitäten, die sich für persönliche Projekte oder im Team hier aufhalten.« Alles klar, wir kommen auch.

Aber vorher muss ich noch umziehen, in sieben Wochen ist es so weit. Jedenfalls wenn bis dahin der Umbau der neuen Hütte beendet sein sollte. Ein Visum brauchen wir auch noch. Und die Drehgenehmigung natürlich.

Dienstag, 10. November 2009

Hamoudi will uns treffen, und zwar am 23. November. Wir verabreden uns in der »parallelwelt«, die montags geschlossen hat, so werden wir dort in aller Ruhe tagen können. Lachen muss ich über Irinas letzte Zeilen, denn sie schreibt noch: »(K)Ein Zufall übrigens: Hamoudis Exfrau ist Tine-Wittler-Fan und versuchte stets, rechtzeitig zu Beginn der Sendung ›Einsatz in 4 Wänden‹ zu Hause zu sein.«

Donnerstag, 19. November 2009

»Nichts schmeckt so gut wie das Gefühl, dünn zu sein.« Sagt Kate Moss. Sie wird mit dieser Aussage heute landauf, landab in jeder On- und Offline-Gazette der Republik zitiert und verursacht damit einen in meinen Augen geradezu lächerlichen Sturm der Entrüstung. Ich glaube nämlich nicht, dass Frau Moss blöd im Kopf ist und nichts begriffen hat, wie man es ihr nunmehr allerorten vorwirft. Ich glaube vielmehr das Gegenteil: Dass sie genau kapiert hat, wo der Hase lang läuft. Dem Aufschrei der Medien nach zu urteilen hat sie allerdings einen wunden Punkt erwischt. Und das wundert mich gar nicht. Die Frage ist nur: Wie kann eine solche Aussage überhaupt zustande kommen?

Fakt ist, dass unsere Gesellschaft diejenigen »belohnt«, die sich an die gängigen Normen und Rituale halten – also arbeiten gehen, eine Familie gründen und eben »schön sind« oder zumindest »das Beste aus sich machen«. Der Lohn dafür sind Respekt und Anerkennung; etwas, das jeder von uns gern erfährt und braucht. Diejenigen hingegen, die sich an diese Normen und Rituale nicht halten wollen oder können, werden sanktioniert. Durch Ausschluss, durch Herabsetzung, Benachteiligung oder gar Spott und Häme. Das zu wissen, dafür muss man nicht studiert haben. Jeder von uns kann es tagtäglich beobachten, an sich selbst oder anderen.

Dicksein wird dabei außerordentlich heftig sanktioniert, und Miss Moss hat das offenbar sehr gut beobachtet, mal ganz davon abgesehen, dass sie ihr Geld mit dem Dünnsein verdient. Wer jemals selbst dick war, der wird wissen, was ich meine; wer es nachlesen möchte, dem sei Friedrich Schorbs Buch »Dick, doof und arm?« empfohlen. Aber was ist am »Dicksein« eigentlich so schlimm, dass die Sanktionierung dicker Menschen so weit verbreitet und gesellschaftlich akzeptiert ist?

Das Problem ist das, was mit dem Dicksein assoziiert wird. Vermute ich jetzt mal. Denn Dicke sind faul, unbeweglich, träge und kriegen ihren Arsch einfach nicht hoch. Sie sind undiszipliniert und gefräßig. »Schlanksein heißt vor allem auch: Kontrolle über das eigene Erscheinungsbild zu haben und diese Selbstdisziplin für alle sichtbar herzeigen können«, schreibt dazu die Diplom-Psychologin Ingrid Mieck. »Indem ich schlank bleibe, zeige ich, dass ich mich nicht gehen lasse, mich und somit auch alles Weitere im Griff habe. Und das ist in der heutigen Zeit für viele Menschen sehr wichtig.«

Dicke sind noch dazu willensschwach und ziellos. Klar: Sonst würden sie ja abnehmen. Dicke kosten Geld. Sie werden das Gesundheitssystem ruinieren, zusammen mit den Rauchern und Alkoholikern und, ähm, na gut, Freizeitsportlern. Und last, not least: Da »schön« gleich »schlank« ist, sind die Dicken automatisch nicht nur dick, sondern auch noch hässlich – also gleich doppelt am Arsch. Denn Dicksein ist nach landläufiger Meinung ein absolutes Ausschlusskriterium fürs Attraktivsein. Dicke Mädchen hören deshalb in ihrer Jugend oftmals nicht: »Du bist hübsch!«, sondern vielmehr ein bedauernd geseufztes: »Du hast so ein hübsches Gesicht!«, was letztendlich natürlich alles andere als ein Kompliment ist. Ich kenne das.

Noch mal so interessant wird es, wenn ich mir im Zusammenhang mit diesen Attributen, die man den »Dicken« so zuschreibt, die Liste der sieben Todsünden vorknöpfe. Ich finde dort »Acedia« (gemeinhin mit Faulheit oder Trägheit übersetzt), »Gula« (Völlerei oder auch Gefräßigkeit, Maßlosigkeit) und »Luxuria« (Wollust, Genusssucht) – also eigentlich alles, was Spaß macht. Nun spielt die Religion bei uns zwar nicht mehr eine so große Rolle. Es sei denn, man will den Jugend- und Schönheitswahn von heute als neue Religion sehen, so wie es der Psychologe Dr. Manfred Lütz tut, wenn er sagt: »Unsere Vorfahren retteten ihre Seele – wir retten unsere Figur.« Trotzdem: Ist es bei alldem noch überraschend, dass manche Menschen sich benehmen, als sei das Gewicht ihres Gegenübers sowohl ein Angriff auf ihr eigenes Wohl als auch eine Bedrohung der Gesellschaftsordnung?

Leider bin auch ich noch immer nicht in der Lage dazu, dieses oft so verletzende Benehmen anderer als das zu sehen, was es ist: als die eher bemitleidenswerte denn zu fürchtende Angst vor allem, was »anders« ist. Diese Angst und die entsprechend heftigen Reaktionen, so schreiben Regina und Harald Gasper in ihrem Buch »Herrlich hässlich! Warum die Welt nicht den Schönen gehört«, seien den Menschen angeboren. Abschaffen können werde ich sie also nicht, aber vielleicht hilft es trotzdem, sich mit ihnen zu beschäftigen.

Und außerdem kann ich nicht behaupten, dass ich selbst keine Angst vor dem »anderen« hätte. Wenn ich an die bevorstehende Reise denke, geht mir jedenfalls ordentlich die Muffe.

Freitag, 20. November 2009

Habe einen weiteren Videobeitrag im Internet zur »Gavage« gefunden. Dabei handelt es sich offenbar um eine Reportage von Al Jazeera im Rahmen der Reihe »Africa Uncovered« aus dem August 2008.

Der Bericht zeigt einen Arzt, der im Krankenhaus von Nouakchott zwar regelmäßig gegen die Folgen des Übergewichtes bei Frauen kämpft, aber dennoch sagt: »Als ein mauretanischer Mann glaube ich trotzdem, dass eine Frau schwerer sein sollte. Um in der Gesellschaft akzeptiert zu werden. Um als schön zu gelten.« Eine Frau berichtet davon, wie sie während der zwei Monate andauernden Gavage geschlagen wurde, sich immer wieder übergab, ihr schließlich der Arm gebrochen wurde.

Auch in Chinguetti, 400 Kilometer nordöstlich von Nouakchott, fragen die Reporter nach der Gavage. »Es gibt sie nicht mehr«, behauptet hier ein Gelehrter namens Seif El Islam, »sie ist nicht mehr modern. Sie wird gehasst. Die Gavage ist etwas, das in der Vergangenheit passierte, das geben wir zu. Aber das ist vorbei.« Er zeigt die zwei Holzstöcke, mit denen man bei der Gavage die Gliedmaßen der Mädchen quetschte. Der Schmerz, so sagt er, sollte die Mädchen davon abhalten, sich zu erbrechen, denn er überlagere den Brechreiz.

Dann Bilder von zwei kleinen Mädchen, die weinen und denen vor Anstrengung und Verzweiflung der Schweiß auf der Stirn steht, während sie gezwungen werden, ihre Kamelmilch zu trinken. Majouba und Noha heißen sie. »Das Übergewicht beschleunigt die Pubertät und verändert den Körper des Mädchens besonders schnell. Sie wird ihre Periode früher bekommen als normal. So soll es sein«, nickt die Gaveuse, die die Zwangsfütterung durchführt. Die Mädchen werden befragt. »Oh, wir wollen dick sein«, sagen sie. Und Noha fügt hinzu: »Weil ich dicke Menschen schön finde.« Schnitt. Noha übergibt sich. Ein Schwall unverdauter Kamelmilch schießt auf den Zeltboden. Die Erleichterung ist groß, Noha lacht. Ihre Mutter verschafft ihr ein wenig Erfrischung, indem sie ihr eine Handvoll Wasser über das Gesicht gießt.

Zurück in Nouakchott. Ein ausnehmend hübsches junges Mädchen mit einem zauberhaften Lächeln sagt, dass sie nicht dick sein möchte und dass sie regelmäßig Sport mache. »Wir mögen Frauen, die Sport machen«, erklärt ein junger Mann gleich darauf. »Ich glaube, die jungen Männer bevorzugen jetzt die dünnen Frauen.«

Montag, 23. November 2009

Beim Auswärtigen Amt angerufen, in der Hoffnung zu hören, dass sicherheitstechnisch alles gar nicht so schlimm ist, die Teilreisewarnung nur Pillepalle und unsere anstehende Reise ein Kinderspiel. Hoffnung hat sich leider nicht erfüllt. Auswärtiges Amt – genauer: Länderreferat 312 – nicht so begeistert von meinem Plan, nach Mauretanien zu fliegen und dort auch noch einen Film zu drehen. Sonst aber sehr nett und hilfsbereit. Habe die Zusage erhalten, dass man mein Anliegen an die deutsche Botschaft in Nouakchott weiterleiten wird.

Dienstag, 24. November 2009

Hamoudi ist ein sympathischer Kerl, Anfang dreißig, etwas kleiner als ich und weitaus schmaler, topmodisch gekleidet, mit einer Schiebermütze auf dem Kopf, und er spricht nahezu perfektes Deutsch. Wir haben Pasta vorbereitet und fläzen uns rund um die niedrigen Rolltische der »parallelwelt«: Hamoudi, Irina, René und ich.

Als Erstes lernen wir, dass Hamoudi nur ein Spitzname ist, denn eigentlich heißt Hamoudi Mohammed Mahmoud – »also Hamoudi«, erklärt Hamoudi, »so wie bei Karl-Heinz und Kalle!« Wir lachen uns schlapp. Damit ist das Eis gebrochen, und wir plappern wild drauflos. Hamoudi stellt sich geduldig all unseren Fragen, auch wenn es so viele sind, dass wir von Höcksken auf Stöcksken und wieder zurück kommen und es ihm dadurch nicht leicht fällt, unseren Gedankensprüngen zu folgen. Aber dafür sind wir ja hier: Wir sammeln Informationen wie Eichhörnchen Nüsse. Und erfahren so viel, dass uns die Ohren klingeln.

Dass von knapp drei Millionen Mauretaniern zwei Millionen »eigentlich Dichter« seien, wie Hamoudi sagt – Menschen, die gern diskutieren, eine verhältnismäßig gute Allgemeinbildung haben, andere gern durch Argumentation überzeugen und lockerer sind als viele andere arabische Völker. Und im Grunde ihres Herzens wahre Pazifisten.

»Aber was ist mit dem Putsch?«, wende ich ein.

»Die Demokratie konnte die Erwartungen der Menschen noch nicht erfüllen«, erklärt Hamoudi. »Die wirtschaftliche Lage war absolut desaströs, und es gab unglaublich viel Korruption.«

Natürlich landen wir schnell bei der Frage nach den Schönheitsidealen. René fragt, wie eine schöne Frau in Mauretanien sein solle, und Hamoudi sagt: »Na ja, wie soll sie sein. Schön halt!«, und damit macht er eine Handbewegung, mit der er zweifelsohne auf mich deutet.

»Danke, Hamoudi«, sagt Irina trocken. Wieder müssen wir lachen, und ich bin erleichtert und froh. Natürlich auch über Hamoudis indirektes Kompliment; in erster Linie aber darüber, dass wir beim runden Schönheitsideal der Mauren keiner Legende aufgesessen sind, die westliche Journalisten von ein paar Einzelfällen, die man sicherlich auch hier finden könnte, zu einer angeblich weitverbreiteten Tatsache hochgespielt haben.

Ich frage Hamoudi, wie es für ihn war, hierherzukommen und zu erfahren, dass bei uns alles genau andersherum ist, als er es kennt: dass eine Frau hier nicht möglichst üppig, sondern möglichst schmal zu sein hat.

»Ich wusste vorher nicht, dass es das überhaupt gibt«, sagt Hamoudi. »Ich kannte nur das andere. Auf sehr Schlanke steht in Mauretanien niemand. Im Gegenteil, man macht sich eher über sie lustig. ›Ach, die Kleinen‹, heißt es dann, ›ach, die Schlanken‹. Das war schon immer so, und das ist bis jetzt auch so geblieben.«

Wie die Dinge sich doch letztendlich überall gleichen, denke ich. »Aber warum ist das so?«, will ich wissen. »Warum sollen die Frauen eher dick sein?«

»Ich weiß nicht«, sagt Hamoudi. »Es ist von Natur aus so. Vielleicht hängt es damit zusammen, dass wir viel auf dem Boden sitzen und liegen in unserem Land, wegen der Hitze. Und auch wenn sie liegt, soll die Frau ja als Frau erkennbar sein. Da müssen Rundungen sein, da darf nichts Gerades dran sein.«

Ich komme daraufhin umständlich auf die Gavage zu sprechen, aber meine Vorsicht dahingehend kann ich mir auch sparen, Hamoudi geht mit dem Thema ziemlich locker um. »Ja, es ist so: Damit die Mädchen schöner werden, werden sie gefüttert«, bestätigt er mir rundheraus. Ich frage nach der Gewalt, die dabei angeblich angewendet wird, und Hamoudi zuckt mit den Schultern. »Gewalt gehört generell zur Erziehung in Afrika«, sagt er. »Aber nicht Gewalt, wie man sie hier kennt. Wir verprügeln unsere Kinder nicht.«

Darüber müssen wir alle einen Moment nachdenken. Wir lassen das, was Hamoudi gesagt hat, sacken und schweigen eine Weile.

Dann frage ich, wie das denn so sei mit den Männern und Frauen in Mauretanien. Verheiratet zu sein sei extrem wichtig, erklärt uns Hamoudi daraufhin. Gleichzeitig aber sei die Heirat viel weniger eine Entscheidung auf Lebenszeit als bei uns, denn den Grundgedanken »bis dass der Tod euch scheidet« gebe es nicht: »Eine Heirat«, erklärt er uns geduldig, »ist in Mauretanien in erster Linie ein Vertrag, der unter Zeugen geschlossen wird, aber jederzeit wieder gelöst werden kann. Und Scheidung ist dementsprechend keine Katastrophe, sondern völlig in Ordnung. Wenn dein Mann dich zum Beispiel allein lässt und er ist ein Jahr lang weg, dann giltst du als Frau ganz automatisch als geschieden und kannst dir einen neuen Mann suchen. Meine Großmutter hat elfmal geheiratet! Lange Zeit war eine Frau umso angesehener, je öfter sie geheiratet hat. Teilweise ist das heute noch so.«

Ich staune Bauklötze.

»So etwas wie eine ›Aussteuer‹, die die Familie der Braut ihr mitgibt, existiert in Mauretanien übrigens auch nicht«, fährt Hamoudi fort. »In Mauretanien ist es vielmehr so, dass der Ehemann und dessen Familie der Familie der Braut etwas überlassen müssen, um die Braut überhaupt zu bekommen.«

»Irgendwo habe ich auch gelesen, dass die Vielehe verbreitet ist«, fällt mir ein.

»Ja, Polygamie gibt es generell in Westafrika«, nickt Hamoudi, »aber nicht in einer nomadischen Gesellschaft wie bei uns Mauren. Sie spielt eher in der schwarzafrikanischen Bevölkerung eine Rolle.

Die Vermischung der Gruppen führt allerdings dazu, dass diese Unterschiede durchaus aufgeweicht werden können.«

»Und wenn ich nicht verheiratet bin?«, hake ich nach. »Kann ich dann einen Freund haben?«

»Nein«, sagt Hamoudi lachend. »Das geht nicht. Generell finden Liebesbeziehungen immer innerhalb einer Ehe statt. Ohne Ehe läuft gar nichts.«

»Was, wenn ich eine Frau haben will, die schon verheiratet ist?«, fragt René. »Das geht auch nicht«, antwortet Hamoudi. »Die kriegst du nicht. Erst mal. Da musst du Geduld haben«, und René und Hamoudi gucken sich an, wie sich nur Männer angucken können, und grinsen.

Zu guter Letzt gibt Hamoudi uns auch noch ein paar ganz praktische Tipps mit auf den Weg: Sollten wir tatsächlich in die Wüste fahren, müssten wir unbedingt darauf achten, ein unauffälliges Auto zu wählen. Generell rate er uns aber davon ab, denn die Gefahr sei zu groß, dass uns jemand wegschleppe, um Geld mit uns zu verdienen. Nur darum gehe es meistens: um Geld. In Nouakchott sollten wir zusehen, dass wir eine Unterkunft in Tevragh Zeina finden – dem »schönen Viertel«. Dass wir es bloß nicht eilig haben sollten in Mauretanien; die Menschen dort nähmen sich Zeit, und das müssten wir auch tun, wenn wir etwas erreichen wollten.

»Was übrigens lustig ist«, sagt Hamoudi zum Schluss nachdenklich, »was wirklich lustig ist, ist, dass auch die mauretanischen Dichter ihre Frauen mit Gazellen vergleichen. Ganz ähnlich wie die Deutschen. Aber für uns sind Gazellen keine leichten, grazil umherhüpfenden Wesen. Gazellenartigkeit hat bei uns nichts mit der Figur einer Frau zu tun. Bei uns haben Gazellen einfach nur schöne große Augen und lange schwarze Haare.« Irina und ich sind damit quitt, denn die dunklen Haare, die hat *sie*.

»Was denkst du, wenn du an die Zukunft deines Landes denkst?«, frage ich zum Abschied noch und vergesse dabei völlig, dass Hamoudi gar nicht in Mauretanien, sondern in Mali geboren ist. Aber das stört ihn nicht.

»Ich glaube, Mauretanien ist auf einem sehr guten Weg«, antwortet er.

Mittwoch, 25. November 2009

Treibe mich erneut auf den Internetseiten des Auswärtigen Amtes zu Mauretanien herum und finde dort noch einmal Hamoudis und Irinas Aussage bestätigt, dass die mauretanischen Frauen im Vergleich zu denen in anderen islamischen Staaten einiges mitzureden haben: »Frauen haben in Mauretanien politisch und gesellschaftlich mehr Freiheit als in vielen anderen islamischen Ländern«, lese ich. »In den Gemeinderäten sind 30 Prozent der Mandatsträger Frauen, in der Nationalversammlung 18 Prozent.« Und, weiter: »In der maurischen Bevölkerung sind die Frauen wirtschaftlich und im Familienleben weitgehend unabhängig (einschließlich Scheidung).«

Schon komisch, dass René und ich zu Beginn unserer Recherchen ganz automatisch vom Gegenteil ausgegangen sind.

Freitag, 27. November 2009

Bislang kein Mucks von der deutschen Botschaft. Die haben bestimmt sehr, sehr viel zu tun.

Montag, 30. November 2009

Gestern sind in Mauretanien eine Frau und zwei Männer entführt worden. Alle drei sind Mitarbeiter einer spanischen Hilfsorganisation.

Dienstag, 1. Dezember 2009

Das Model Solange Magnano, ehemalige »Miss Argentinien«, ist tot. Sie starb im Alter von 38 Jahren nach einer Schönheitsoperation an Lungenembolie. Sie wollte ihren Po vergrößern lassen. *Vergrößern!*

Jetzt kapier ich gar nichts mehr. Erst hungern sie sich alle bis auf eine Kleinmädchengröße runter, lassen sich dann aber den Busen aufblasen, bis sie fast vornüber kippen – und jetzt auch noch den Hintern? Als Gegengewicht, damit sie nicht umfallen? Oder wie? Das entbehrt doch jeder Logik!

Ich befrage den Gründl-Aufsatz dazu, der mir in den letzten Wochen zu einem guten Freund geworden ist. Wenn auch zu einem, der mich immer wieder ein bisschen schockiert, aber da kann er ja nichts dafür. Und, siehe da: Herr Gründl findet das im Gegenzug zu mir *absolut* logisch! Die Argumentationskette, die er aufmacht, leuchtet letztendlich auch mir ein: »Heute gelten dünne Frauen als schön. Je mehr Fett sie aber verlieren, desto mehr ihrer typisch weiblichen Rundungen büßen sie damit auch ein und nähern sich damit einer eher männlichen Figur an.« Das hatten wir ja schon. Eva, sag ich nur.

»Gleichzeitig sind damit auch die als Reifekennzeichen dienenden sekundären Geschlechtsmerkmale weniger stark ausgeprägt, so dass die Frau immer mehr Ähnlichkeit mit der Figur eines Mädchens hat, das die Geschlechtsreife noch gar nicht erreicht hat.« Und das, ich erinnere mich, geht auch nicht: Schließlich ist es trotz aller (scheinbaren) Jugendlichkeit immer noch die erkennbare Geschlechtsreife, die eine Frau attraktiv und somit zu einer möglichen Partnerin macht. »Bei dieser zunehmenden Androgynisierung und Verjugendlichung der Figur ergibt sich biologisch gesehen das Problem, dass auch die moderne Frau dennoch ein unverkennbares Merkmal benötigt, mit dem sie ihre Geschlechtsreife und Weiblichkeit signalisieren kann«, schlussfolgert Gründl. »Dieses Merkmal ist die große Oberweite. Durch sie unterscheidet sich die erwachsene Frau vom noch unreifen Mädchen und kompensiert damit die fehlenden typisch weiblichen Fettpolster.« Und weil es ja immer noch höher, schneller, weiter gehen muss, denke ich, wird uns jetzt nach der Busen-Vergrößerungs-Welle demnächst vermutlich die große Po-Maximierungs-Welle erreichen. Wenn sie uns nicht sogar schon erreicht *hat* – siehe Solange Magnano. Das ist doch alles krank.

Ob Martin Gründl diese Meinung mit mir teilt, ist in seinem Aufsatz nicht überliefert. Aber dass das alles reichlich pardox ist, bestätigt auch er: »Mit einer dünnen Figur bei gleichzeitig großer Oberweite stellt unsere moderne Zeit nicht nur das jahrtausendealte Schönheitsideal der üppigen Figur bei gleichzeitig geringer Oberweite auf den Kopf, sondern löst auch einen natürlichen biologischen Zusammenhang auf, nämlich: überall Fett oder nirgends.«

Die Briten haben eine schöne Redensart, wenn jemand das eigentlich Unmögliche will: »You want the moon on a stick!«, sagen sie dann, »du willst den Mond auf einem Spieß«. Dieser Spruch passt außerordentlich gut hierher. Und wenn ich mir den Mond auf einem Spieß bildlich vorstelle, noch viel besser. Heutzutage aber können wir das Unmögliche möglich machen, auch den Mond auf dem Spieß, wenn man so will.

Denn mit Hilfe von Schönheitschirurgie und Silikon »sind Brustformen machbar, die die Natur mit ihren ursprünglichen Materialien wie Fett und Bindegewebe gar nicht hervorbringen kann, nämlich groß und dennoch nach vorn abstehend – gleichsam der Schwerkraft strotzend«, schreibt Martin Gründl. Und die Männer sind so blöd und fallen darauf rein?, denke ich. Wie unschlau sind wir Menschen denn, trotz allem, bitte schön? Warum werden beim Anblick einer derart »getunten« Frau keine Botenstoffe durch den männlichen Körper gejagt, die ihm sagen, dass es sich bei seinem Gegenüber nur um eine operativ hergestellte Fälschung handelt, die ihm keinesfalls den besseren Nachwuchs, sondern höchstens zusätzliche Kosten in Form von weiteren Arztrechnungen beschert?!

Aber genau da liegt der Hase wohl im Pfeffer. Beziehungsweise der Mann an sich schon flach. Denn Martin Gründl setzt noch einen drauf: »Das Interessante daran ist, dass diese künstlichen Formen, die in der Natur gar nicht vorkommen, auf die Männerwelt anziehend wirken, bei den meisten Männern sogar noch mehr als die natürlichen Formen. Verhaltensbiologen bezeichnen dies als ›übernormale Reize‹ oder auch ›Superattrappen‹.«

Bei aller Liebe: Eine Superattrappe möchte ich lieber nicht sein. Und die Menschen sind doch wirklich, wirklich komisch. Wäre ich ein Alien und würde dies alles aus sicherer Entfernung beobachten – vermutlich würde ich mich totlachen.

Mittwoch, 2. Dezember 2009

»Der Aufenthaltsort der drei spanischen Geiseln ist weiterhin unbekannt«, schreibt das *Hamburger Abendblatt* von gestern, das ich heute Morgen zu fassen bekommen habe. Die Spanier seien in einem Konvoi von insgesamt dreizehn Fahrzeugen unterwegs gewesen, der Hilfsgüter aus Barcelona nach Senegal und Gambia bringen sollte. Alles deute darauf hin, dass ein Terrorkommando von Al-Qaida hinter der Entführung stecke.

Donnerstag, 3. Dezember 2009

Bei dem Wort »stick« hat es in meinem Hirn irgendwie geklingelt. Zwei Nächte darüber nachgegrübelt, jetzt weiß ich es wieder: Wegen eines Artikels der *New York Times* über die Gavage, den ich vor kurzem gelesen habe. Der Artikel stammt aus dem Jahr 2007, und darin wurde ein Mauretanier zitiert, der die Vorliebe für runde Frauen in seinem Land auch mit den langen, bunten Malhafas begründet, den wehenden Gewändern der mauretanischen Frauen, die sie von Kopf bis Fuß verhüllen.

»A slender woman«, hat dieser Mann gesagt, »a slender woman just looks like a stick wrapped up!« Also: »Eine schlanke Frau sieht darin aus wie ein umwickelter Stock.«

Das würde bedeuten, dass hier letztlich der gleiche Mechanismus greift, wie ihn Martin Gründl schon für unsere Gesellschaft beschrieben hat: Frauen sollen auf den ersten Blick als ebensolche erkennbar sein, sich von Männern optisch unterscheiden. Und bei einem solch langen, weiten Gewand wie der Malhafa ist es eben schwierig zu sagen, ob Mann oder Frau, wenn die typisch weiblichen Rundungen wie Busen und Hintern nicht ganz besonders ausgeprägt sind. Erst recht, wenn die Männer ebenfalls in langen »Boubous« herumlaufen, dem männlichen Pendant zur Malhafa. Ich notiere mir diesen Gedanken sofort auf meiner stetig wachsenden Liste offener Fragen.

Und noch etwas fällt mir dazu ein: Das Ideal der runden Frau in Mauretanien scheint jahrhundertealte Tradition zu sein. Uralte Gedichte und Lobgesänge preisen seit jeher die Schönheit üppiger Frauen, und das Sprichwort, dass der Platz einer Frau, den sie im Herzen eines Mannes habe, jenem entspräche, den sie selber einnehme, gelte auch heute noch, hat Hamoudi uns bestätigt.

Das Schönheitsideal scheint sich in Mauretanien also sehr, sehr lange nicht verändert zu haben. Im Gegensatz zu unserer Gesellschaft, in dem sich das Ideal nicht nur langfristig vom üppigen Körper mit den kleinen Brüsten zum schmalen Körper mit den großen Brüsten gewandelt hat, sondern zwischendrin auch noch Ikonen wie Marilyn Monroe, Twiggy, Claudia Schiffer oder Kate Moss das Ganze zusätzlich verkomplizieren.

Liegt darin vielleicht die große Würde der mauretanischen Frauen begründet, die sowohl Irina als auch Hamoudi angesprochen haben? Diese ganz spezielle Würde, die uns deutschen Frauen zu fehlen scheint? Konnten die mauretanischen Frauen sich diese Würde vielleicht auch deshalb bewahren, weil sie unterm Strich in ihrer Identität und in dem, wie sie »sein sollen«, nicht so verwirrt sind wie wir, die wir sogar im Laufe eines einzigen Lebens mit wechselnden Idealen konfrontiert werden?

Fällt es uns vielleicht auch deshalb so schwer, uns vom Druck der Ideale zu befreien, weil wir längst nicht mehr wissen, wie genau wir denn nun wirklich »richtig«, »schön« und »gut« wären?

Damit soll nun nicht behauptet sein, dass es den mauretanischen Frauen im Gegenzug automatisch leichter fiele, sich von »ihrem« Ideal zu befreien. Aber vielleicht ist unsere Würde mit jedem Idealwechsel ein bisschen mehr den Bach runtergegangen. Und bedeutet dies, dass auch den mauretanischen Frauen zukünftig eine solche Identitätskrise und damit der Verlust ihrer wunderbaren Würde drohen könnte? Fragen über Fragen!

Eben hat René angerufen: Post von der Filmförderung. Man teilt uns mit, dass man unser Projekt leider nicht berücksichtigen kann.

Freitag, 4. Dezember 2009

In der »parallelwelt« mit René einen zu viel getrunken. Wir haben beschlossen, dass es uns to-tal e-gal ist, dass die uns nicht fördern wollen. Wir fahren trotzdem. Jawohl!

Nachdem René sturztrunken aufgebrochen ist, mit unseren Stammgästen Herbert und Babsi weitergebechert. Habe den beiden vom Projekt erzählt. Sie finden's toll, nur Babsi macht sich natürlich Sorgen wegen der Sicherheit. Manchmal ist sie wie eine Mutter zu mir, wobei mir einfällt, dass ich mich immer noch nicht getraut habe, meinen Eltern von unseren Plänen zu berichten. Die Gefahr, dass meine Mama dann vor lauter Kummer schon im Vorfeld nächtelang nicht schläft, ist einfach zu groß.

Habe mit Babsi länger über das Thema »Schönheit und Ansprüche« gesprochen und war erstaunt, wie sehr auch sie sich trotz ihres fortgeschrittenen Alters – Babsi ist über zwanzig Jahre älter als ich – damit beschäftigt. Babsi ist dünn. Sehr dünn, um genau zu sein. Man könnte sogar sagen: *zu* dünn. Und ich war verwundert zu hören, dass das dann auch wieder nicht richtig ist. Babsi ist jedenfalls schwer genervt davon, dass sie deshalb ständig blöde Sprüche zu hören bekommt. Faszinierend, wie wenig man es den Leuten recht machen kann!

Mir ist dann noch eingefallen, dass Herbert lange bei der Air France gearbeitet hat. Die Air France fliegt von Paris nach Nouakchott, und die Flüge sind teuer. Herbie wird schauen, ob er einen Kontakt für uns klarmachen kann. Vielleicht gefällt denen unser Projekt, und sie unterstützen uns mit einem Freiflug. Nach der Ablehnung durch die Filmförderung könnten wir's gebrauchen.

Samstag, 5. Dezember 2009

Ansprechpartnerin bei der Air France von Herbert bekommen. Eine Frau, das ist schon mal gut. Habe irgendwie das Gefühl, dass wir es mit unserem Thema bei Frauen leichter haben werden. Gleich eine Mail geschrieben.

Habe anschließend lange darüber nachgedacht, warum ich mir von einer Frau mehr Unterstützung erhoffe beziehungsweise im Umkehrschluss von einem Mann weniger. Und mich daraufhin auch an die Reaktion von Boris erinnert, der mich ja rundheraus fragte, warum in aller Welt das Thema »Schönheit« uns Frauen so sehr umtreibe.

Meine Gegenfrage ist deshalb jetzt, warum es die Männer eben *nicht* so sehr umtreibt – jedenfalls längst nicht so sehr wie Frauen. Martin Gründl zu Rate gezogen, folgende Feststellung gefunden: »Während sich das weibliche Schönheitsideal einer idealen Figur im Vergleich zu früher stark verändert hat und stets Schwankungen unterlag, blieb das männliche Ideal von der Antike bis heute relativ gleich. Der perfekte Mann war und ist schlank und sportlich durchtrainiert – etwa so wie der berühmte ›David‹ von Michelangelo.«

Könnte bedeuten: Ein Mann weiß besser, da schon viel länger und konstanter, wie er »zu sein hat«, als eine Frau, die ständigen Schwankungen im Schönheitsideal ausgesetzt ist und dadurch noch zusätzlich verunsichert wird. Findet ein Mann sich dadurch vielleicht schneller damit ab, wenn er für dieses Ideal nun mal nicht geschaffen oder dieses für ihn unerreichbar ist, und konzentriert sich lieber gleich auf andere Sachen? Das wäre ein Anhaltspunkt dafür, weshalb Männer generell weniger selbstkritisch mit sich umgehen, weniger an sich herummäkeln und herumdoktern, was ihre äußere Erscheinung betrifft.

Bedeutsamer scheint aber folgende Erklärung des Umstandes, dass für Männer ihre eigene Schönheit nicht ganz so wichtig ist wie für Frauen, die Schönheit der Frauen aber wiederum umso wichtiger. Denn Männer haben jahrhundertelang einfach anders »gepunktet«, und das gilt auch heute noch: Sie bestechen eher durch Reichtum, Erfolg, Macht und Status denn durch ihre Schönheit. Die Schönheit einer Frau hingegen war von jeher (mit) entscheidend dafür, mit wem sie sich verheiratete oder, noch davor, verheiratet werden konnte.

Frauen mussten, schreibt die Psychotherapeutin Barbara Mangweth, »für ihre Schönheit ›etwas tun‹, Männern genügte es lange, einfach ›Mann‹ zu sein«. Die Schönheit einer Frau sei außerdem ein zusätzliches Statussymbol für den Mann: Ihre Schönheit färbe dann automatisch auf ihn ab, was seinen Status erneut erhöht – während gleichzeitig auch der Status der Frau dadurch verbessert werde, dass sie zu einem (erfolg)reichen Mann gehört. Schönheit sei so gesehen in dieser Hinsicht nichts anderes als eine Ware, die gegen materielle Sicherheit oder einen erhöhten Status eingetauscht werden kann.

Und um sich darüber klarzuwerden, dass das oft auch heute noch so ist, braucht es keine Wissenschaft. Ein Blick in die Boulevardgazetten genügt: Wenn ein alles andere als adonisgleicher Flavio Briatore oder ein gedrungener Silvio Berlusconi mit schütterem Haupthaar, ein fast schon gebrechlicher Hugh Hefner oder ein ziemlich kleiner, eher drollig denn »gut« aussehender französischer Präsident namens Nicolas Sarkozy sich mit schönen jungen Frauen umgeben, dann ist das alles andere als ungewöhnlich und keine weitere Aufregung wert. Angelt sich hingegen Demi Moore einen fünfzehn Jahre jüngeren Ashton Kutcher, so reiben sich alle verwundert die Augen, die Medien vorneweg. Nun ist Demi Moore eine außerordentlich attraktive Frau – nicht auszumalen, wie die Berichterstattung aussähe, wäre sie das nicht (aber dann wäre Frau Moore vermutlich auch kein Star, und es würde niemand darüber berichten)!

Tja. Unromantisch – aber so isses. Deshalb lernen Mädchen laut Manfred Hassebrauck, Professor für Sozialpsychologie an der Universität Wuppertal, auch heute noch sehr früh, wie wichtig ihr Äußeres ist. Dass zum »Frausein« das gute Aussehen einfach dazu gehört. Und – zack! – wird die Frage »Bin ich schön?« zu einem, wenn nicht sogar zu *dem* bestimmenden Moment für Selbstbewusstsein und Lebensgestaltung.

Fairerweise bleiben auch die Herren heute nicht mehr unberührt vom Schönheitswahn. Männerkosmetik ist die längste Zeit eine Marktlücke gewesen. Erst vor ein paar Tagen las ich im Internet sogar über ein »Korsett für Männer«, mit dem Bierbäuche angeblich der Vergangenheit angehören sollen. Und ist es nicht so, dass manche Männer sich Socken in die Hose stopfen, um ihr »bestes Stück« ein bisschen größer erscheinen zu lassen? – Ja, das gibt es. Auch an die Männer werden also mittlerweile Ansprüche gestellt. Und diese Ansprüche zu erfüllen ist anstrengend.

Böse Zungen behaupten deshalb sogar: Es kann kein Zufall sein, wenn in einer von Männern dominierten Welt nur kurz nachdem auch die Männer endlich in die anstrengende Pflicht genommen wurden, »Schönheit« plötzlich einen Trick verhandelbarer zu sein scheint als noch ein paar Lidschläge zuvor.

Die Propagierung einer »neuen Natürlichkeit und Individualität« in den Medien, die Botox und Schönheits-OPs vermehrt anprangern und plötzlich all jene Prominenten besonders hervorheben, die sich solchen Maßnahmen eben *nicht* unterziehen, ist jedenfalls verhältnismäßig neu. Sie kann aber auch damit zusammenhängen, dass dem ein oder anderen das ganze Theater schlicht vermehrt auf den – Achtung: – Sack geht.

Vorrangig geht es beim Zulassen dieser neuen »Natürlichkeit und Individualität« um figurirrelevante Merkmale wie Mimikfalten, zu große Nasen oder Ohren, Zahnlücken oder Sommersprossen. Alles Dinge, die, solange der »Rest« stimmt, durchaus als »niedlich«, »sexy« oder »individuell« wahrgenommen werden können und dürfen. Das bedeutet aber längst nicht, dass es salonfähig geworden wäre, nicht schlank zu sein! Denn dick zu sein ist in unserer Gesellschaft weder niedlich noch sexy. Und erst recht keine Eigenschaft, die einen zu etwas Besonderem im positiven Sinne macht.

In *unserer* Gesellschaft. Aber es geht ja auch anders, denn letztendlich sind *wir* die Exoten. Ohne dass uns dies bewusst ist! Eine Wissenschaftsgruppe an der Simon-Fraser-University im kanadischen Burnaby zum Beispiel kam in den neunziger Jahren zu dem Ergebnis, dass in der Hälfte der zweiundsechzig untersuchten Kulturen dicke Frauen als attraktiv gälten. Ein Drittel bevorzuge vollschlanke Frauen, und nur 20 Prozent verträten mehrheitlich unser gegenwärtiges »westliches« Schlankheitsideal. Das berichtet Richard David Precht in seinem Buch »Liebe – Ein unordentliches Gefühl«. Wie gut es doch manchmal tun kann, über den Tellerrand zu blicken!

Bleibt dennoch die Frage, ob Schönheit auch dann ein so wichtiges, zeitraubendes und den »Wert«, die »Sexiness« und die Akzeptanz einer Frau bestimmendes Kriterium wäre, wenn am Mann von jeher der gleiche Maßstab angelegt worden wäre. Wer weiß: Vielleicht wären wir dann ein Völkchen runder, ungeschminkter, unoperierter, aber glücklicher Menschen! Ich befürchte nur, irgendeine Frau hätte trotzdem damit angefangen, zu Hilfsmitteln zu greifen und sich hübscher zu machen als all die anderen. Und zwar mit nur einem Ziel: Um dies zu ihrem eigenen Vorteil zu nutzen.

Die Männer sind somit wirklich, wirklich! nicht an allem schuld. Unser Problem, Mädels, ist durchaus hausgemacht. Auch das noch.

Sonntag, 6. Dezember 2009

Habe überschlagen, was unsere Reise nach Nouakchott und die Dreharbeiten kosten werden. Lieber Nikolausi, ich weiß, es ist völlig unrealistisch und ich sollte es besser wissen, aber bitte mach, dass beim Umbau unseres Hauses alles im Rahmen der Kostenvoranschläge bleibt.

Montag, 7. Dezember 2009

Warum also schaffen wir es nicht, uns von unrealistischen Ansprüchen zu befreien und einfach unser eigenes Ding zu machen?

Selbst wenn in unserem direkten Umfeld alles einigermaßen in Ordnung scheint, wir Freunde haben, Familie, ja sogar einen liebenden Partner, der uns unterstützt und uns das Gefühl gibt, dass wir

»genau richtig« sind, können wir kaum loslassen von dem Wunsch, »schöner« sein zu wollen, und von dem Gedanken, dass dann alles noch viel besser würde.

Vermutlich liegt es daran, dass Menschen weniger rationale denn soziale Wesen sind, und wir Frauen erst recht. Ich darf das sagen, denn ich bin ja selbst eine. Natürlich spüren wir die Sanktionen, die auf uns niederprasseln, wenn wir nicht gesellschaftskonform (genug) leben. Und uns nicht genug Mühe geben, zum Beispiel mit unserem Äußeren. Aber wir hoffen nicht nur auf ein sanktionsfreies Leben, sondern auch auf das große Glück, und wir definieren dieses Glück, indem wir uns ständig mit anderen vergleichen. Solange es also auf diesem Planeten auch nur eine Frau gibt, die schöner ist als wir – so lange haben wir unsere ganz eigene Chance zum Unglücksein. Und diese nutzen wir gern und oft.

»Jeder Mensch will schön sein«, schreibt dazu der Philosoph Richard David Precht, übrigens selbst ein ziemlich schöner Mann. »Anders als in früheren Kulturen aber hat er (heute) nicht (mehr) nur den Wunsch, er wird auch permanent an diesem Kriterium gemessen. Aus dem Wunsch ist ein Zwang geworden, eine internationale Konkurrenz realer und fiktiver Gesichter um die größtmögliche Attraktion.«

Frauen seien generell nicht nur sich selbst, sondern auch anderen gegenüber kritischer und gäben niedrigere Attraktivitätsbeurteilungen ab als Männer, berichtet Manfred Hassebrauck. Dass uns in Zeitschriften, Fernsehen und Internet ständig die schönsten Menschen begegnen, ob sie nun echt sind oder nicht, macht die Sache nicht besser: Diese permanente Präsentation vermeintlicher »Idealfälle« trägt in ihrer Häufung zusätzlich dazu bei, dass unsere Erwartungen, wie attraktiv Menschen eigentlich zu sein haben, erhöht werden. »Im Vergleich mit diesen hohen Standards empfinden wir weder uns noch unsere nächste Bekanntschaft als besonders attraktiv«, stellt Hassebrauck fest, und Richard David Precht schreibt dazu: »Mag sich die Zahl der Menschen, die mit Hilfe von Mode und Kosmetik als attraktiv bewertet werden, vielleicht vergrößert haben; die Zahl derjenigen, die sich selbst als hässlich empfinden, dürfte umgekehrt ebenfalls nie höher gewesen sein.«

Im Kampf gegen diese vermeintliche Hässlichkeit sind alle Mittel erlaubt: »Ein ›fehlerhafter‹ Körper als Schicksal wird nicht mehr hingenommen«, bringen es Andrea Hauner und Elke Reichart in ihrem Buch »Bodytalk« auf den Punkt. »Hungern bis zur Schmerzgrenze, tägliches Fitness-Martyrium, (verbotenes) Doping. Mangelnde Attraktivität wird zum persönlichen Versagen, der Körper zur Dauerbaustelle, ständige Manipulationen sind politisch korrekt.« Und die Unzufriedenheit mit dem eigenen Körper ist Normalzustand.

Die abnormen Vorstellungen darüber, wie man denn nun am besten aussehen solle, haben eigene psychische Krankheiten produziert, die zu den am schwersten behandelbaren zählen: die Magersucht, an der bis zu 20 Prozent der daran erkrankten jungen Mädchen sterben, die Bulimie (Ess-Brech-Sucht) oder die Dysmorphophobie – eine Krankheit, bei der betroffene Menschen denken, sie seien irgendwie entstellt, obwohl das objektiv überhaupt nicht stimmt.

»Diese Phänomene sind allgegenwärtig, und wir nehmen sie nicht einmal als Probleme zur Kenntnis, weil unsere gesamte Kultur sich dieser Obsession vollends verschrieben hat«, sagt dazu Susie Orbach. »Das beginnt mit Menschen, die völlig selbstverständlich die meisten Lebensmittel nicht anrühren oder nur einmal am Tag oder nur an den Wochenenden essen, und geht bis zu Kindern, die Angst haben vorm Essen oder vollkommen darauf fixiert sind.« Auch die wachsende Anzahl fettleibiger Menschen stellt sie in diesen Zusammenhang: »Wenn es so etwas wie ›normales‹ Essen nicht mehr gibt, wenn man vor lauter Sorge um Gewicht und Kleidergrößen kein Gefühl mehr dafür besitzt, wann man Appetit hat und wann man satt ist, dann kann das zu extremer Dünnheit führen. Gleichzeitig kann es genauso leicht ins Gegenteil, also in unkontrolliertes Essen und Fettleibigkeit, umschlagen. Es sind die zwei Seiten derselben Medaille. Anorexie oder Bulimie sind nur weniger sichtbar als Fettleibigkeit, aber sie sind genauso verbreitet.«

Obwohl mittlerweile auch Männer davon betroffen sind, zum Beispiel durch den sogenannten »Adonis-Komplex«, so leiden doch weitaus mehr Mädchen und Frauen unter diesen gefährlichen Störungen. Daran, dass wir extrem dünne Frauenfiguren, die noch dazu zu einem Großteil gar nicht der Wirklichkeit entsprechen, trotzdem ständig als Vorbilder um die Ohren gehauen bekommen, ändert dies leider nichts. In ihrem Buch »Bodies« geht Susie Orbach davon aus, dass jeder von uns wöchentlich zwischen 2000 und 5000 Bildern von Körpern ausgesetzt ist, die durch digitale Bearbeitung idealisiert wurden. Oder, wie die Fotografin Gabo einmal feststellte, die selbst als Model arbeitete, bis sie, wie sie sagt, an »seelischer Bulimie« erstickte und sich entschloss, die Seiten zu wechseln: »Der Computer macht aus jedem Arsch ein Gesicht!«

»Wir schreiben Gesundheitswarnungen auf jedes Päckchen Zigaretten«, konstatiert Orbach, »aber wir warnen nicht vor diesen bearbeiteten Bildern. Das ist sehr, sehr schwierig.« Denn diese Bilder exportierten »Körperhass in die Welt«: »Zum Beispiel auf die Fidschi-Inseln. Als dort 1995 das Fernsehen startete, waren drei Jahre später zwölf Prozent der Mädchen bulimisch.«

Aber jetzt – Moment mal. Das Medienressort, das – abgesehen von der Werbung und fiktionalen Darstellungen in Filmen und Serien – vorrangig dafür »zuständig« ist, uns mit solcherlei »Fälschungen« zu bombardieren, ist in der Regel der sogenannte »Lifestyle«-Bereich. Eher weniger sind es die Ressorts Wirtschaft, Politik, Lokales, Sport oder gar Technik / Motor; dann schon eher das Ressort Kultur. Wir sprechen hier also hauptsächlich von Frauenzeitschriften und Lifestyle-Titeln, der »Regenbogenpresse« und Modemagazinen sowie von Boulevard- und Promimagazinen im Fernsehen. Und in diesen Lifestyle-Ressorts arbeiten, schreiben und redigieren größtenteils – na? – jawohl: Frauen.

Wer hätte das gedacht!

Dienstag, 8. Dezember 2009

Die Al-Qaida im islamischen Maghreb (AQMI) hat sich heute zur Entführung der drei Spanier bekannt. Die Geiseln befinden sich weiterhin in Gefangenschaft.

Mittwoch, 9. Dezember 2009

Hab's mal im Hinterkopf überschlagen: Während meiner bisherigen Fernsehlaufbahn bin ich als »Wohnexpertin« von maximal fünf Männern interviewt worden, aber von einer nach sieben Jahren unüberschaubaren Anzahl an Frauen. Eine kurze Recherche im Internet fördert zutage, dass in Österreich von hundert Journalisten, die das Ressort »Lifestyle« beackern, zweiundsiebzig Frauen sind. Zahlen für Deutschland kann ich auf die Schnelle nicht finden, und auch der Deutsche Journalistenverband kann mir auf meine Nachfrage leider keine liefern. Aber ich wage einfach mal zu behaupten, dass das in Deutschland nicht viel anders ist. Und genau das ist es, was ich meine, wenn ich sage: Unser Problem, Mädels, ist durchaus hausgemacht.

Natürlich meine ich damit auch den Umstand, dass jede von uns gern mal über eine andere lästert – sei es darüber, dass sie wohl doch wieder zugenommen habe; dass ihr Kleid zu eng sei; dass sie eben jenes Kleid vielleicht doch lieber *gar* nicht tragen sollte; oder dass sie auf dem Kopf aussehe wie ein explodiertes Sofakissen. Haben wir uns nicht alle schon dabei erwischt, wie wir einer schönen Frau unterstellt haben, sie hätte doch bestimmt »nichts im Kopf«? Oder wie wir bei der Begegnung mit einer schönen Frau gezielt nach Schönheitsfehlern gesucht haben wie nach dem Haar in der Suppe, um doch etwas an ihrem Äußeren auszusetzen zu finden?

Obwohl wir alle schön sein wollen: Wer es wirklich ist, hat es dann auch nicht leichter. Was also erhoffen wir uns überhaupt davon, schön zu sein? Was, glauben wir, wird uns letztendlich glücklicher machen, wenn wir denn nun endlich »schön« sind?

Dass wir beliebter sind? – Das wird kaum klappen, siehe oben, denn frau kann es nie, und wirklich nie!, allen recht machen, und als wahre Schönheit ziehen wir vermutlich genauso sehr das Misstrauen und den Neid anderer auf uns wie die Zuneigung, die entstehen mag, *weil* wir eben schön sind.

Dass wir mehr Männer abkriegen? Ja, wenn wir auf Männer stehen, denen es vorrangig um das Äußere geht und deren Bewunderung wir brauchen, dann mag das zutreffen. Aber braucht man »mehr« Männer wirklich? Würde nicht einer reichen, der mich liebt, wie ich bin?

Vielleicht glauben wir auch, dass wir dann erfolgreicher und wohlhabender werden. Ich befürchte allerdings, das Gegenteil ist der Fall: Wir geben so viel Geld aus, um »schön« zu werden, dass wir das selbst mit dem großen Durchbruch nie wieder reinkriegen können.

Was das Lästern betrifft: Das tun wir alle manchmal. Aber wir tun es letztendlich nur, um uns selbst besser zu fühlen. Das ist schon dumm genug und natürlich alles andere als hilfreich, um in unseren Köpfen endlich etwas zu verändern.

Noch dümmer ist aber: Es sieht so aus, als seien wir zu einem guten Teil selbst für den Druck verantwortlich, den wir in Sachen Schönheit verspüren. Das gilt auch für den medialen Druck, der eben nur *scheinbar* von außen kommt. Die Wahrheit ist: Wir sind dafür zu einem guten Teil mitverantwortlich.

Denn in den von »uns Frauen« vorrangig beackerten Lifestyle-Themen gibt es scheinbar nichts Wichtigeres und Konstanteres als die Beschäftigung mit »Schönheit« und »Schlanksein«: Kein Boulevardmagazin im Fernsehen ohne einen Figur- oder Styling-Beitrag. Kaum eine Frauenzeitschrift ohne Diät. Keine Ausgabe von Lifestyle-Titeln wie *Bunte* (hier gibt es auf den vorderen Seiten sogar die schöne Rubrik der *Bunte*-Waage, auf der das Gewicht von Prominenten geschätzt wird), *In Touch* oder *In Style* ohne Attacken auf (vorrangig weibliche) Promis, die wahlweise zu- oder abgenommen oder gar den Fehler gemacht haben, ungeschminkt vor die Tür zu gehen. Ganz klar: Das gehört sanktioniert. Damit wiederum die Leserin – oder auch die Schreiberin – sich selbst besser fühlt. Und bei all dem können wir uns noch nicht einmal für eine Haltung entscheiden. Herzlichen Glückwunsch, die Damen!

Das Beispiel Britney Spears fällt mir ein. Kübelweise wurden im vergangenen Sommer Spott und Häme über ihr ausgeschüttet, als sie ein paar Pfunde zugelegt hatte (und trotzdem, das sei nur am Rande erwähnt, immer noch schlanker und fitter war als die meisten von uns – vermutlich auch als die meisten der schreibenden Kolleginnen). Ganz Lifestyle-Deutschland orakelte schadenfroh über das Karriereende des »Pop-Moppels«. Sogar eine eher als seriös geltende Zeitung wie *Die Welt* scheute sich nicht, diesen Begriff zu verwenden. Nur wenige Tage später dann Bilder von einer strafferen und schlankeren Britney, aber das war dann auch wieder nicht richtig. Denn nun wurde ihr plötzlich vorgeworfen, sie habe diesen schnellen Gewichtsverlust doch bestimmt nur durch das Einwerfen von (gefährlichen!) Schlankheitspillen erreicht. Und falls das nicht der Fall wäre, ach, dann sei es ja sowieso viel einfacher, gut auszusehen, wenn man Dutzende von Köchen, Assistenten, Stylisten und Personal Trainern beschäftigen kann. Aber daraus spricht doch nun nichts als der blanke Neid.

Diese ständigen Widersprüche sind leider der absolute Normalfall. Wir schlagen Magazine auf mit Lobhudeleien über Stars und Sternchen, die sich »trauen«, natürlich zu sein oder auch ein paar Pfund »zu viel« auf den Rippen zu haben. Eine Seite später wird sich genau über ebenjene »Natürlichkeit« künstlich aufgeregt, die dann keine Natürlichkeit mehr ist, sondern Schlampigkeit. Diese Verlogenheit kann einen schon an den Rand der Verzweiflung treiben – erst recht, wenn frau bedenkt, dass es keinesfalls ausschließlich »die Männer« sind, auf deren Mist sie gewachsen ist.

Donnerstag, 10. Dezember 2009

Habe heute in meiner Reisekiste vom Sommer gekramt und dabei eine *Bunte*-Ausgabe von August wiedergefunden, die ich mir in Dänemark gekauft hatte. Das passt ja! Habe sie mir in Bezug auf meine Gedanken von gestern noch mal genauer angesehen. Und bin erschüttert, was ich alles finden konnte.

Dass Jack Nicholson, auf seiner Yacht zugegebenermaßen mit einem Bäuchlein abgebildet, einer der größten Schauspieler unserer Zeit und zweiundsiebzig Jahre alt, darin als »Nilpferd« beleidigt wird, ist nur ein Beispiel von vielen. Auf der gleichen Seite darunter das Bild einer spindeldürren jungen Schauspielkollegin mit der Bildunterschrift »Anne Hathaway – dünn und lässig in New York«. Dünn und lässig also – na dann.

Im gleichen Heft auch ein Interview mit Ambros Christen, Ehemann der verstorbenen Ilona Christen, der sich dagegen wehrt, dass man seiner Ehefrau in ihren letzten Lebensjahren Krankheiten angedichtet hat, nur weil sie ein paar Pfund mehr wog: »Es stimmt, dass sie in den letzten Jahren an Gewicht zugelegt hatte. Aber nicht, weil sie angeblich einen Schilddrüsentumor hatte. Auch so ein Unsinn, der verbreitet wird! Ilona hatte vor 30 Jahren mal einen kleinen Knoten an den Stimmbändern. Nichts Ernstes. Ansonsten war sie gesund. Sie hat einfach gern gegessen und deshalb zugenommen.« Der hier endlich einmal zur Sprache gebrachte Mechanismus ist erschreckend: Wer zunimmt oder ein paar Pfund zu viel auf die Waage bringt, der muss einfach krank sein! Erst recht, wenn es sich dabei um jemanden handelt, der in der Öffentlichkeit steht und, so die unterschwellige Konnotation, doch gerade deshalb »auf sich achten« müsse.

Es darf aber auch jemand ganz unsanktioniert rund sein in diesem Heft, und das ist Boris Beckers schöne Frau Lilly. Denn die – ist schwanger. Und dürfte nach der Geburt – wie alle prominenten Frauen – innerhalb kürzester Zeit ihre sensationelle Figur wiedergewinnen, wofür sie in den Klatschblättern selbstverständlich angemessenes Lob einstreichen wird.

Michaela Haas schrieb dazu in ihrem Essay »Der Feind in mir« im *Süddeutsche Magazin* auch: »Prominente Frauen, denen es bis zum sechsten Schwangerschaftsmonat gelingt, dünn wie nach einer Nulldiät auszusehen, treiben wieder massenhaft neue Patientinnen in die Esskliniken. Die um Nachschub nicht bangen müssen: Denn wer im Mutterleib hungern muss, hat später eine 30 Prozent höhere Chance, fett zu werden. Und weiß nicht einmal, warum.«

Die Doppelzüngigkeit, mit der allüberall an dieses Thema herangegangen wird, nimmt ebenso stetig zu wie die Anzahl der Lifestyle-Magazine im Printbereich und der Promimagazine im Fernsehen. Und solange dieser Markt weiter wächst, haben wir das Ende der Fahnenstange noch längst nicht erreicht. Scheinbar *wollen* wir also genau dies lesen, hören, sehen. Nicht nur die Macherinnen, auch die Konsumentinnen dieser Produkte sind größtenteils weiblich. Und da schließt sich der Kreis.

Liebe Journalistinnen, liebe Roter-Teppich-Reporterinnen, liebe Lifestyle-Redakteurinnen, liebe Chefredakteurinnen: Bitte denkt mal drüber nach. Und liebe Leserinnen, Zuschauerinnen und Zuhörerinnen: Ihr habt es in der Hand. *Wir* haben es in der Hand. Denn letzendlich entscheiden wir selbst, wem wir unsere Aufmerksamkeit schenken. Und wofür wir unser Geld ausgeben.

Und noch eine Bitte habe ich, an meine Autorenkolleginnen in der Belletristik: Bitte schreibt doch mal einen sogenannten »unterhaltsamen Frauenroman« mit einer Protagonistin, die sich nicht tagein, tagaus fast ausschließlich mit ihren eigenen Unzulänglichkeiten, mit ausufernden Diätversuchen, mit ihren störrischen Haaren, mit ihren krummen Beinen oder ihren schlabberigen Oberarmen beschäftigt. Ich gestehe: Auch mir ist das in fünf Romanen bislang noch nicht gänzlich gelungen. Und wäre ich, gesetzt den Fall, ich hätte meine geplante Romanheldin Kaja tatsächlich zum Leben erweckt, vielleicht Gefahr gelaufen, letztendlich doch nur in ein ähnliches Horn zu stoßen?

Natürlich ist die Auseinandersetzung mit dem, was uns Frauen tagtäglich so beschäftigt, einerseits wichtig. Aber nehmen wir uns andererseits manches Mal nicht vielleicht selbst die Chance, auf lange Sicht doch etwas zu verändern? Ich glaube, jede von uns könnte auf ihre Art einen kleinen Teil dazu beitragen.

Fest steht: Zeitgenössische Unterhaltungsromane oder auch Filme, in denen keine Anspielungen oder Lästereien über die Figur einer Frau eingesetzt werden, egal ob als Witz oder als echte Beleidigung, sind so schwer zu finden wie die Nadel im Heuhaufen. Deshalb will mir ein solcher Roman, in dem die Widersacherin der Heldin nicht automatisch auch die schönere, schlankere und erfolgreichere ist, partout nicht einfallen. Stattdessen fällt mir aber auf, dass genau diese schöneren, schlankeren und erfolgreicheren Widersacherinnen immer auch die fieseren und unsympathischeren sind. Ich gebe jeder schönen Frau recht, die sich hierüber aufregt!

Warum lassen wir das nicht einfach und konzentrieren uns auch in unserer Arbeit, in unseren Artikeln, Beiträgen, Filmen oder Büchern auf das wirklich Wichtige? Wie – das wäre unrealistisch und würde niemand lesen oder sehen wollen? Und Geld kann man damit auch nicht verdienen? Ach ja. Sorry. Ich vergaß.

Freitag, 11. Dezember 2009

Wenn es in Mauretanien auch heute noch viele Analphabetinnen gibt sowie drei Viertel der mauretanischen Frauen kein Fernsehen empfangen können, wie ich es in dem Artikel der *New York Times* gelesen habe, was bedeutet das dann? Auf der einen Seite natürlich, dass die Frauen einen niedrigen Bildungsstand haben, sich nur schlecht informieren oder berufstätig werden können.

Auf der anderen Seite wirft es aber auch die Frage auf: Sind die Frauen in Mauretanien vielleicht zufriedener mit sich, weil sie nicht ständig mit den geschönten Bildern vermeintlicher Ideale konfrontiert werden?

Samstag, 12. Dezember 2009

Muss dringend Weihnachtsgeschenke kaufen, aber die Lust am Geldausgeben ist mir vergangen. Habe außerdem gar keins mehr. Der Nikolaus hat meinen flehentlichen Wunsch nicht erhört. Allein diese Woche hat uns die »plötzliche Handwerkerinflation«, wie ich sie nenne, 3000 Euro gekostet. Und es ist kein Ende in Sicht, außerdem verläuft der Umbau viel schleppender als vorgesehen.

Ach, was rede ich, die Hütte befindet sich sozusagen noch im Rohbau! (Bitte an dieser Stelle keine blöden Kommentare, von wegen »Wohnexpertin« und so. Danke.) Mir wird ein bisschen anders bei dem Gedanken daran, dass wir auf diese Baustelle in knapp zwei Wochen schon einziehen sollen. Soeben Anruf erhalten: Neu eingebaute Badewanne leckt vor sich hin, da beim Transport beschädigt. Recherche fürs Projekt liegt erst mal brach.

Dienstag, 15. Dezember 2009

In der Innenstadt gewesen, doch noch versucht, Weihnachtsgeschenke zu kaufen. Von einem etwa sechzehnjährigen Jüngelchen »fette Schlampe« hinterhergerufen bekommen. Trotzdem ein paar schicke Schuhe gefunden (aber kein einziges Weihnachtsgeschenk).

Mittwoch, 16. Dezember 2009

Allen so weit klargemacht, dass Weihnachtsgeschenke dieses Jahr ausfallen. Angefangen, für den Umzug zu packen, gefühlt gar nichts geschafft. Angesichts der noch wartenden Massen an Zeug kurzerhand Mulde bestellt. Ist eh größtenteils Schrott.

Samstag, 19. Dezember 2009

Eine weitere Entführung in Mauretanien, diesmal von einem italienischen Ehepaar, das nahe der Grenze zu Mali unterwegs war. Auch die drei entführten Spanier befinden sich weiterhin in Gefangenschaft. Ich versenke den Gedanken daran in irgendeinem Umzugskarton.

Donnerstag, 24. Dezember 2009

Bis zum frühen Nachmittag Klempner in der neuen Hütte gehabt – geplatztes Rohr, Wasserschaden im Keller. Ganze Wand musste aufgestemmt werden, Kisten und Möbel nass geworden. Herrlich. Heiligabend mit einer Kerze auf einem Umzugskarton gefeiert. Mit den Nerven am Ende. Badezimmer immer noch Baustelle. Nur sehr wenige Weihnachtsgrüße von Dritten, mein Handy hat im neuen Haus, das ich ab jetzt nur noch »den Bunker« nenne, so gut wie keinen Empfang. Liegt vielleicht nur am Schnee?

Freitag, 25. Dezember 2009

Immerhin schon Kisten 1 bis 20 ausgepackt, die Kisten 21 bis 110 warten noch. Die Heizung im Ankleidezimmer brummt so laut, dass ich heute Nacht trotz aller Erschöpfung mehrfach aufgewacht bin. Ach ja: Draußen ist Weihnachten.

Montag, 28. Dezember 2009

Heizkörper deshalb so laut, weil einfach mal falschrum angebaut. Wenn man nicht alles selber macht.

Dienstag, 29. Dezember 2009

Auch im Fall des italienischen Ehepaares, das in Mauretanien entführt wurde, hat sich die Al-Qaida im Maghreb zur Tat bekannt.

Freitag, 1. Januar 2010

In der Silvesternacht gerade so eben ein Glas Sekt, »Dinner for One« und um zwölf eine halbe Wunderkerze auf der verschneiten Terrasse geschafft. Um halb eins ins Bett gefallen. Ausgehen wäre eh nicht möglich gewesen: Schloss der Haustür eingefroren; Weg von der Terrasse auf die Einfahrt wegen Glatteis lebensgefährlich. Das Gute daran: Keine Zeit und Energie für gute Vorsätze. Obwohl, na gut, morgen räume ich das Büro ein.

Samstag, 2. Januar 2010

Büro eingeräumt, Rechner gestartet. Oder vielmehr *versucht*, ihn zu starten. Er gibt keinen Mucks mehr von sich. Wegen des Umzugsterrors und überhaupt vergessen, Sicherungskopie von der Festplatte zu erstellen. Ich sterbe. Es ist alles weg. Alles! Meine Tagebuchaufzeichnungen, meine Literaturliste, meine Kontakte und alle Internetlinks und E-Mails zum Mauretanien-Projekt. Heule mich in den Schlaf.

Montag, 4. Januar 2010

Erneut versucht, den Rechner zu starten. Mit Hilfe verzweifelter Anrufe bei allen Mac-Spezialisten, die ich auftreiben konnte, festgestellt, dass Festnetztelefon regelmäßig nach drei Minuten Gesprächszeit die Verbindung zur Außenwelt unterbricht. Handy-Empfang weiterhin Fehlanzeige. Vom Tischler vorgeführt bekommen, dass im Flur das Licht ausgeht, wenn man die alte Garderobe abschraubt. Alte Garderobe wieder angeschraubt. Bleibt die halt drin. Weine weiterhin all meinen Recherchen nach. Kann von vorne anfangen. Warum, warum, warum?

Mittwoch, 6. Januar 2010

Mit dem Rechner zu Gravis an der Grindelallee gefahren. Habe es somit amtlich: Das Ding ist mausetot, Datenrettung unmöglich. Beschließe, das Mauretanien-Projekt komplett zu streichen. War sowieso eine Schwachsinnsidee. Dann doch lieber Deutschland renovieren. Rufe René an, um ihm meinen Entschluss mitzuteilen. René geht nicht ran. Dann eben nicht.

Dienstag, 19. Januar 2010

Juchhuuuu, juchhuuu, juchhuuuuuuuuu!!!! Ich glaube das alles nicht. In der Nacht geträumt, dass ich meinen Rechner noch mal starte. Und dass er wieder funktioniert. Heute Morgen also wie ferngesteuert aufgestanden und die olle Möhre wieder vorgekramt, lag schon in der Kiste für den Recyclinghof. Aufs Knöpfchen gedrückt.

Büro verlassen und Rechner vergessen. Zwei Stunden später noch mal nachgeguckt. Und: Rechner liiiiiiieeeeef!!!

Fass aufgemacht. Externe Festplatte angeschlossen, Daten gesichert. Alles noch da. Alles ist wieder da! Komplette Umgebung inklusive Mac-Experten mit der Geschichte in Erstaunen versetzt, soweit Festnetztelefon es zuließ. Danach endlich meinen Eltern von den Reiseplänen berichtet. Glücklich sind sie nicht über das anstehende Abenteuer. Aber sie haben verstanden, was es mir bedeutet, und lassen mich ziehen, ohne zu versuchen, mich davon abzuhalten. Und das ist das Beste, was Eltern tun können, auch wenn es ihnen schwerfällt. Im Anschluss auch gleich noch an das Länderreferat 312 im Auswärtigen Amt geschrieben, um alle, die es interessiert, wissen zu lassen, dass ich weiter an der Sache arbeite.

Die Antwort kommt ebenso schnell, wie sie ernüchternd ist. Man schreibt mir, dass die Sicherheitssituation durch die Entführung der drei spanischen NGO-Helfer und des italienischen Ehepaares noch komplexer geworden sei und dass man mir unter diesen Umständen nicht guten Gewissens raten könne, das Projekt wie geplant durchzuführen. Ob es nicht alternative Länder gebe, die ich in Erwägung ziehen könne? Shit.

Donnerstag, 21. Januar 2010

Bin nicht willens, mich von der Mail aus dem Länderreferat 312 stoppen zu lassen. Im Gegenteil, durch meinen wiederbelebten Rechner bin ich motiviert wie nie zuvor. Statt etwaige alternative Reisepläne zu schmieden, kümmere ich mich lieber darum, dass wir in Mauretanien ordentlich versichert sind. Safety first, haha! Nervtötendes Thema. So richtig weiterhelfen kann mir erst mal wieder niemand.

Habe in meiner Verzweiflung dann beim Deutschen Journalistenverband angerufen, in dem ich schon seit ich-weiß-nicht-mehr-wann Mitglied bin. Dort konnten sie mir die vermutlich einzige Auslandskrankenversicherung Deutschlands nennen, die den Ausschluss von Krisengebieten (und als solches gilt jedes Land, für das eine Reisewarnung existiert) in ihren Versicherungsbedingungen »vergessen« hat. Man glaubt es ja wohl nicht. »Vergessen«! Das muss man sich mal vorstellen.

Was meine Lebensversicherung betrifft, so ist es dieser egal, ob ich im In- oder Ausland sterbe. Nur wenn ich sterbe, weil ich aktiv an Kriegshandlungen teilgenommen, also zum Beispiel mit den Terroristen gemeinsame Sache gemacht habe, dann wird das nichts mit der Auszahlung an die lieben Hinterbliebenen. Ich denke, das kriegen wir hin.

Freitag, 22. Januar 2010

Habe noch immer nichts von der deutschen Botschaft in Nouakchott gehört, obwohl das Länderreferat 312 mir doch schon vor Urzeiten versprochen hatte, mein Anliegen dorthin weiterzuleiten. Schätze mal, die sitzen das Ganze aufgrund der »derzeitig schwierigen Sicherheitslage« einfach aus und hoffen, dass sich das Thema von selbst erledigt, sprich: ich mich nie wieder melde. Das kommt natürlich nicht in Frage.

Donnerstag, 4. Februar 2010

Post von der Air France! Die zuständige Mitarbeiterin bestätigt mir, dass die Air France bereit ist, einen unserer Hin- und Rückflüge zu übernehmen, und dass man uns auch beim Übergepäck behilflich sein wolle, das unser Equipment zwangsläufig verursachen werde. Bedeutet, dass wir unsere Flüge von Hamburg über Paris nach Nouakchott zwar für zwei ganz normal zahlen, aber zu dritt fliegen können. Und das sind doch mal gute Nachrichten.

Montag, 22. Februar 2010

Knapp drei Monate nach der Entführung der drei spanischen Entwicklungshelfer steht die Freilassung der Geiseln angeblich kurz bevor. In Deutschland berichtet allerdings niemand darüber. Ich finde den Artikel in der *SAZ – Spaniens Allgemeine Zeitung*, einer deutschsprachigen Online-Tageszeitung. Frage mich, ob ich nicht eh längst vom Verfassungsschutz beobachtet werde, so oft wie ich in den vergangenen Wochen die Begriffe »Al-Qaida«, »Wüste«, »Entführungen« und »Terroristen« gegoogelt habe.

Mittwoch, 24. Februar 2010

Heute wage ich es und wähle endlich die Telefonnummer der mauretanischen Botschaft in Berlin, um mich zu erkundigen, was wir für unsere Visa brauchen. Natürlich rufe ich zu den auf den Seiten des Auswärtigen Amtes angegebenen Öffnungszeiten an, ich will ja niemanden stören oder verärgern, was mir aber leider trotzdem gelingt. Denn am anderen Ende der Leitung höre ich nur ein kurzes Bellen, das ich im Nachhinein wie folgt interpretiere: »Visum Dienstag Donnerstag zehn dreizehn Uhr! Tschüssss!« Na bitte! Alle Unklarheiten beseitigt. Was will ich mehr?

Donnerstag, 25. Februar 2010

Ich habe die Anekdote mit der Botschaft gleich aufgeschrieben und per Mail an René weitergeschickt. Er kontert mit einem *Spiegel-Online*-Artikel von heute. Ich öffne den Link.

Übertitelt ist der Artikel mit »Terroristen in Nordafrika: Al-Qaidas Wüstenkiller eröffnen neue Front gegen Europa«, und darunter steht: »Westliche Geheimdienste schlagen Alarm: In der Wüste Westafrikas sammeln sich immer mehr Anhänger Osama Bin Ladens. Mit Geiselnahmen, Morden und Terror gegen die Bevölkerung schafft sich al-Qaida eine neue Basis – womöglich auch für Anschläge in Europa.«

Ich zünde mir eine Zigarette an. Es werden bis zum Ende des Artikels noch ein paar mehr.

»Wie menschenverachtend die AQMI-Gangster vorgehen, zeigt ein Überfall auf europäische Touristen im Januar vorigen Jahres«, lese ich. »Auf dem Rückweg von einem Tuareg-Musikfestival wurde die Reisegruppe angegriffen, ein Fahrer und vier Reisende verschleppt.«

Auf dem Rückweg von einem Musikfestival?! Ausgerechnet! »Die 77jährige deutsche Lehrerin Marianne Petzold und zwei Schweizer Geiseln kamen vier Monate später wieder frei – für zwei Millionen Euro Lösegeld, sagen Insider. Offiziell wird das dementiert.« Siebenundsiebzig Jahre?! Oh Gott, denke ich, und: Zwei Millionen Euro, drei Menschen.

Was wären der Bundesregierung René, Irina und ich wohl wert?

Ich erinnere mich daran, wie René neulich zu mir sagte: »Na ja, dich bringen sie als Prominente ja im Fall der Fälle eh als Letzte um. Weil sie wissen, dass sie für dich von der Regierung am meisten Geld kriegen. Und eine Menge Medienöffentlichkeit.« Ich weiß, das sollte ein Witz sein. Aber lustig ist es jetzt gerade mal gar nicht mehr. Insgesamt ist der Artikel eine einzige Anhäufung von schlechten Nachrichten, und all mein Elan ist auf einen Schlag dahin. Ich fühle mich um Lichtjahre zurückgeworfen.

Freitag, 26. Februar 2010

Es beißt die Maus keinen Faden ab: Wir müssen unsere Vor-Ort-Recherchen tatsächlich auf die Hauptstadt begrenzen, eine Rundreise wäre unter den gegebenen Umständen kaum zu empfehlen. Aber ob das ausreichen wird? Eigentlich habe ich mir nämlich überlegt, dass ich selbst gern mal an einer Gavage teilnehmen würde. Wenn das überhaupt möglich ist und man mich lässt. Um am eigenen Leib zu erfahren, was da genau vor sich geht.

Aber wenn es die Gavage in Nouakchott nicht mehr gibt, dann ist es halt so. Dann freue ich mich für all die Mädchen, die das dort nicht mehr durchmachen. Und wer weiß, vielleicht ist bis zu unserer Reise ja alles wieder so ruhig, dass wir noch mal umdenken können.

Donnerstag, 4. März 2010

Echo-Verleihung in Berlin. Als Live-Act dabei: die Band Gossip mit ihrer Frontfrau Beth Ditto, einer kugelrunden kleinen US-Amerikanerin, die trotz ihres Körperumfangs fit wie ein Flummi zu sein scheint. Zum Auftakt der Performance gibt es ein kleines Feuerwerk; es knallt und zischt; dann legt die Band mit ihrem Hit »Heavy Cross« los. Jubel, Applaus.

Wenig später betritt Oliver Pocher die Bühne. »Uh, ich bin noch sehr nervös«, sagt er. »Die ganze Zeit eben, als es bei ›Heavy Gossip‹, äh, ich meine bei ›Heavy Cross‹, so geknallt hat, hab ich die ganze Zeit geguckt, und, steht sie noch? Ja, sie ist noch auf der Bühne« (der geneigte Zuschauer wird hier zur intellektuellen Leistung genötigt, selbst zu ergänzen: »weil ich dachte, sie wäre geplatzt«), »und wenn Tine Wittler das gesehen hat: bitte keinen Gesangsunterricht nehmen.«

Peinliche Stille im Saal. Wenige Sekunden später wird Beth Ditto eingeblendet, die mittlerweile im Publikum Platz genommen hat und sich offenbar bei einem der Umsitzenden erkundigt, was denn da gerade über sie gesagt wurde.

Montag, 8. März 2010

Der Schorsch hat mir einen Artikel aus dem Magazin der *Süddeutsche Zeitung* vom Wochenende geschickt.

»Schwer in Ordnung«, ist er übertitelt, und die Überschrift darunter lautet: »Sie sind die Sorgenkinder der Wohlstandsnationen – aber sie schämen sich nicht mehr: Über das neue Selbstbewusstsein der Dicken«. Ich komme auch drin vor. Sagt der Schorsch. Ich bin gespannt.

Der Autor Hilmar Klute schreibt, dass »die Dicken« ein neues Selbstbewusstsein zu entwickeln scheinen. Die große Übermacht korpulenter Menschen in der Welt sorge dafür, dass sich die Gegebenheiten *zunehmend* anpassen müssten (schönes Wortspiel). Anzeichen dafür seien zahlreich zu finden: »Designer entwickeln Barhocker für voluminöse Trinker«, schreibt Herr Klute (weiß jemand, wo's die gibt? Das wär doch mal was für die »parallelwelt«!), »in den Krankenhäusern werden eigens stabile Betten angeschafft, und in Frechen bei Köln hat das erste Möbelhaus für Übergewichtige eröffnet (...). Das Magazin ›big is beautiful‹ bietet ohne den Hauch von Ironie Fashionlines in XXL-Size, und die dicke junge Autorin und Fernsehfrau Tine Wittler markiert mit ihrem Internetportal prallewelt.com das Schönheitsideal für die Generation der dicken Dreißigjährigen.«

Ausgerechnet *ich* markiere ein Schönheitsideal?!

»Das Neue hieran ist«, resümiert Hilmar Klute, »die Dicken denken gar nicht mehr daran, ihre Vorstellungen von Schönheit mit den Richtlinien der Schlanken abzugleichen. Tine Wittler hat das Wort *dick* durch *prall* ersetzt, was eine wuchtige Dynamik erzeugt und eine erotische Konnotation mitliefert.«

Also das klingt ja nicht schlecht. – Wie schnell man sich doch einfangen lässt, gell?

Auch Beth Ditto ist in diesem Artikel wieder mit von der Partie.

Hilmar Klute schreibt über sie: »Ditto ist 1,55 Meter groß, wiegt 95 Kilo und marschiert in engen Hüllen über die Laufstege – eine kulturelle Anstrengung, die sie aber in Wahrheit nicht zur Stilikone macht, wie Modemagazine schreiben, sondern ihr eher eine Protestnote gibt. Es ist keine Beauty-Behaglichkeit, die Beth Ditto ausstrahlen will; sie ist vielmehr die fleischgewordene Gegenwehr – Dicke sollen endlich in ihrer Dicke akzeptiert werden.«

Diese Meinung von Herrn Klute teile ich überhaupt nicht. Ich glaube nämlich nicht, dass Beth Ditto eine »fleischgewordene Gegenwehr« ist, die von vornherein das Ziel verfolgt, dass Dicke endlich in ihrer Dicke akzeptiert werden. Ich glaube, Beth Ditto ist einfach, wie sie ist. Punkt. Und dass sie Körperlichkeit und Äußeres nicht wichtiger nimmt, als sie sind. Ihr Körper ist ihr Körper – mit dem arbeitet sie, und mit dem kommt sie gut zurecht, und ihr Kopf kümmert sich um wichtigere Dinge. Um die Dinge, die ihr Spaß machen und für die sie brennt. Und damit hat sie nicht nur verdammt großes Glück gehabt, sondern vermutlich auch hart dafür gearbeitet. *Deshalb* ist sie bewundernswert. Und nicht, weil sie dick ist.

Eine solche Haltung scheint aber so ungeheuerlich zu sein, dass, wer sie sich an den Tag zu legen traut, sofort zum Vorturner hochstilisiert wird – ob er will oder nicht. Zur Anti-Ikone. Oder gar zur »Mutter Teresa« der Dicken.

Dieser Mechanismus ist mir nicht unbekannt. Und er ist irgendwie – ermüdend. Auch mir werden immer wieder die gleichen Fragen gestellt: Wie ich es bloß schaffen würde, sooo selbstbewusst zu sein. »Trotzdem«, schwingt da meistens mit. Ob ich nicht doch mit meinem Gewicht hadere. Ob es nicht »eine große Herausforderung« für mich sei, mit meiner Figur zwischen den ganzen schmalen Schönheiten über einen roten Teppich zu laufen. Welche Tipps ich für all die anderen Frauen jenseits der Konfektionsgröße 42 hätte, also für meine »Leidensgenossinnen«. Ob es nicht an der Zeit wäre, dass andere Frauen aufhören, sich für eine möglichst kleine Konfektionsgröße zu quälen. Blablabla.

Ja, wäre es!, möchte ich manchmal brüllen. Und das würde auch klappen, wenn es in den Gazetten endlich mal andere Themen gäbe! Das alles sorgt doch nur dafür, dass wir uns alle immer wieder im Kreise drehen.

Herr Klute schließt wie folgt: »Natürlich sind Rainer Hunold, Tine Wittler, Kathi König und Beth Ditto, auch wenn es ironisch klingt, noch zarte Pflänzchen im Garten der neuen dicken Sinnlichkeit. Sicher werden Dicke noch ein paar Jahre Schwierigkeiten haben bei der Wohnungssuche, bei den Krankenkassen und am Arbeitsplatz. Aber von den noch verbliebenen Randgruppen werden die Dicken diejenigen sein, die als Nächste mit geschwellter Brust aus dem Schatten treten werden.«

Aber ich will doch nicht Angehörige einer »Randgruppe« sein, nur weil ich dicker bin als die meisten anderen! Ich möchte nicht ausgerechnet *deshalb* für meine »Rechte« aufstehen und kämpfen müssen, weil ich »zu dick« bin. »Randgruppen« haben sich gefälligst um bedeutendere Dinge zu bilden!

Ich schreibe Herrn Klute also eine Mail und teile ihm mit, dass ich das alles etwas anders sehe. Und verwurste die Neuigkeit, dass »wir Dicken« jetzt endlich eine einig Randgruppe sind, die schon bald aus dem Schatten treten wird, und zwar mit Karacho, gleich in meinem neuen Text für die *Big Is Beautiful* – jenes von Herrn Klute zitierte Magazin für die neuen selbstbewussten Dicken, bei dem ich zufällig die Kolumnistin bin.

Mittwoch, 10. März 2010

Die Ehefrau des verschleppten Italieners und die fünfunddreißigjährige Alicia Gámez, die Frau unter den drei entführten spanischen Entwicklungshelfern, sind heute freigelassen worden. Die Männer – sowohl der Italiener als auch die beiden Spanier – befinden sich weiterhin in der Gewalt der Terroristen.

Ich werde mich nie, nie, nie wieder über irgendwelche Nachteile beschweren, die ich zu haben glaube, weil ich eine Frau bin. Nie, nie mehr. Versprochen.

Freitag, 19. März 2010

Habe die Tage noch einmal meine bisherigen Aufzeichnungen durchstöbert, und dabei ist mir aufgefallen, dass ich in meiner Aufzählung der »dicken Sünden« vom 19. November noch etwas vergessen habe.

Denn schließlich sind die Dicken ja nicht nur faul, undiszipliniert, teuer, verfressen und hässlich, sondern auch noch ein echtes »Unterschichtenproblem«!

Schwarz auf weiß haben wir das seit Horst Seehofers großer »Verzehrstudie«, deren Ergebnisse im Januar 2008 vorgestellt wurden. Seitdem wurde die »dicke Unterschicht« vielfach beschrien. Das kann man überall nachlesen, sogar in der *taz* (vom 31. Januar 2008), die zum Ende ihres Artikels aber immerhin darauf hinweist, dass auch Horst Seehofer mit seinen Kilos kämpft. Sie wäre sonst nicht die *taz*. Und als hätte ich es bestellt, springt mir heute auf der Website der Wochenzeitung *Jungle World* ein Interview mit Friedrich Schorb entgegen, dem Autor des Buches »Dick, doof und arm?«.

In diesem Interview wird dem Autor folgende Frage gestellt: »Während man früher ›der Hausfrau‹, die nicht richtig kochen könne, die Schuld am Übergewicht der Kinder gab, ist jetzt eine neue Schuldige ausgemacht: die Hartz-IV-Mutter, die Unterschichts-Schlampe, die im Jogginganzug mit ihrer Brut faul vor dem Fernseher hockt und Fertigfraß in sich und ihre Familie hineinstopft. Wieso werden nun Essgewohnheiten als Klassenmerkmale stigmatisiert?«

Friedrich Schorbs Antwort auf diese Frage lautet erst mal wie folgt: »Übergewicht widerspricht den Idealen der Leistungsgesellschaft. Dicksein gilt als Symbol für falsche Ernährung, zu wenig Bewegung, Sich-gehen-Lassen, Chips-Fressen, Glotzen, Computer-Spielen und Auf-der-Couch-Herumhängen.« Diese Assoziationen sind uns ja nicht mehr neu. Hinzu komme aber jetzt, dass sich die (von Abstiegsängsten geplagte) Mittelschicht vermehrt von diesem Bild abgrenzen wolle: Sie versuche, »noch mit dem schmalsten Budget eine frisch zubereitete Gemüsesuppe auf den Tisch zu zaubern. Und rechnet dann der undisziplinierten Unterschicht mit gezücktem Zeigefinger vor, dass das alles eine Frage des Willens und der Prioritäten sei und mit Geldmangel nichts zu tun habe.«

Was zusätzlich hinzukommen mag, ist das aktuelle Wirtschaftsgebaren: »Auf Pump« zu leben und flexibel zu sein ist angesagt; Rücklagen zu haben hingegen uncool und spießig, denn es steht für Stillstand und Unbeweglichkeit. Ob es da ein Zufall ist, dass man auch dem Körper keine Reserven mehr ansehen soll?

Auf der anderen Seite aber sind »die Dicken« meiner Meinung

nach ja nicht nur deshalb so renitent, weil sie auf der einen Seite »zu viel« und davon auch noch das Falsche, sondern weil sie auf der anderen Seite auch »zu wenig« konsumieren. Oder vielmehr *investieren*. Nur an anderer Stelle: in Bezug auf ihre Schönheit nämlich. Solche Investitionen aber kosten Geld. Und wer hat denn nun mal wenig davon, wenn nicht »die Unterschicht«?

Ich ziehe meinen guten alten Freund Martin Gründl zu Rate, und er bestätigt meine Vermutung: »Die Rolle von Schönheit als Statussymbol sollte nicht unterschätzt werden. Menschen geben Unmengen von Geld aus, um einem bestimmten Schönheitsideal zu entsprechen. Durch ihre Investition kommen sie zum einen ihrem Ideal ein Stück näher – zum anderen erhöht das Geldausgeben für eine nicht unbedingt notwendige Sache ihren sozialen Status, da sie ihren Mitmenschen zeigen, dass sie es sich leisten können.«

Vor diesem Hintergrund müsse man auch den derzeitigen Boom der Schönheitsoperationen sehen, denn durch eine Operation komme man nicht nur dem ersehnten Ideal näher, sondern zeige auch, dass man Geld habe. Kurzum: »Während Schönheit früher eine Laune der Natur war, etwas, das man hatte oder eben nicht und das nur in begrenztem Umfang durch die eigene Lebensweise beeinflussbar war, wird durch die Schönheitschirurgie Attraktivität immer mehr zur käuflichen Ware und zu einem permanent sichtbaren Zeichen von materiellem Wohnstand.«

Oder, wie Manfred Lütz es formuliert: »Dem Ideal ewiger Schönheit – ein knackig gesunder Body – gilt es zwecks Erhöhung des eigenen Marktwertes nachzueifern.«

In der Wahrnehmung einer auf Perfektion und Leistung gedrillten Gesellschaft widersetzen sich »die Dicken« also gefühlt gleich mehrfach und nach allen Regeln der Kunst den stillschweigenden Übereinkünften. Und das wird mit der Grund dafür sein, weshalb sie vom »schlanken« (also sich »konform« verhaltenden) Rest nicht nur misstrauisch beäugt werden, sondern auch vergleichsweise unsanktioniert angegriffen werden dürfen. »Vorurteile gegen Dicke werden gesellschaftlich kaum geächtet«, sagt Friedrich Schorb im Interview mit der *Jungle World*. »Jemanden in aller Öffentlichkeit als ›dicke Kuh‹ oder ›fettes Schwein‹ zu bezeichnen, wird nicht im Sinne der Political Correctness geahndet.« Schade eigentlich.

Sonntag, 28. März 2010

Die *Bild am Sonntag* ruft den »Zeitgeist dick« aus. »Die GlüXXLichen«, ist der Artikel übertitelt. »Dicke Frauen machen sich im wahrsten Sinne des Wortes nicht mehr dünne«, schreibt die Autorin: »Sie rocken durch die Lande wie Beth Ditto, füllen die Säle wie Comedian Cindy aus Marzahn (alias Ilka Bessin), moderieren TV-Shows wie Tine Wittler und werden vom Kinopublikum als Wuchtbrumme gefeiert. Selbstverständlich ist das nicht.« Nein, selbstverständlich ist das nicht. Und gerade *das* ist außerordentlich schade.

Warum muss man es jetzt gleich zum »Zeitgeist« hochstilisieren, nur weil es – huch und Hilfe! – plötzlich ein paar erfolgreiche runde Frauen gibt? Bei Rainer Calmund, Rainer Hunold, Dieter Pfaff, Ottfried Fischer und Gérard Depardieu ist das nicht passiert. Aber dicke Frauen sind eben noch »besonderer« als dicke Männer. Oder, wie wie die sehr pfundige Oscar-Gewinnerin Gabourey Sidibe auf die Frage sagte, wie sie mit ihrem Gewicht in der Gesellschaft ausschließlich schlanker Hollywood-Stars umgehe: »Ich bin ein Alien in dieser Welt.«

Mittwoch, 21. April 2010

In Nouakchott gibt es einen Verein deutschsprechender Mauretanier! AAA nennen sie sich, »L'Amicale des Anciens de l'Allemagne«, und sie haben bei Blogspot eine kleine Website angelegt. Wenn *das* mal kein wertvoller Fund ist.

Freitag, 23. April 2010

Wie kommt es eigentlich, dass runde Frauen so oft als »starke Frauen« bezeichnet werden? Dieser Begriff impliziert: Eine dicke Frau ist nicht nur äußerlich oder körperlich »stark«, sondern auch innerlich, und sie kann überhaupt einiges mehr (er)tragen als andere. Vermeintlich »starke« Frauen wünschen sich aber sicherlich genauso sehr, Schutz zu erfahren, wie alle anderen Frauen auch – aufgrund erlittener Verletzungen oder Demütigungen vielleicht sogar noch mehr.

Manche Psychologen gehen sogar so weit, dass sie dem überschüssigen Körperfett genau diese Schutzfunktion zuschreiben: Demnach lege sich »frau« im wahrsten Sinne des Wortes eine »dicke Haut« zu, weil ihr an anderer Stelle Schutz fehlt oder die Fähigkeit, sich zu behaupten. Das Ganze ist wirklich äußerst vertrackt.

Freitag, 30. April 2010

Zwei große amerikanische Fernsehsender haben sich geweigert, einen Unterwäschespot der amerikanischen Modekette »Lane Bryant«, die Mode für große Größen macht, zur Prime Time im Abendprogramm auszustrahlen. Begründung: Der Werbeclip sei zu sexy. Wie bitte? Dieser Umstand ist umso hanebüchener - und der allgemeine Aufschrei umso größer –, als »Victoria's Secret«, *die* Dessous-Marke für Frauen mit »normalen« Konfektionsgrößen, ihre Spots zur gleichen, besten Sendezeit ganz problemlos im Programm dieser Kanäle platzieren darf.

Ich schaue mir den betreffenden Spot an. Man sieht: eine mittelschlanke und kurvige (aber keinesfalls dicke!) Frau mit zugegeben relativ großen Brüsten, die bei jeder Schnittfolge einen farblich anderen BH trägt, sich dann in der letzten Sequenz einen schwarzen Trenchcoat überzieht und mit nichts als Mantel, Slip und rotem BH bekleidet die Haustür hinter sich zuzieht. Der Spot ist sehr ästhetisch gedreht, es gibt die gerade noch sinnliche Prise Nacktheit. Die Hauptdarstellerin ist hübsch, sympathisch und hat ein ansteckendes Lachen - kurz: der Spot steht in seiner Sexiness den Spots von »Victoria's Secret« in nichts nach, ist dabei aber alles andere als unanständig oder gar vulgär.

Die Sender ABC und Fox sehen das allerdings anders. Ihre Begründung dafür: Das Model habe einfach zu viel zu bieten - vor allem obenrum. Und jetzt ist die Entrüstung groß.

Mich erinnert das stark an die Nummer mit Adam und seiner schlanken, aber für den Betrachter sexuell reizlosen Eva. Hatten wir doch alles schon mal!, denke ich. Und frage mich gleichzeitig: Wie kann das sein? Wie kann es sein, dass auf der einen Seite üppige Kurven als zu unanständig, zu sexy, zu aufreizend empfunden werden - und auf der anderen Seite dicke Frauen als unattraktiv, unerwünscht, absolut unsexy gelten? Wahlweise aber auch als verrucht, vulgär, ja geradezu obszön (die traditionell dicke »Puffmutti« ist hierfür wohl das beste Beispiel)? Und das alles zur gleichen Zeit?

Dick *und* einfach nur ganz schlicht und ergreifend sexy, das geht jedenfalls beim besten Willen nicht zusammen, denn Sexiness ist das Erste, was einer runden Frau in unserer Gesellschaft abgesprochen wird: Mehr als die »Kumpelrolle« ist selten drin, weder im wahren Leben noch in der medialen Darstellung. Und das trotz der Tatsache, dass üppige Frauen in der Geschichte der Menschheit lange Zeit als die »wahren« und besonders fruchtbaren Frauen galten. Heute gilt das nicht mehr, denn eine dicke Frau ist unterm Strich keine richtige Frau. Und schon gar keine richtig attraktive Frau! Auch wenn in diesem Bereich – wie überall – die unterschiedlichen Geschmäcker seltsame Blüten treiben.

Denn Fett kann auch ein Fetisch sein, und unter dem Stichwort »BBW« (»Big Beautiful Women«) finden sich im weltweiten Geschäft mit Sex zahlreiche Angebote für die sogenannten »Fat Admirers«, also Liebhaber voluminöser weiblicher Formen, die weit jenseits jeglicher gesellschaftlicher Akzeptanz liegen. Das »Feeding« wiederum ist eine gar nicht so seltene sexuelle Spielart zwischen einem sogenannten »Feeder« (»Fütterer«) und seiner »Feedee« (»Gefütterte«), deren ungewöhnliche Beziehung sich darauf konzentriert, dass der Feeder seine Feedee dick und rund füttert, bis deren Figur für ihn sexuell attraktiv ist. In Einzelfällen entwickeln auch Einzelindividuen die Phantasie, zuzunehmen, und setzen dies ohne einen Partner, der dieses explizit wünscht, durch übermäßiges Essen um.

Ein solcher Fall könnte Donna Simpson sein, eine neununddreißigjährige US-Amerikanerin, die es 2007 bereits als »dickste Mutter der Welt« ins Guinness-Buch der Rekorde geschafft hat. Im März 2010 lag ihr Gewicht nach unterschiedlichen Medienangaben irgendwo zwischen 273 und 285 Kilogramm, und laut eigener Aussage will sie aus eigenem Antrieb weiter zunehmen. Bei genauerer Beschäftigung mit Donnas Geschichte kann man dennoch vermuten, dass auch ihr Mann Philippe ordentlich mitredet, denn diesen lernte Donna in einem Chatroom für »Fat Admirers« kennen. Und: Donna Simpson und Philippe betreiben eine Internetseite, auf der auch andere Männer Donnas Gewichtszunahme verfolgen können – gegen Bezahlung, versteht sich. Ihre Kunden sind zwischen zwanzig und achtundsechzig Jahren alt und kommen aus der ganzen Welt.

Samstag, 1. Mai 2010

Auch wenn das weibliche Schönheitsideal sich immer mal wieder ändert: In immerhin einem Punkt legen wir eine gewisse Konstanz an den Tag. Und das ist das Taille-Hüft-Verhältnis, ein Attraktivitätsmerkmal, das sich laut Martin Gründl über die Jahrhunderte relativ wenig verändert hat.

Im Idealfall beträgt dieses Verhältnis genau 0,7. Will heißen: Eine Frau, die einen Hüftumfang von 100 Zentimetern hat, ist besonders attraktiv, wenn ihr Taillenumfang gleichzeitig 70 Zentimeter beträgt; eine Proportion, die in Attraktivitäts-Experimenten von den meisten Personen bevorzugt wird. »Man findet dieses Verhältnis auch bei vielen Darstellungen idealisierter Frauenkörper aus früheren Jahrhunderten, wenn auch mit leichten Schwankungen nach oben oder unten«, schreibt Gründl dazu, und: »Tatsächlich gibt es Untersuchungen, die einen direkten Zusammenhang mit der Fruchtbarkeit von Frauen bestätigen.«

Auch dieses Taille-Hüft-Verhältnis hat also den Zweck, möglichst viele Fortpflanzungspartner anzulocken: Mal wieder alles im Namen der Arterhaltung. Ob ich dieses Verhältnis nun auf natürliche Art und Weise, durch eine Operation oder eine schicke »Bauchweghose« erreiche, ist allerdings zweitrangig, und so kann auch hier munter manipuliert und getäuscht werden – wie in allen Bereichen, in denen wir Kosmetik und Mode verwenden, um Gesundheit, Jugend oder Fruchtbarkeit vorzutäuschen. Das wiederum ist aber im Grunde genommen längst überflüssig!

»Heutzutage haben diese seit Hunderttausenden von Jahren bewährten Qualitätskriterien eigentlich keine Bedeutung mehr. Für unsere Gesundheit spielen Ernährung, Lebensweise und vor allem das hochentwickelte Gesundheitssystem eine weitaus wichtigere Rolle als unsere Gene. Seit der Entkoppelung von Sex und Fortpflanzung durch Empfängnisverhütungsmittel hängt die Anzahl der Kinder, die ein Paar hat, kaum noch vom Alter und der Fruchtbarkeit der Frau ab, sondern vor allem davon, wie viele Nachkommen ein Paar überhaupt haben will - sofern es überhaupt welche will«, argumentiert Gründl. Stimmt so weit.

»Welchen Sinn«, fragt er deshalb, »hat es in unserer heutigen, modernen Zeit also noch, wenn ein Mann sich eine Partnerin aussucht, die möglichst viele Merkmale des Kindchenschemas besitzt, ein Fruchtbarkeit signalisierendes Taille-Hüft-Verhältnis von 0,7 oder eine glatte, makellose Haut, die Krankheits- und Parasitenresistenz verheißt?«

Tja, denke ich. Das würde ich auch gern mal wissen. Und jetzt kommst *du*.

»Die Antwort«, macht Martin Gründl es spannend, »die Antwort: gar keinen. Und dennoch ist die Attraktivität der Frau für Männer das wichtigste Kriterium bei der Partnerwahl.«

Mir fällt der blöde alte Spruch ein, dass Männer besser gucken als denken können, und ich bin angemessen schockiert, dass sich dieser sogar wissenschaftlich belegen lässt.

»Es ist eigentlich verrückt: Noch nie in der Geschichte der Menschheit war Schönheit so sinnlos wie heute, und dennoch wird darum ein beispielloser Kult getrieben«, resümiert der Gründl - und lässt mich damit wieder mal ein wenig ratlos zurück.

Montag, 3. Mai 2010

Die Impfliste vom Bernhard-Nocht-Institut ist gekommen. Ich fasse mal »kurz« zusammen: Diphterie, Gelbfieber, Hepatitis A, Hepatitis B, Polio, Tetanus, Typhus, Cholera, Meningokokken, Tollwut. Malariaprophylaxe empfohlen. Lecker!

Sonntag, 16. Mai 2010

Gestern in der »parallelwelt« Klaus getroffen, der mir erzählt hat, dass eine alte Bekannte von ihm oft in Afrika sei; wenn ihn nicht alles täusche, auch in Mauretanien. Er wird sie kontaktieren.

Donnerstag, 27. Mai 2010

Wieder Post von der Air France! Sie haben die Buchung für uns angelegt. Anfang Oktober spätestens müssen wir die Tickets ausstellen lassen; bis dahin können wir noch stornieren. Aber erst mal ist es amtlich: Unser Flug geht am 11. Januar 2011 über Paris nach Nouakchott, wo wir um kurz nach zehn abends eintreffen werden. Dann sollte ich mich jetzt mal um eine Unterkunft kümmern. Oh Gott, bin ich aufgeregt.

Sonntag, 30. Mai 2010

»Lane Bryant«, das von den amerikanischen Fernsehsendern so geschmähte Modelabel für große Größen, wehrt sich jetzt auf seine Art und kontert über das Internet mit der Parodie eines »Victoria's Secret«-Spots, die sich über Magermodels lustig macht: Eine Art lebendes Skelett präsentiert sich in schwarzen Size-Zero-Dessous. Ich frage mich zwar, ob dies die richtige Reaktion ist, aber Aufsehen erregt sie allemal. Auch in Deutschland, wo *Bild* die Geschichte dankbar aufgegriffen hat. »Beim Anschauen des Spots kann einem das Lachen aber schnell im Halse stecken bleiben«, schreibt *Bild online*. »Denn: Die meisten Mädels, die zur Zeit über die internationalen Laufstege staksen, sind rappeldürr und dem Skelett aus dem Film erschreckend ähnlich.«

Da muss ich sogar *Bild* ausnahmsweise mal recht geben: In der Modeszene wird das schlanke Schönheitsideal äußerst ungesund auf die Spitze getrieben. Die Fotografin Gabo kommentierte dies schon im Jahr 2004 mit folgendem bissigen Kommentar: »Es quälen sich klapprig dünne Models in Größe 34 über die Laufstege, mit aufgesetzten Busen, denn bei dieser Größe gibt's nur Rippenwurf. Homosexuelle Designer, die Jungs mit Busen züchten, diktieren ein Bild, das es nicht gibt.«

Das sitzt, und geändert hat sich daran auf den Laufstegen seither wenig. Auch wenn seit dem Jahr 2006 Models mit einem Body-Mass-Index von unter achtzehn (laut Weltgesundheitsorganisation gilt ein solcher als Indikator von Untergewicht) von den Veranstaltern der internationalen Modewochen angeblich ausgeschlossen werden, liegt nahe, dass sich manches Model aus Angst um ihren Job weiterhin von in Orangensaft getränkten Wattebäuschen ernährt, wie es Crystal Renn in ihrem Buch »Hungry« beschreibt. Crystal Renn ist heute ein sogenanntes »Plus Size«-Model. Oder, anders ausgedrückt: ein Model für »Über«größen. Sie trägt Konfektionsgröße 42 und wiegt knapp über siebzig Kilogramm bei einer Größe von 1,75 Metern.

Als dicke Frau kann man sich nur darüber amüsieren, dass eine Frau, die gerade mal Normalgewicht hat, im Modelgeschäft schon als Dickerchen gilt. Aber im Vergleich zu den neunundvierzig Kilogramm, die Crystal Renn während ihrer Zeit als Laufstegmodel auf die Waage brachte, muss man das wohl als Fortschritt sehen. Und kann trotzdem Schlagzeilen wie »XXL-Models: Kurven waren nie so IN« (frauenzimmer.de, 11. 12. 2008) leider nicht ernst nehmen.

Auch hier wird also wieder mit einer Doppelmoral gearbeitet. Und gleichzeitig an der Realität der Frauen – und ihren Bedürfnissen – vorbei; jedenfalls solange ein Model mit Konfektionsgröße 42 schon »Plus Size« ist. Konfektionsgröße 42 und darüber tragen laut statista.com im Jahr 2010 44 Prozent aller deutschen Frauen im Alter von vierzehn bis vierundsechzig Jahren. Auf die modeltauglichen Größen 36 und kleiner entfallen insgesamt 15 Prozent. Wenn also große Mode an einer Konfektionsgröße 42 oder vielleicht noch 44 gezeigt wird, dann ist das vielleicht für den Anfang gut gemeint, aber noch keineswegs gut genug.

Samstag, 12. Juni 2010

Habe heute im Internet einen neuen Artikel gefunden, aus der US-amerikanischen *Marie Claire*, in dem behauptet wird, dass die Gavage in Mauretanien die längste Zeit auf dem Rückmarsch gewesen ist – aber nun mit aller Macht wiederkomme. Staunend lese ich in diesem Artikel, dass in dem Wüstenland sogar Dehnungsstreifen als sexy gelten sollen.

Es wird auch eine junge Frau zitiert, Zeinebou aus Atar, sechsundzwanzig Jahre alt, Eigentümerin eines kleinen Ladens und neunzig Kilo schwer bei einer Größe von 1,62 Metern, die als Kind zwangsgefüttert worden sei. Als dicke Singlefrau, berichtet Zeinebou, werde sie von romantischen Angeboten der Männer geradezu überflutet. Zeinebou, so heißt es, sei ein Fan französischer Seifenopern und fühle sich durchaus zum Lifestyle der westlichen Stars hingezogen: »Sie scheinen so unabhängig zu sein. Ich würde gern Jeans und High Heels tragen. Aber ich habe Angst, dass die Männer mich dann nicht mehr mögen.« Mehr noch: Zeinebou habe sogar Angst davor, dann den »It Girl«-Status unter ihren Freundinnen zu verlieren.

»Als ich Zeinebou das erste Mal gesehen habe«, erklärt im gleichen Artikel Hawer, sechsundzwanzig Jahre alt, um einiges schlanker und Zeinebous beste Freundin, »da habe ich gedacht: Wie hat sie diesen unglaublichen Körper bekommen? Ich war so neidisch!« Hawers Ehemann habe erst kürzlich zu ihr gesagt, er habe keine Lust, »mit einem Beutel voller Knochen zu schlafen«.

Der Artikel erwähnt auch den mauretanischen Namen für die Gavage: »Leblouh«. Ich notiere mir den Begriff sofort.

Geht es noch gegensätzlicher im Vergleich zu dem, was *hier* Sache ist?, denke ich. Das stellt ja wirklich alles auf den Kopf! Nun ist die US-amerikanische *Marie Claire* vielleicht nicht unbedingt die allerbeste Quelle für ernstzunehmende Reportagen aus Afrika. Aber der Artikel scheint anständig recherchiert zu sein, er gibt seine Quellen und Zitatgeber mit ganzem Namen preis, und ich halte ihn zumindest nicht für an den Haaren herbeigezogen.

Samstag, 19. Juni 2010

Ich habe eine Unterkunft gefunden! Das »Maison Jeloua« wird sowohl in den englischsprachigen Reiseführern als auch in dem von Edith Kohlbach lobend erwähnt. Die französische Besitzerin, Olivia, betreibt neben dieser etwas komfortableren Herberge in Nouakchott auch noch eine Unterkunft für Backpacker. Aber im »Maison Jeloua« gibt es neben mehreren Doppelzimmern auch ein kleines Apartment mit Küche. Und das ist genau das, was wir gesucht haben, denn so können Irina, René und ich von Zeit zu Zeit selber kochen, und wir haben genug Platz, um uns zu dritt zusammenzusetzen, unsere Drehs vorzubereiten und das Material zu sichten.

Olivia bestätigt mir, dass ihr Apartment sogar eine Klimaanlage hat. Als ich dann feststelle, dass das »Maison Meloua« in Tevragh

Zeina liegt, also dem »schönen Viertel«, das uns Hamoudi empfohlen hat, und noch dazu nur einen Steinwurf entfernt von der deutschen Botschaft, gibt es kein Halten mehr: Ich buche umgehend das Apartment und zwei Zimmer.

Dienstag, 22. Juni 2010

Olivia hat geschrieben, dass wir bei ihr nicht mit Kreditkarten zahlen können. Woraufhin ich mir zwangsläufig die Frage stelle, wie das denn *überhaupt* läuft mit dem Geld da unten.

Ouguiya, kurz: UM, heißt die mauretanische Währung, und laut eines Online-Währungsrechners entspricht 1 UM heute dem Gegenwert von 0,00266 Euro. Du liebe Güte! Wer soll das denn umrechnen? Das heißt dann also, 1000 Euro sind 2,65 UM. Nein, halt, umgekehrt: 1000 UM sind 2,65 Euro. Oh wei. Dass der Ouguiya eigentlich auch noch in 5 Khoums unterteilt ist, vernachlässige ich da am besten mal.

Ins Land ein- oder auch ausgeführt werden darf der Ouguiya nicht. Zu meinem Entsetzen lese ich außerdem: »Keine Bank akzeptiert Kreditkarten. Reiseschecks sind in Mauretanien fast nutzlos. Geldautomaten: Es gibt keine in Mauretanien.« Jesses. Heißt das, wir müssen das ganze Geld, das wir für drei Personen während fünf Wochen benötigen, in bar mitschleppen? Was, wenn uns da jemand beklaut? Oder wir es verlieren?

Und noch etwas: »Da die Geldscheine sehr viel von Hand zu Hand gehen, ohne wie bei uns von der Landeszentralbank gegen neue Scheine getauscht zu werden, hat sich in Mauretanien der Beruf des Geldscheinflickers etabliert. Er hat in seinem Vorrat Fetzen von zerrissenen Geldscheinen und kann so fehlende Stücke einsetzen. Aber Vorsicht, immer die Nummer prüfen. Auf dem Schein darf nur eine Banknotennummer ausgewiesen sein, sonst wird er ungültig.« Dies lese ich im Reiseführer von Edith Kohlbach. Habe ich übrigens schon erwähnt, dass dieser nicht nur der einzige deutschsprachige Mauretanien-Führer ist, sondern dass Frau Kohlbach ihn noch dazu im Selbstverlag veröffentlicht hat? Das lässt nicht unbedingt darauf schließen, dass sich außer mir derzeit noch sehr viele andere Menschen für dieses Land interessieren.

Sonntag, 27. Juni 2010

Habe mir heute in einer Parfümerie am Flughafen eine sündhaft teure Nachtcreme aufschwatzen lassen. Warum passiert mir das immer wieder? Nicht nur mir, sondern auch so vielen anderen auf der Welt, dass die Schönheitsindustrie laut Michaela Haas satte 120 Milliarden Euro pro Jahr umsetzt? Warum fallen wir immer wieder auf die Werbung rein, die uns Schönheit, Erfolg, Ansehen und Sex-Appeal verspricht?

»Der perfekte Körper ist zum Synonym für Glück geworden«, sagt Michaela Haas. Wir glauben, uns diesen perfekten Körper erarbeiten und vielleicht auch kaufen zu können; dass Perfektion aber in der Realität nahezu unerreichbar ist, vergessen wir. »Die Wahrscheinlichkeit, unglücklich zu werden, liegt somit bei fast hundert Prozent«, schlussfolgert Michaela Haas. Oder, wie Michael Lütz es sehr zutreffend formuliert: »Mit glücklichen Menschen kann man keine Geschäfte machen, nur mit unglücklichen, denen man das Glück verspricht.«

Also perfektioniert die Industrie die Perfektion weiter, in einem penetranten Stakkato, dem kaum jemand entrinnen kann. Oder will. Weil es funktioniert: Über Perfektion lassen sich Kosmetik und Kleider nun mal am besten verkaufen. Und deshalb haben »normale« Menschen in der Werbung für Produkte, die die Schönheit »pimpen« sollen, nichts zu suchen; es zählen ausschließlich »schön« und »jung«. Mittlerweile macht zwar auch eine – »in Würde gealterte«, wie man so schön sagt – Jane Fonda Werbung für eine Anti-Falten-Creme. Die eigentliche Aussage des Spots aber lautet: Diese Creme habe dafür gesorgt, dass sie locker als mindestens zehn Jahre jünger durchgehe.

Zweifelsohne sind noch immer wir Frauen die am leichtesten »einzufangende« Zielgruppe mit dem offensten Geldbeutel. Zwar werden auch die Männer von der Industrie zunehmend ins Visier genommen – graue Haare oder Falten stehen ihnen aber weiterhin eher zu als Frauen. Ergraute Männer mit Furchen und Lachfalten gehen als »lebenserfahren«, »souverän« und »angekommen« durch. Für Frauen gilt dies nicht.

Diese Diskrepanz beschreibt die Fotografin Gabo aus ihrer eigenen

Erfahrung heraus am Beispiel einer Begegnung mit Kevin Costner, den sie kurz vor der Niederschrift des hier zitierten Textes fotografiert hatte: »Er selbst trägt seinen leichten Haarausfall souverän, erst jetzt mit Falten und Ecken gilt er als Mann im besten Alter. Als ich ihn neulich fotografierte, war es eindeutig: Er hat Körper, Geist und Seele im Einklang.«

Wo aber, fragt Gabo dann, ist die Frau gleichen Alters? Ihre Antwort folgt auf dem Fuße: »Sie liegt mit Botoxspritzen in den Falten auf dem OP-Tisch oder bekommt Haarextensions aus der Dritten Welt. Oder sitzt sie allein auf dem Sofa, frisst Schokolade und schaut Sex and the City? – Die Frau im gleichen Alter vor meiner Kamera hat keine Zeit, sich um ihr Inneres zu kümmern, sie ist im Filmbusiness schon mit 40 chancenlos, nur damit beschäftigt, jung bleiben zu müssen. Sie ist mit Sorgen ums Äußere beschäftigt, mit Diäten und Friseurbesuchen.«

Unilever startete mit seiner Kosmetiklinie »Dove« im Jahr 2006 die sogenannte »Initiative für wahre Schönheit«. Plötzlich lachten Frauen von Plakaten, die keineswegs so makellos waren, wie man es gewohnt war: Es gab Speckröllchen zu sehen, runde Bäuche, gerade Taillen, störrische Locken, sogar graue Haare – und trotzdem schienen die abgebildeten Frauen, ihrem Lachen und dem offensichtlichen Spaß an »der Sache« nach zu urteilen, »glücklich« zu sein. Bei der Recherche über dieses wegweisende Wagnis begegnet mir eine alte Bekannte wieder: Mitentwickelt hat diese Kampagne Susie Orbach. Unilever hat damit zweifelsohne Mut bewiesen, und der Erfolg gibt dem Unternehmen recht. Aber ob diese Aktion in den Köpfen wirklich etwas bewegt?

Mich erinnert die ganze Sache an die Geschichte mit Don Quijote und den Windmühlen. Oder, wie Gabo es ausdrückt: »Wo die Schönheit über Bulimie führt, sogar Bandwürmer eingesetzt werden als Diäthilfe, wenn Koks versagt, da ist es schwer, wahre Schönheit zu erkennen!«

Montag, 28. Juni 2010

Boris schickt mir morgens eine SMS, dass laut *Hamburger Morgenpost* am Abend bei »RTL extra« eine Reportage über die mauretanische Gavage laufen wird. Programmiere umgehend den Festplattenrekorder, bevor ich wieder auf Drehreise gehe.

Freitag, 2. Juli 2010

Habe mir heute endlich den Beitrag über die Gavage ansehen können. Auch Aminetou, die Frauenrechtlerin, und ihre »Association des Femmes Chefs de Famille« sind darin mit von der Partie. Trotzdem lässt der Beitrag mich enttäuscht zurück. Warum, kann ich gar nicht genau sagen.

Ist es die Tatsache, dass mit versteckter Kamera gedreht und dies wie eine Heldentat betont wird, ohne dass man aber die gefilmten Personen, um sie zu schützen, unkenntlich macht? Oder ist es die Tatsache, dass der Reporter »Legenden« erfindet (wie er selbst in seinem Off-Text freimütig sagt), um sein Gegenüber überhaupt dazu zu bringen, mit ihm über das heikle Thema der Gavage – in diesem Fall: die Tiermedikamente, die unter der Hand verkauft werden, um die Gewichtszunahme zu fördern – zu sprechen?

Ich bin gespannt, was René davon hält.

Mittwoch, 7. Juli 2010

René flippt völlig aus, als er den Beitrag zu Gesicht bekommt. »Was ist das denn für eine Scheiße!«, brüllt er.

So habe ich ihn noch nie erlebt. Er hat das Gesicht zur Faust geballt und rennt vom Sessel zum Esstisch in den Flur und wieder zurück, immer wieder. Er hat sozusagen Kreislauf. Vor lauter Wut steht ihm der Schweiß auf der Stirn.

»Wie können die!«, ruft er immer wieder und hat dabei Schaum vorm Mund. »Wie können die da einfach so mal kurz eben auflaufen und die Leute so vorführen?«

Die mir auf der Zunge liegende Frage, ob wir den verantwortlichen Kollegen kontaktieren und uns um Erfahrungsaustausch bemühen sollen, hat sich somit erledigt.

Donnerstag, 8. Juli 2010

Boris bringt den aktuellen *Stern* mit, in dessen Titelgeschichte es in dieser Woche um Frauen im Islam geht. Verschlinge den Artikel sofort. Darin steht auch Folgendes: »Wer die Hammams des Nahen Ostens besucht, in denen Frauen unter sich sind, lernt dort, dass viele Musliminnen ein überaus entspanntes Verhältnis zu ihrem Körper haben, das vielen Frauen im Westen abhanden gekommen ist. Von Schlankheitswahn und Scham keine Spur!« Worin mag dieser entspannte Umgang begründet liegen?

Freitag, 9. Juli 2010

»Plus Size«-Model Crystal Renns heiße Kurven sind Vergangenheit. Bei frauenzimmer.de stolpere ich über ein aktuelles Foto von ihr, das sie mit einem sehr schmalen Gesicht auf einem noch schmaleren Körper zeigt. Was ist denn da passiert?

In Mauretanien beginnt jetzt bald die Regenzeit. Und damit auch die Zeit der Gavage.

Mittwoch, 21. Juli 2010

»Dicke kosten 17 Milliarden im Jahr!«, schlagzeilt *Bild* heute. Ohne Worte.

Samstag, 24. Juli 2010

Gestern ist Klaus in der »parallelwelt« aufgetaucht, mit Christine, seiner Bekannten, die tatsächlich schon mehrfach in Mauretanien war. Sie ist eine erstaunliche Person mit ungewöhnlich glitzernden Augen und fährt mit ihrem Freund seit Jahren regelmäßig nach Afrika. Fast nebenbei erzählt sie mir, dass sie und ihr Freund sich vor kurzem einfach mal ein Grundstück im Senegal gekauft haben, um dort in nicht allzu ferner Zukunft einen Campingplatz aufzumachen, und ich sterbe vor Bewunderung und fühle mich mal wieder wie ein kleines unerfahrenes Mädchen, das bis auf Hamburg-Altona eigentlich gar nichts kennt.

Auf meine Frage, woher ihre große Liebe zu Afrika stamme, antwortet Christine schlicht: »Weil ich so gern in der Wüste Auto fahre.« Ah – ja. »Wenn du nachts mitten in der Wüste sitzt und guckst in den Sternenhimmel«, sagt sie, »dann brauchst du auf einmal nichts mehr. Dann bist du einfach glücklich. Dann könntest du auch sterben.«

Montag, 26. Juli 2010

Die französische Regierung teilt mit, dass der im April in Niger durch die AQMI entführte Franzose Michel Germaneau, ein achtundsiebzigjähriger Entwicklungshelfer, getötet wurde. Das klingt nicht unbedingt nach Entspannung.

Dienstag, 27. Juli 2010

»Dieses Verbrechen wird nicht ungesühnt bleiben«, wettert Frankreichs Präsident Nicolas Sarkozy heute laut euronews.com zur Ermordung der französischen Geisel durch die Al-Qaida. Das klingt erst recht nicht nach Entspannung.

Donnerstag, 29. Juli 2010

Gestern haben René und ich uns mit Christine getroffen. Ich traue mich kaum zu erwähnen, dass beide in schallendes Gelächter ausgebrochen sind, als sie einander sahen. Weil sie sich – natürlich! Wie sollte es anders sein! – kennen. Von früher, aus wilden Partyzeiten. War klar.

Christine prophezeit uns mit unserem Filmequipment bei der Einreise Probleme mit dem Zoll. Das wäre schlecht, denn der Sinn eines Filmteams, das keine Kamera hat, ist reduziert. »Stichwort Flughafen«, fügt sie noch hinzu, »niemals fotografieren. Oder gar filmen. Aber wirklich niemals!« Muss was dran sein, das sagt der Reiseführer auch. Außerdem nennt Christine uns noch Justus Buma, den Betreiber eines Campingplatzes in Atar, als möglicherweise hilfreichen Kontakt. Der Name ist mir doch irgendwo schon mal begegnet. Vermutlich auch im Reiseführer.

»Just ist klasse«, sagt Christine, »mit Sicherheit ein guter Ansprechpartner für euch. Der kennt da unten alles und jeden. Grüßt ihn von mir und gebt ihm einen Kuss, falls ihr ihn tatsächlich treffen solltet!« Geht klar. Und dann hat Christine noch ein paar ganz praktische Tipps für uns: Dass René sich davor hüten solle, eine mauretanische Frau anzufassen, auch wenn es rein freundschaftlich gemeint sei oder er sie begrüßen wolle. Ein Mann in Mauretanien würde einer Frau seinen Respekt zeigen, indem er sich die rechte Hand aufs Herz lege. Auch ich solle Frauen nicht die Hand geben, zumindest nicht als Erste. Wenn ich das aber doch täte, dann niemals die linke, denn das sei die »unreine« Hand. Und mit der würde bitte auch nicht gegessen.

»Wie«, frage ich, »gibt's kein Besteck?«

»Na ja«, sagt Christine amüsiert, »ab und an werdet ihr sicherlich welches bekommen – wenn ihr in der Stadt essen geht. Aber wenn ihr im Zelt einer Familie zu Gast seid, formt man aus dem Couscous kleine Bällchen und isst diese aus der Hand.«

Überhaupt, das Essen. Von Obst und Gemüse könne ich mich schon mal verabschieden, sagt Christine. Was man aber in Nouakchott immer gut essen könne, sei Fisch, denn der sei in der Regel nicht nur frisch, sondern auch gut zubereitet.

»Was ist mit Käse?«, frage ich, denn ich bin ein Käsemonster, und ohne Käse kann ich nicht.

Christine winkt ab. »Vergiss es«, sagt sie. »Höchstens mal haltbarer Schmierkäse. Ach ja, was das Trinken betrifft: Wasser niemals aus der Leitung. Auch Zähneputzen nur mit gekauftem Mineralwasser aus versiegelten Flaschen.« Dass Alkohol eigentlich verboten ist, wissen wir schon; dennoch äußere ich einfach mal die Vermutung, dass man ihn bestimmt trotzdem hier und da bekommen könne?

»Jo. Ist aber teuer«, warnt Christine. »Ach ja, und zieht bloß Schuhe an, die man schnell an und aus kriegt. Die muss man nämlich ausziehen, bevor man eintritt.« Ich denke an meine schicken Wüstenlatschen mit dem praktischen Klettverschluss. Also alles richtig gemacht.

»Und wo wir bei Schuhen sind«, fährt sie fort, »die sind ein echtes Fashion-Item. Genau wie hier. Im Alltag ist es aber völlig okay, in Flipflops rumzulaufen, das machen sie da alle. Ist das Bequemste, ist ja doch recht – sandig.«

René wiegt sorgenvoll den Kopf. Denn Wind und Sand sind die natürlichen Feinde von Ton und Bild, also noch etwas, worum wir uns Gedanken machen müssen. Als ich schließlich erwähne, dass wir im »Maison Jeloua« bei einer gewissen Olivia wohnen werden, sagt Christine nur: »Gute Wahl.« Denn sie kennt Olivia. Natürlich.

Sakraherrgottnochmal! Wie klein ist die Welt eigentlich?

Dienstag, 3. August 2010

Heute mal nicht Mauretanien, sondern »Einsatz in 4 Wänden«: Surfe ein bisschen durchs Internet, um einen kleinen Eindruck über die Reaktionen der Leute auf die Sendung von gestern zu bekommen. Stoße bei bild.de auf folgenden Kommentar:

> »Werderbärchen« schreibt bei bild.de:
> Schnell weg mit der dicken Tine – da bekommt man ja nen Zuckerschock vom blossen Hinsehen

Solche Sprüche sind mir nichts Neues; ganz kalt lassen sie mich immer noch nicht. »Da ist sie wieder«, denke ich, »die gute alte Angst vorm anderen.« Aber an sich trifft sich das gut, denn damit wollte ich mich eh noch mal beschäftigen: Mit der Frage danach, warum ausgerechnet das Dicksein als so bedrohlich anders wahrgenommen wird, dass es hier besonders häufig zu Beleidigungen, Spott oder Beschimpfungen kommt. Oder sagen wir mal: *gefühlt* besonders häufig.

Ich mache die Probe aufs Exempel und googele einfach mal meinen Namen. Die schönsten Kommentare, die ich finde, will ich aufschreiben. Und gebe mir hierfür eine Stunde – nicht mehr, nicht weniger. Die Kommentare müssen also gut auffindbar sein. Ich wähle bild.de, gmx und Youtube als Portale, in denen ich suche; das ist zwar vielleicht nicht sonderlich repräsentativ, aber zumindest von den Nutzerzahlen her ein guter Schnitt. Und damit es dabei auch was zu lachen gibt, lasse ich die Rechtschreibung einfach mal so wie im Original:

»Deebus« schreibt bei gmx.de:
Dass sich die fett Wittleri in diesem heruntergekommenen Haus aufhält ist aber schon praktisch. Dann könnte man diese RTL-Tussi gleich mit dem anderen Sonermüll entsorgen!!!! ... Wann verschwindet diese abgetakelte Tonne, die sich Moderatorin nennt, endlich in einer Versenkung?!? Ach ja, so ein großes Loch gibbets gar nicht!!!

»Genesis« schreibt bei bild.de:
Tipp an die Macher der Sendung. Es gibt auch hübsche und ansehnliche Moderatorinnen im deutschen TV-Geschäft.

»schaerfha33« schreibt bei bild.de:
Nicht falsch verstehen ... hab nichts gegen kopulente Menschen ... aber wann wird die Fette Wittler endlich abgesetz? Reicht mir nur schon von der zu lesen ...

»uschmidt« schreibt bei gmx.de:
Warum helft Ihr mit Bruchteilen des (im Rahmen der Sendung »Einsatz in 4 Wänden«) sinnlos verschleuderten Geldes nicht mal T. W.? Abspecken, Stilkunde, Psycho und so ... Nur mal als Vorschlag

»maikmu« schreibt bei Youtube:
fakt ist Tine Wittler ist eine ganz ekelhafte fette Drecksau. Jetzt bei dem Wetter stinkt *(sie)* bestimmt noch mehr als sonst. Bin gespannt wann die fette Planschkuh endlich platzt!!!!

»weaponexpert« schreibt bei Youtube:
wer würde tine wittler ficken????

»Blaubeerteiler« schreibt bei Youtube:
Bei nem Tritt von der würde auch das World Trade Center zusammenkrachen ... oh ... Tine Wittler hat auch in Hiroshima »zugetreten«!

»wasserpistole1« schreibt bei Youtube:
diese fette kuh ist einfach nur scheisse!

»nicam18« schreibt bei Youtube:
du dicke sauuuuuuuuu

»hessenhenner01« schreibt bei Youtube:
Tine Wittler könnt ich auch ma gebrauchen, will neuen Teppisch verlegen und der wird Geklebt, sie kann vorbeikommen zum FestStampfen, Spare ich mir die Miete im Baumarkt für eine Teppichwalze ... der fette bauch, das dumme gesicht, die üblen farben, einfach klasse wie die Dicke Renovierungsgranate getroffen wurde

»Zauberlatte« schreibt bei Youtube:
sagenhaft, ich verstehe nicht warum die nicht mal weniger frisst um ab zu nehmen, die scheint ihr Geld was sie im TV verdient nur in Fressen – Sauffen und kommische klamotten zu investieren, ich würde sie nicht in meine Wohnung lassen, da wo die lang gelatscht ist, ist der Teppichboden im Arsch ... bei der Fetten Alten, der anblick alleine ist schon Ekelhaft, ich kann verstehen warum da kein vernünftiger Mann dran geht, vor dem Sex muss der erst einmal 4 Pfund Vor-Votze bei seite heben ... wenn die Fette Tine unbedingt einen Mann haben will soll sie sich Vertrauensvoll an die Neger und / oder Türken wenden, denen ist es scheissegal was sie Ficken, die schrecken vor nichts zurück, sind da absolut schmerzfrei.

Ich mache morgen weiter. Mir ist gerade ein bisschen schlecht.

Mittwoch, 4. August 2010

Tja. So sind die Leute nun mal »Dicken« gegenüber. Also manche Leute. Manche wenige Leute, wenn wir Glück haben.

Elisabeth von Bismarck hat dazu festgestellt: »In den vergangenen zwanzig Jahren hat sich die Situation für ›die Dicken‹ verändert. Die verbale Gewalt gegen die, die ›anders‹ sind, gab es in den 80er Jahren nicht in dem Ausmaß wie heute. (...) Es besteht weniger Toleranz und manchmal sogar eine unglaublich brutale Art zu verletzen.«

Die ABC News zitieren in einem Artikel, der sich mit der Geschichte Donna Simpsons beschäftigt, der wir ja bereits begegnet sind, auch einen gewissen Mikey Garcia. Mikey Garcia veranstaltet in den Vereinigten Staaten mit seinem Club »Mikey's Big Beautiful Women« Singleparties für runde Frauen und ihre Verehrer, und er sagt: »Viele Männer stehen auf dickere Frauen, aber in unserer Gesellschaft ist das nicht akzeptabel. Es ist die letzte sozial akzeptierte Form der Diskriminierung. Es wäre einfacher gewesen, meiner Familie zu gestehen, dass ich schwul bin, als ihr zu sagen, das ich auf dickere Frauen stehe.«

Zum einen ist da also wieder die Angst vor »dem anderen« im Allgemeinen und »den Dicken« im Besonderen, denn »im fetten Menschen massieren sich gewissermaßen alle negativen Eigenschaften, die wir so fürchten, weil sie uns angeblich zur Wirkungslosigkeit verdammen: die Ungehemmtheit, die Faulheit und die Lasterhaftigkeit insgesamt. Der Fette ist der Gegenentwurf zur flinken Masse, zum effektiven schlanken Macher«, wie Hilmar Klute es zusammengefasst hat. Aber möglicherweise kommt noch eine weitere Angst hinzu: die Angst des Mannes, nicht mehr Mann zu sein.

»Einer anderen Theorie zufolge soll der dünne Körper einer Frau Schwäche, Schutzbedürftigkeit, eine Art ›Feenhaftigkeit‹ ausdrücken und damit an den männlichen Beschützerinstinkt appellieren, der in den Zeiten der Emanzipation nicht mehr ausreichend zum Zug kommt. Folgt man dieser Theorie, wünschen Männer sich heutzutage dünne Frauen, um sich wieder so richtig als Mann fühlen zu können«, hat Ingrid Mieck es formuliert.

Führt man diesen Gedanken fort, könnte das bedeuten: Männer, die füllige Frauen wegen ebenjener Fülle angreifen, attestieren sich selbst und allen anderen letztendlich, dass sie sich selbst minderwertig und nicht als »ganzer Mann« fühlen. Das nenne ich verhaltensoriginell! Auch beim »Füßebinden« in China ging es darum, dass die hilflosen Bewegungen und Trippelschritte der Frauen den »Beschützerinstinkt« der Männer wecken sollten, erinnere ich mich. Haben wir uns seit diesen Zeiten wirklich nicht weiterentwickelt?

Leider habe ich keinen Beweis dafür, dass die Kommentare, die ich gestern gefunden habe, hauptsächlich von Männern stammen. Darf ich es trotzdem vermuten?

Freitag, 6. August 2010

Habe mich, sozusagen als Gegencheck, noch einmal im Internet umgesehen, was die Kommentare zu meiner Person betrifft, und zwar diesmal im Schoße meiner ganz persönlichen »Randgruppe«. Mich interessiert, wie die Meinungen hier ausfallen, und es gibt zahlreiche Portale und Foren für »Mollige«, »Runde« oder »Dicke«.

In einem von ihnen, bei rubensfan.de, finde ich sogar eine Forumsdiskussion, die sich ausschließlich mit mir beschäftigt. Und zwar – Überraschung! – vorrangig mit meinem Äußeren. Man fragt sich, warum ich in meiner Sendung so oft Handschuhe trage; weitere Hauptthemen sind meine Klamotten und Frisuren. Und einer der User schreibt: »Die sollte sich ’n paar Möpse machen lassen. Da tun einem ja die Augen weh bei den Minitittchen.« Also irgendwie hatte ich mir hier doch etwas Substantielleres erhofft. Randgruppen sind auch nicht mehr das, was sie mal waren.

»Warum liebst du mich eigentlich?«, frage ich Boris abends, geplagt von Selbstzweifeln. Es ist die letzte Nacht, bevor ich nach Däneland fahre.

Boris sagt: »Weil du für mich die Schönste bist.« Und auf einen Schlag bin ich wieder die glücklichste Frau der Welt.

Blåvand, Dänemark
Sonntag, 8. August 2010

Endlich wieder Schreib- und Recherchezeit in Däneland! Leider ist das neue Häuschen nicht annähernd so hübsch wie das alte, aber immerhin funktioniert das W-LAN einwandfrei. War seit meiner Ankunft schon fleißig und habe einen Text entworfen, um Kontakt zu Aminetou aufzunehmen. Irina wird ihn für mich ins Französische übersetzen. Außerdem weiß ich endlich, warum ich in meiner Sendung immer Handschuhe trage! Ich habe nämlich ganz schlimme Warzen an den Fingern. Habe ich eben im Internet gelesen. Bin sehr froh, dass man das Netz auch für Sinnvolles nutzen kann.

Dienstag, 10. August 2010

Die Autorin Alexandra Döll fasst in ihrem vor wenigen Tagen im Internet erschienenen Artikel »Boulevard-Journalismus in den Medien« ziemlich treffend zusammen, wie paradox in der sogenannten »People«-Berichterstattung über die möglichen Figurprobleme von Promis gerichtet wird, »entweder, weil jemand angeblich stark zugenommen hat oder weil diejenige so extrem dünn wirkt, dass bereits über Magersucht oder Bulimie spekuliert wird. (...) Selbst über schlanke Frauen, die aber nicht in die XS-Größen 32/34 passen, sondern ›nur‹ in 36/38, wird der Eindruck vermittelt, dass sie fürs Showgeschäft eigentlich zu weiblich beziehungsweise zu dick seien. Umgekehrt zeigen sich Boulevard-Journalisten jedoch pseudobetroffen, wenn eine ehemals schlanke Frau plötzlich extrem knochig und unterernährt wirkt.«

Passenderweise leuchtet mir direkt neben dem Text eine Anzeige entgegen mit der Frage: »Ist Ihr Bauch zu dick? – Bauchfett verschwindet wie Schnee vor der Sonne. Das ist nicht normal! www.trimcaps.eu.«

Nein, normal ist das nicht.

Mittwoch, 11. August 2010

Als ich eben auf das Datum sehe, fällt mir auf: Es ist jetzt genau ein Jahr her, dass aus meinem Roman ein Selbstversuch geworden ist und ich beschlossen habe, nach Mauretanien zu reisen. Langsam wird es Zeit.

Donnerstag, 12. August 2010

Neues aus dem Mediendickicht: Die Studie einer deutschen Krankenversicherungsgesellschaft belegt, dass Hauptschüler gesünder leben als Akademiker. So viel zum Thema »Übergewicht als Unterschichtenproblem«.

Gestern hat auch in Mauretanien der Ramadan begonnen, die Fastenzeit. Ich teile aus Solidarität meinen Hüttenkäse mit einer kleinen verstörten Katze, die ums Haus schleicht. Als sie mich sieht, ergreift sie allerdings sofort die Flucht. Ich stelle ihr das Schüsselchen einfach vor die Tür.

Samstag, 14. August 2010

Noch mal in einem der englischsprachigen Reiseführer geblättert und festgestellt, dass das »Maison Jeloua« nicht nur im »schönen

Viertel« Tevragh Zeina und nahe an der deutschen Botschaft liegt, sondern auch nur einen Steinwurf entfernt von der »Galerie Tata« – die wiederum keine Galerie ist, sondern vielmehr der internationale Supermarkt Nouakchotts. Ha!

Dienstag, 17. August 2010

In der *Bunte*, die ich mir gestern bei meinem Ausflug in den Supermarkt gekauft habe, ist ein Interview mit Außenminister Guido Westerwelle veröffentlicht. Eine der Fragen an ihn lautet: »Immer wieder wagen sich deutsche Touristen in riskante Gebiete und werden entführt. Haben Sie Verständnis für solche Abenteuerlust?«

Die Antwort des Außenministers: »Ich habe Verständnis für Reiselust, auch für ein wenig Abenteuerlust, vor allem wenn man jung ist und die Welt mit dem Rucksack erleben möchte. Aber ich habe kein Verständnis für Leichtsinn, zumal ja die Gemeinschaft der Steuerzahler auch immer die Kosten für die Folgen zu tragen hat. Wir hätten da weniger zu tun, wenn der eine oder andere etwas umsichtiger handeln würde.«

Hm. Ich werde einen Brief an den Außenminister schreiben müssen und ihn darüber informieren, dass es bestimmt nicht auf Leichtsinn beruht, wenn Deutschlands Wohnexpertin Nummer eins demnächst nach Mauretanien aufbricht und zusätzlich auch noch zwei weitere Bundesbürger dorthin verschleppt. Außerdem werde ich ganz umsichtig gleich mal Fördermitglied der Deutschen Rettungsflugwacht. Schaden kann's nicht.

Donnerstag, 19. August 2010

Wie ist das eigentlich mit Strom in Mauretanien? Brauchen wir Adapter? Wenn ja, welche? Und gibt es dort überhaupt 220 Volt? Keine unerheblichen Fragen, wenn man einen Film produzieren will. Klarer Fall für eine Mail an Olivia.

Freitag, 20. August 2010

Der Google Alert, den ich mir eingerichtet habe, zeigt an, dass sich an den Reise- und Sicherheitswarnungen des Auswärtigen Amtes bezüglich Mauretanien etwas geändert hat. Ich rufe die Seite sofort auf.

Hinzugekommen ist folgender Abschnitt der Teilreisewarnung: »Am 22. Juli 2010 sind mehrere Kämpfer der Al-Qaida im Maghreb (AQMI) bei einer Kommandoaktion im Norden Malis durch mauretanische Sicherheitskräfte getötet worden. Vergeltungsmaßnahmen seitens AQMI, die sich auch gegen westliche und insbesondere französische Interessen richten können, sind in der Gesamtregion Maghreb-Sahel zu befürchten. Mit weiteren terroristischen Anschlägen, auch gegen Ausländer, muss in Nouakchott und im ganzen Land gerechnet werden.«

Jetzt also ausdrücklich auch Nouakchott. Herrlich.

Noch keine Post von Aminetou, dafür aber von Olivia. Unsere Stecker müssten passen, und 220 Volt gibt es bei ihr auch.

Samstag, 21. August 2010

Seit fünf Uhr früh wachgelegen und im Kreis gedacht. Schließlich bin ich darauf gekommen, welcher Stolperstein mich so beschäftigt hat. Es ist die Tatsache, dass in den Beiträgen über die Gavage, die ich bislang gesehen habe, immer wieder erwähnt wurde, dass die Mädchen »sogar nachts immer wieder aufgeweckt würden«, weil sie essen müssten. Jetzt wird mir klar: Anders ginge es ja gar nicht! Denn wenn der Ramadan und die Regenzeit in die gleiche Zeit fallen – dann *kann* die Gavage ja nur nachts stattfinden! Diesen Zusammenhang hat aber keiner der Berichte hergestellt.

Das macht die Gavage sicherlich nicht harmloser. Aber es zeigt doch, wie sehr man durch Weglassen bestimmter Fakten gewisse Umstände ein bisschen anders darstellen kann, als sie vielleicht sind.

Sonntag, 22. August 2010

Auch die im vergangenen November entführten männlichen spanischen Entwicklungshelfer sind frei.

Mittwoch, 25. August 2010

In Nouakchott ist ein Terroranschlag auf eine Militäreinrichtung verhindert worden. Ein mit Sprengstoff beladener Lkw soll versucht haben, in die Anlage einzudringen. Der Fahrer wurde erschossen, nachdem er sich geweigert hatte, am Kontrollposten anzuhalten. Der Lkw ist daraufhin explodiert.

Rückfahrt nach Hamburg
Freitag, 27. August 2010

Tschüs, Däneland. Hallo, Hamburg! Kehre als Erstes bei meinem Arzt ein. Jener Arzt und ich pflegen, wenn wir uns denn mal sehen, einen durchaus freundschaftlichen Kontakt, und so berichte ich ihm von der anstehenden Reise. Er erzählt mir daraufhin, dass es eine Astrologin gebe, die doch glatt »Mauretania« heiße – von der müsse ich mir unbedingt ein Reisehoroskop erstellen lassen. Ich halte das für eine super Idee.

Hamburg
Montag, 30. August 2010

Aminetou hat sich gemeldet! Sie schreibt, dass sie im Januar und Februar in Nouakchott sein wird und uns gern zur Verfügung steht. Heute auch Justus in Atar kontaktiert, ihm die noch ausstehenden Grüße und den Knutscher von Christine ausgerichtet und ihn gefragt, ob er uns mit unserer Reise behilflich sein kann. Vielleicht können wir doch einen Trip ins Landesinnere machen? Atar scheint dafür eigentlich ein ganz gutes Ziel: kein gefährliches Grenzgebiet weit und breit.

Laut Christine spricht Justus sogar Deutsch, und das tut er tatsächlich. Seine Antwort liest sich wie folgt:

»Hallo Tine!

Mit Dank für Ihr Interesse an Mauretanien und an uns in Atar denke ich sicherlich behilflich zu sein können. Ich verfüge über gute Kontakte, Autos und Personal. Was die Sicherheitslage betrifft, kann ich kaum mehr sagen, als was Sie schon wissen, da ich mich zur Zeit in Europa aufhalte. Ab Ende Oktober bin ich wieder da unten und kann die Lage besser einschätzen. Ich verbleibe also zuerst mit lieben Grüssen und einen Retourkuss an die Christine

Just Buma.«

Klingt gut, denke ich und lege mir »Just« in meinem Hirn für Ende Oktober auf Wiedervorlage.

Donnerstag, 2. September 2010

René findet die Idee mit dem Reisehoroskop nicht ganz so super wie ich. »Was machst du, wenn da was Schlimmes bei rauskommt?«, fragt er skeptisch. »Das Projekt abblasen?« Ich zucke mit den Schultern. Wird schon nicht. Immer schön optimistisch bleiben.

Freitag, 3. September 2010

Habe den Brief an Herrn Westerwelle losgeschickt und ihm von unserer anstehenden Expedition berichtet. Gleich danach die deutsche Botschaft in Nouakchott mit Fragen bombardiert.

Donnerstag, 9. September 2010

Wir haben endlich einen persönlichen Kontakt zur Botschaft in Nouakchott! Frau Niang teilt uns mit, dass man uns gern bei der Erlangung einer Drehgenehmigung behilflich sein wird. Sie bittet uns, ihr die entsprechenden Unterlagen zukommen zu lassen, aber trotzdem erst einmal den Weg über das Informationsministerium zu gehen. Machen wir.

Mittwoch, 15. September 2010

Ein Brief aus dem Auswärtigen Amt vom Länderreferat 312. Herr Westerwelle schreibt zwar nicht persönlich, aber immerhin hat man unseren Brief zur Kenntnis genommen. Man freue sich über unser Interesse an Mauretanien, weise aber auf die zunehmend schwierigen Sicherheitsbedingungen hin – so führe man eine anstehende Veranstaltung zum Familienrecht auch deshalb lieber in Marokko durch.

Ich ignoriere das. Rufe stattdessen Mauretania an, die Astrologin. Ihr Name ist kein Künstlername, sie heißt tatsächlich so. Ihre Eltern haben sie allerdings nicht nach dem Land, sondern nach einem Schiff benannt. Sachen gibt's! Wir vereinbaren einen Termin für Oktober.

Donnerstag, 16. September 2010

»Zwischen der mauretanischen Armee und Anhängern der Terrororganisation Al Qaida ist es zu heftigen Gefechten gekommen«, berichtet *Focus online*. Dabei seien zwölf Terroristen, aber auch fünf Soldaten getötet worden. »Ein unmittelbarer Zusammenhang des Einsatzes mit der Entführung von fünf Franzosen und zwei Afrikanern wurde von mauretanischer Seite nicht bestätigt.«

So viel zum Thema »ignorieren«.

Dienstag, 21. September 2010

Al-Qaida hat sich zu der Entführung der fünf Franzosen und zwei Afrikaner in Niger bekannt.

Mittwoch, 22. September 2010

»Nach der Entführung von mehreren Franzosen hat die Fluggesellschaft Air France die Sicherheitsmaßnahmen für ihr Flug- und Bodenpersonal in fünf westafrikanischen Staaten verschärft. Betroffen seien Nigeria, Niger, Mauretanien, Mali und der Tschad. Nach Gewerkschaftsangaben schreiben die Richtlinien in den betroffenen

Ländern schon jetzt militärischen Begleitschutz für alle Air-France-Mitglieder vom Flughafen zum Hotel sowie ziviles Wachpersonal in den Hotels vor.«

Lese diese Meldung bei stern.de kurz vorm Schlafengehen. In der Nacht träume ich schlecht.

Freitag, 24. September 2010

Was nehmen wir als Gastgeschenke mit? Dass Schokolade, Herrenhemden, Deo und Bodylotion eine gute Wahl sind, wissen wir schon, und ich habe all meine Mädels gebeten, zusätzlich Kosmetikproben zu hamstern. Aber ich finde, es fehlt uns noch etwas, das persönlicher ist. Irina schlägt die bunten Filzschlüsselbänder und -etuis aus meinem Atelier vor. Die Idee finde ich gut, zumal sie leicht und weich sind; allerdings können wir leider kaum so viele davon mitnehmen, wie wir vermutlich brauchen. Dafür nehmen sie zu viel Platz weg. Aber ich würde am liebsten wirklich jedem, der uns behilflich ist, ein kleines Dankeschön überreichen können. Und zwar eines, das auch irgendwie etwas mit uns und unserem Projekt zu tun hat. Denke weiter darüber nach.

Samstag, 25. September 2010

Laut *Telepolis* hat sich die Anzahl toter Soldaten bei den Kämpfen gegen die AQMI auf fünfzehn erhöht. Neben der mauretanischen Luftwaffe, die Stellungen der AQMI in Mali bombardiert, sollen auch Bodentruppen in schwere Gefechte verwickelt sein.

Montag, 27. September 2010

Irina, René und ich haben heute mal wieder über den Unterlagen für die Drehgenehmigung gebrütet. Was das mauretanische Informationsministerium alles wissen will! Dazu gehören ein Dreh- und Reiseplan, eine Synposis und ein Exposé, ein persönliches Anschreiben für den Informationsminister, Kopien unserer Pässe sowie eine genaue Liste mit dem Inhalt unserer Equipmentkoffer. Und all das auf Französisch. Mir brummt der Schädel.

Dienstag, 28. September 2010

Kann kaum noch geradeaus gucken vor lauter Listen, Tabellen und Formularen. René, Irina und ich mailen im Minutentakt, die Einkaufsliste wächst. Wir brauchen noch komplettes Tonequipment, eine DV-Kamera für mein Videotagebuch, einen Haufen Ersatzakkus und Bänder. Mich streift kurzzeitig die Erkenntnis, dass so etwas wie ein Produktionsbüro für eine Filmproduktion durchaus Sinn hat. Gleich darauf folgt die Erkenntnis, dass dieses Produktionsbüro leider ich bin.

Gut. Prioritäten. Wichtig ist im Moment nur, dass ich für morgen früh die Mappen mit der Drehgenehmigung fertig habe, um nach Berlin zur mauretanischen Botschaft zu fahren und sie höchstpersönlich dort abzugeben. Am späten Abend habe ich meinem ächzenden Drucker die Dokumente abgerungen und zwei dicke Mappen fertig, in die ich zusätzlich noch jeweils eine Klarsichtfolie mit einer CD hineinhefte. Auf den beiden CDs finden sich alle Unterlagen vorsichtshalber noch einmal in elektronischer Form; auch die mauretanische Botschaft wird ebensolche wohl bevorzugt via Mail in die Heimat senden. Außerdem schicke ich die Dateien, wie besprochen, auch an die deutsche Botschaft in Nouakchott. Und jetzt ab ins Bettchen. Morgen heißt es zeitig aufstehen.

Berlin
Mittwoch, 29. September 2010

Stehe in Berlin vor der mauretanischen Botschaft. Und die ist – geschlossen! Verwundert greife ich nach meinem iPhone. Ich habe mich nicht vertan: »Montag bis Donnerstag, 9–15 Uhr« steht da auf der entsprechenden Seite des Auswärtigen Amtes. Auf der Seite visaexpress.de lese ich hingegen, dass die mauretanische Botschaft ihre Öffnungszeiten geändert habe, und zwar schon im vergangenen Februar: Das Abgeben und Abholen von Unterlagen sei nur mehr dienstags und donnerstags möglich.

Gut. Dann also morgen. Ich bin jung. Ich kann warten. Ich nehme mir ein Hotelzimmer, gehe ein bisschen bummeln und denke darüber nach, wer beim Auswärtigen Amt wohl die Webseiten pflegt.

Berlin / Hamburg
Donnerstag, 30. September 2010

Pünktlich um neun stand ich heute Morgen in der Kommandantenstraße wieder an der Haupteingangstüre, klingelte, machte vor der Überwachungskamera ein freundliches Gesicht, teilte auf Anfrage mein Anliegen mit (»Ich möchte gern etwas abgeben!«), drückte dann frohen Mutes auf den summenden Türöffner und wenig später auf den Knopf »6« im Lift, denn just auf dieser Etage sollte sich die mauretanische Botschaft befinden. Nur: Der Lift rührte sich nicht; er schrie nach einem Schlüssel, den ich nicht besaß.

Also zu Fuß, dachte ich mir. Raus aus dem Lift, ran an die Glastür zum Treppenhaus. Verschlossen. Wieder rein in den Lift, gewartet. Nix. Wieder raus aus dem Lift, an der Glastür geruckelt. Nada. Wieder rein in den Lift, aus Verzweiflung alle anderen Knöppe gedrückt. Niente. Wieder raus aus dem Lift. Krampfhaft die Tasche umklammert, nachgedacht. Schon das Telefon rausgeholt, um in der Botschaft anzurufen. Dann gedacht: »Das kann doch nicht sein«, wieder rein in den Lift. Weiter gewartet. Einfach stoisch stehen geblieben. In der Ruhe liegt die Kraft.

Dann fuhr der Lift endlich hoch, ganz ohne dass ich irgendetwas gedrückt hätte, und spuckte mich in der 6. Etage wieder aus. Vorsichtig setzte ich einen Fuß auf den Teppichboden. Es war still dort oben und weit und breit niemand zu sehen. Bis ein fremdländisch aussehender Mann um die Ecke bog und mich ein wenig erstaunt musterte; ganz so, als hätte er gar nicht mehr damit gerechnet, dass die Person, die geklingelt hatte, auch tatsächlich hier oben auftauchen würde.

»Bonjour«, sagte ich scheu und lächelte; dann hielt ich dem Mann die beiden Mappen entgegen. »Ich wollte dies gern abgeben, das sind Unterlagen für eine Drehgenehmigung«, und der Mann warf einen eher skeptischen Blick auf die Mappen mit ihrem französischen Deckblatt und nahm sie schließlich doch entgegen. Anschließend wünschte er mir schlicht noch einen schönen Tag. Ich stieg wieder in den Lift und dann ins Auto, um zurückzufahren nach Hamburg, und das war es dann auch schon.

Trotzdem irgendwie abenteuerlich. Und deshalb ist mir prompt entfallen, dass ich mir die Abgabe der Unterlagen vielleicht hätte quittieren lassen sollen.

Entfallen ist mir, bemerke ich bei meiner Ankunft zu Hause, auch eine der CDs. Ich habe sie soeben aus den Untiefen meiner Handtasche gefischt; sie muss aus der Klarsichtfolie herausgerutscht sein, fehlt also nun in einer der Mappen. Also gehe ich an den Schreibtisch, setze ein nettes Schreiben an die mauretanische Botschaft auf, stecke Schreiben und CD in einen A5-Briefumschlag und bringe ihn noch schnell zur Post. Per Einschreiben. Wenn ich schon keine Quittung für die anderen Unterlagen habe - dann wenigstens das.

Hamburg
Samstag, 2. Oktober 2010

Heute Abend lief bei Arte in der Wiederholung »Aufstand der Fischerfrauen«, ein Dokumentarfilm über ein mauretanisches Fischervolk. Der Kollege, der ihn produziert hat, heißt Holger Riedel. Zwar scheint sein Film schon etwas älter zu sein, aber trotzdem: Ich recherchiere Herrn Riedel und maile ihn an. Vielleicht kann er uns ein paar Tipps für die Dreharbeiten vor Ort geben.

Sonntag, 3. Oktober 2010

Unser Gastgeschenk-Problem ist gelöst! Ich habe im Internet einen Shop gefunden, in dem man Kleinigkeiten wie Feuerzeuge, Anstecknadeln-Pins oder Aufkleber mit allen möglichen Länderflaggen bedrucken lassen kann. Kurzerhand habe ich dort heute 150 Freundschaftspins bestellt: kleine Broschen, die in übereinander gekreuzter Form die mauretanische und die deutsche Flagge abbilden.

Sie sind zwar nichts Großes, aber sie sind etwas Persönliches. Sie haben keinen materiellen, sondern einen ideellen Wert. So können wir sie auch Offiziellen aushändigen, ohne dass man uns Bestechung vorwerfen wird. Und sie haben eine freundliche Aussage. Hoffentlich sind sie die richtige Wahl!

Frankfurt/Main
Freitag, 8. Oktober 2010

Heute gefunden in der *Bild Frankfurt*: »Tine Wittler stand beim Empfang des Fischerverlages anlässlich der Buchmesse direkt neben dem Büfett.« Nun. Es wäre ein Kunststück gewesen, *nicht* direkt neben dem Büfett gestanden zu haben - denn die Platten mit den Brötchen waren über den gesamten Innenhof des Verlags verteilt. Der Laie staunt, der Fachmann wundert sich.

Hamburg
Samstag, 9. Oktober 2010

Es ist amtlich: Wir fliegen am 11. Januar. Habe unsere Tickets bestätigt. Auch ohne Drehgenehmigung und Visa. Was bleibt mir anderes übrig?

Montag, 11. Oktober 2010

Im Iran sind zwei Journalisten der *Bild am Sonntag* verhaftet worden. Sie waren mit einem ganz normalen Touristenvisum in das Land eingereist, wollten vor Ort aber ein Interview führen. Wie gut, dass wir alles ganz offiziell machen. Andererseits - hm. Bis heute noch kein Mucks von der mauretanischen Botschaft.

Mittwoch, 13. Oktober 2010

Habe Mauretania, die Astrologin, und ihre Tochter Larah in der »parallelwelt« getroffen. Die Sterne für unsere Reise, sagt Mauretania, stehen gut. Weil wir nämlich pünktlich zu unserer Abreise eine seltene Planetenkonstellation haben, die dafür sorgt, dass alles prima wird. Zwar soll es hier und da ein paar Schwierigkeiten geben, vor allem Anfang Februar, aber keine, die nicht umschiffbar seien - in jenen Tagen, sagt Mauretania, sollen wir einfach besonders vorsichtig und achtsam sein. *(Wer prüfen will, wie zutreffend Mauretanias Vorhersage war: ihr Reisehoroskop in Stichworten befindet sich zum Nachlesen im Anhang.)*

Donnerstag, 14. Oktober 2010

Heute von Christine und ihrem Freund erfahren, dass sie Ernst machen und am 23. Dezember nach Afrika aufbrechen wollen. Erst mal nach Guinea-Bissau, so für »drei, vier Jahre«, um Geld zu verdienen für das Senegal-Projekt, »und dann mal schauen«. Hut ab.

Kassel
Dienstag, 19. Oktober 2010

Die *Bild* bezeichnet in ihrer heutigen Ausgabe die Popkünstlerin Lady Gaga als »Lady Schwabbel«, weil sie ein paar Pfund zugenommen hat. Wie sehr man doch mit Worten verletzen kann! Ich habe mich ja schon daran gewöhnt, in der Mediensprache nicht »erfolgreich«, sondern »dick im Geschäft« zu sein oder statt »sehr verliebt« natürlich »schwer verliebt« – um nur ein paar Beispiele zu nennen. Aber das hier ist menschenverachtend.

Hamburg
Freitag, 22. Oktober

Immer noch nichts von der mauretanischen Botschaft. Wie lange brauchen die, um sich mal zu rühren? In zwölf Wochen wollen wir los, verdammt! Journalistenvisa haben wir ebenfalls noch nicht; das geht vermutlich auch nicht von heute auf morgen – aber die kriegen wir nur, wenn die Drehgenehmigung durch ist. Da beißt sich doch die Katze in den Schwanz! Das Warten macht mich wahnsinnig.

Dienstag, 26. Oktober 2010

Schreibe der deutschen Botschaft in Nouakchott, dass wir noch immer nichts bezüglich unserer Drehgenehmigung gehört haben, und bitte Frau Niang, jetzt vielleicht doch einmal beim Ministerium nachzuhaken.

Montag, 1. November 2010

Habe heute Morgen die Mail vom 26. Oktober an die deutsche Botschaft kurzerhand genau so noch einmal geschickt, nachdem so gar keine Reaktion kam. Diesmal kommt die Rückmeldung prompt. Frau Niang teilt uns mit, dass sie bereits ein Empfehlungsschreiben für die Erteilung einer Drehgenehmigung an das Informationsministerium übersandt habe. Und dass wir jetzt erneut nichts weiter tun könnten als – warten. In zwei Wochen könne man dann erneut nachhaken.

Zwei Wochen?! Bis dahin bin ich den Wartetod gestorben! Also vereinbare ich mit René, dass wir in genau neun Tagen, also am 10. November, zusammen zur mauretanischen Botschaft nach Berlin fahren werden. Mit unseren Visumsanträgen im Gepäck und der alles entscheidenden Frage, was denn nun mit der Drehgenehmigung sei. Der 10. November ist kurzfristig der einzige Tag, an dem ich eine solche Tour einrichten kann. Wir haben also nur diese eine Chance. Auch wenn – ja: auch wenn der 10. wieder ein Mittwoch ist. Und wir deshalb vermutlich einen Notfall vortäuschen müssen, um in der mauretanischen Botschaft überhaupt eingelassen zu werden. Aber wir müssen es wenigstens versuchen. Und was sage ich überhaupt: Das hier *ist* ein Notfall.

Mittwoch, 3. November 2010

Boris kann das Wort »Mauretanien« schon nicht mehr hören. Aber er lässt sich das nicht anmerken. Und hat noch dazu eine interessante Theorie, als ich ihm erzähle, dass die mauretanischen Frauen, was ihr Aussehen und ihren Körper betrifft, sehr viel entspannter sein sollen als die Westeuropäerinnen: »Vielleicht haben sie einfach anderes zu tun«, hat er gemeint. »Wenn das so ein armes Land ist und die Lebensbedingungen sind hart – dann haben sie vielleicht schlicht keine Zeit dafür, sich verrückt zu machen.«

Auch ein Ansatz! Ich notiere ihn mir gleich auf meiner Liste mit den offenen Fragen.

Dienstag, 9. November 2010

Diese Visumsanträge machen mich wahnsinnig. Wir brauchen die Passnummer von jemandem, der uns in Nouakchott in Empfang nimmt. Wo kriegen wir denn die jetzt auf die Schnelle her?

Ich erwische Olivia per Mail; sie ist so nett, uns ihre Nummer zu schicken. Was die genaue Adresse der Auberge betrifft – auch die müssen wir auf dem Antrag eintragen –, beiße ich allerdings auf Granit. »Maison Jeloua, Tevragh Zeina, Nouakchott« sei völlig korrekt und ausreichend, schreibt sie. »There's no names and numbers' streets in Mauritania!« Aha. Also keine Straßennamen und Hausnummern in Mauretanien. Gut.

Weiter im Text. Mist. Ich habe keine Passfotos zur Hand. Mann, Wittler. Ein Hirn wie ein Sieb! Aber wofür gibt es digitale Fotodrucker? René hat so einen, also maile ich ihm ein Porträt aus meinem Archiv und bitte ihn, es für morgen dreimal in Passfotogröße auszudrucken.

Hamburg/Berlin
Mittwoch, 10. November 2010

Als René um kurz vor sechs noch etwas verquollen zu mir ins Auto kriecht, mir stolz die ausgedruckten Passfotos präsentiert und ich sie in die Mappe mit den Visumsanträgen lege, kriege ich erneut einen Schreck, denn meine Passfotos sind – zu klein. Eindeutig! In dem Kästchen, wo man die Fotos hinkleben muss, steht ganz klar, dass diese eine Größe von 3,5 × 4,5 cm haben sollen. Und die hier haben maximal – ach, was weiß denn ich. Jedenfalls bleibt in dem für das Foto vorgesehenen Rahmen noch sehr viel weiße Fläche übrig, und das ist so bestimmt nicht gedacht. Wenn das mal keinen Ärger gibt.

Hach ja, es *gibt* Ärger. Aber noch viel schlimmeren, als ich wegen der zu kleinen Passfotos befürchtet hatte! Ich drücke das Gaspedal auf dem Weg nach Berlin ordentlich durch. Der Strafzettel wegen angeblich zu dichten Auffahrens liegt zum Glück erst drei Wochen später im Briefkasten. Um kurz nach zehn an der Botschaft angekommen, stolpert René erst mal in das nächste Hotel, um dort eine Schere und Kleber zu leihen – wir müssen meine Passfotos ausschneiden und aufkleben; außerdem muss ich die mit Bleistift von Irina gemachten Angaben noch sorgfältig mit Kuli nachzeichnen und auch auf ihrem Antrag die Passnummer und die »Adresse« von Olivia eintragen. Im Auto herrscht ein munteres Durcheinander von Zetteln, Schnipseln und lauten Flüchen. Schließlich haben wir alles beisammen und stürzen uns todesmutig auf die Klingel der Botschaft.

Wir werden eingelassen, ohne dass wir auch nur ein Wort in die Überwachungskamera sprechen müssen, und der Lift kommt prompt. Obwohl Mittwoch ist! Dafür nimmt uns eine streng dreinschauende Dame in Empfang, die mit Blick auf die Anträge in unserer Hand zur Begrüßung als Erstes und Einziges sagt: »Visum nur Dienstag und Donnerstag!«

René und ich müssen daraufhin sehr verzweifelt ausgesehen haben. Ich stammele irgendetwas von wegen »aber wir sind extra aus Hamburg –«, und dann geschieht das Wunder: Ein Fünkchen Mitgefühl huscht über das Gesicht der Dame, und sie seufzt ergeben und bedeutet uns, wir mögen doch einen Moment im Wartezimmer Platz nehmen. Das tun wir, bis wir in ihr Büro gebeten werden; einen kleinen Raum, in dem sich der Schreibtisch unter Dokumentenmappen biegt.

»Wenn das alles Visumsanträge sind, dann ist das mit dem angeblich so gefährlichen Reiseziel Mauretanien aber Kokolores«, durchfährt es mich, und ich tausche einen Blick mit René, bevor wir vor dem Schreibtisch Platz nehmen. Ehrfürchtig reichen wir der Dame unsere Anträge und unsere Pässe; sie mustert sie routiniert. Als sie zu meinem viel zu kleinen Passbild kommt, legt sie die Stirn in Falten. Schließlich lässt sie die Unterlagen sinken.

»Was machen Sie für eine Arbeit?«, fragt sie und schaut mich geradeheraus an. »Sie haben geschrieben, Sie sind Unternehmerin?«

»Oh, das ist schwierig zu erklären«, setze ich an. »Ich mache ganz viele unterschiedliche Dinge. Ich betreibe eine Modelinie und einen Onlineshop und eine Bar und ich schreibe Bücher und moderiere eine Fernsehsendung und –«

»Aber warum wollen Sie für Mauretanien ein Arbeitsvisum?«, unterbricht sie mich. »Sie haben hier angekreuzt, Sie wollen ein Visum für *Travail*. Das ist nicht so leicht, wissen Sie? Das dauert sechs Monate. Ich kann Ihnen ein Touristenvisum geben, das geht schneller. Das könnten Sie heute noch mitnehmen. Aber nicht für Arbeit.« René und ich sehen uns entsetzt an. Mir bricht der Schweiß aus. Renés Gesichtsfarbe wechselt langsam von weiß zu grün.

Nach einem kurzen Schockmoment trete ich die Flucht nach vorn an. »Wir brauchen aber definitiv ein Arbeitsvisum«, erkläre ich. »Ein *Journalisten*visum, um genau zu sein. Wir wollen einen Film drehen. Und wir haben die Unterlagen auf Drehgenehmigung schon vor Wochen hier abgegeben. Am 30. September. Das müsste Ihnen alles hier vorliegen. Zwei dicke Mappen.«

Die Dame ist jetzt sehr überrascht. »Unterlagen auf Drehgenehmigung? Hier?«, fragt sie zurück, und ich nicke. »Ja. Ich habe das einem Kollegen gegeben, also – das war ein Mann. Und da waren auch zwei CDs dabei. Und eine ist mir rausgefallen aus der Mappe, das habe ich erst zu Hause in Hamburg gemerkt, und dann habe ich die auch noch per Einschreiben –«

»Also hier liegt nichts vor«, unterbricht mich die Dame strikt und schüttelt den Kopf. »Wenn es vor*läge* – das geht alles über meinen Schreibtisch. Ich wüsste davon.«

Jetzt verfalle ich endgültig in Panik. Auch René kriegt Schnappatmung.

»Aber das kann doch nicht sein!«, stottere ich. »Ich habe zu Hause auch noch den Einlieferungsbeleg von der CD, den – ja – aber was machen wir denn jetzt? Wir arbeiten schon ganz lange an diesem Projekt, und – und – es ist ganz fürchterlich wichtig für uns, und wir haben auch schon Kontakt mit der deutschen Botschaft in Nouakchott, und – jetzt ist schon November, und –«

»Gut«, sagt die Dame überraschend sanft, und ich meine zu bemerken, dass ihr erneut ein ähnlicher Anflug von Lächeln übers Gesicht huscht, wie wir ihn schon ganz zu Anfang gesehen haben. Sie hat Mitleid mit den beiden geknickten Gestalten vor sich, die gerade Blut und Wasser schwitzen.

»Gut, dann müssen Sie noch einmal Kontakt zur deutschen Botschaft in Nouakchott aufnehmen«, fährt sie fort. »Der deutsche Botschafter in Nouakchott kann mit dem mauretanischen Botschafter hier in Berlin telefonieren, und wenn der sein Okay gibt, dann kann ich Ihnen Ihre Visa noch rechtzeitig ausstellen. Jetzt gerade kann ich hier nichts weiter für Sie tun. Aber die können Sie ja schon mal hierlassen«, und damit greift sie unsere Pässe und legt sie mit den Anträgen zu der Flut von Dokumentenmappen auf ihren Schreibtisch.

René und ich lösen uns nur langsam aus unserer Schockstarre. Die Dame greift noch nach einer Art Visitenkarte, es ist eher ein Zettelchen, und schreibt ihren Namen für uns drauf, und dann wünscht sie uns noch viel Glück und ist zum Abschied recht herzlich. Wir stehen auf, bedanken uns, sagen unseren Pässen und der Dame »Auf Wiedersehen« und taumeln zurück auf die Straße.

»Das glaube ich alles nicht«, sagt René dumpf.

»Frag mich mal«, japse ich zurück.

»Und jetzt?«, fragt René düster.

»Wir rufen die deutsche Botschaft in Nouakchott an«, verkünde ich entschlossen. »Die müssen uns jetzt helfen.«

»Frau Wittler!«, sagt Frau Niang etwa eine halbe Stunde später prompt, nachdem man mich zu ihr durchgestellt hat. »Wie schön, dass Sie anrufen. Das passt ja. Hier rattert gerade das Faxgerät. Ihre Drehgenehmigung ist da.«

»Bitte – *was*?«, ächze ich. »Wir waren gerade bei der Botschaft, und da sagte man uns, unsere Unterlagen wegen der Drehgenehmigung wären dort nie angekommen, obwohl ich sie persönlich abgegeben hatte, und –«

»Tja«, sagt Frau Niang vergnügt, »jetzt ging das alles ganz schnell.«

Ja, denke ich. Sehr schnell. Geradezu *unheimlich* schnell. Soll ich wirklich an einen Zufall glauben? Ich denke doch eher – nein.

»Aber ich muss mich korrigieren«, sagt Frau Niang jetzt. »Das, was hier gerade angekommen ist, ist noch keine Drehgenehmigung als solche, sondern ein Accord de Principe.«

»Ein Accord de was?«, frage ich perplex zurück.

»Ein Accord de Principe«, wiederholt Frau Niang. »Mit diesem Schreiben können Sie einreisen. Ich maile es Ihnen, Sie schicken es dann per Post an die mauretanische Botschaft in Berlin, dann bekommen Sie Ihre Visa, und wenn Sie hier in Nouakchott sind, dann machen Sie gleich einen Termin mit dem Informationsministerium, und *dann* bekommen Sie Ihre Drehgenehmigung.«

»Aha«, stoße ich erschöpft hervor. Am liebsten würde ich ins Lenkrad beißen. Auch René ist vor Verwunderung ganz still.

Mauretanien, Mauretanien. Was machst du mit uns?!

Hamburg
Montag, 15. November 2010

Wir haben unsere erste Einladung in Nouakchott! Frau Niang schreibt, dass ihre Kollegen und sie sich freuen würden, wenn wir sie vor Ort besuchen. Wir freuen uns auch.

Donnerstag, 18. November 2010

Es wird immer bunter. Heute hat der Bundesrechnungshof seinen alljährlichen Bericht über die Ver(sch)wendung von Steuergeldern veröffentlicht. Ganz oben dabei: die Wohnungen für die deutschen Diplomaten in Nouakchott, Mauretanien. Die DAPD schreibt dazu: »Für die Diplomatenwohnungen in Mauretanien wurden Fertigteile aus Deutschland nach Afrika verschifft und von einem aus Deutschland eingeflogenen Bautrupp montiert. Statt der eingeplanten Million kostete das Projekt 3,5 Millionen Euro, im Durchschnitt 700 000 Euro pro Wohnung – ›ohne Grundstück‹, wie der Bundesrechnungshof bemerkt.«

Ich finde es super, dass wir schon eine Einladung in genau eine dieser Wohnungen haben. Da können wir uns vor Ort doch gleich mal ein Bild davon machen, wie unser aller Steuergelder verwendet werden.

Samstag, 20. November 2010

Frau Niang erneut mit Fragen bombardiert, die sie mir so präzise wie möglich beantwortet. Aber, ermahnt sie mich: »Denken Sie daran, dass Sie in Afrika sind und es in letzter Minute immer Änderungen geben kann.«

Montag, 22. November 2010

Endlich das Accord de Principe an die mauretanische Botschaft gefaxt, Sendebericht sorgfältig abgeheftet und das Ganze dann noch mal per Einschreiben in die Post gesteckt. Jetzt aber.

Dienstag, 23. November 2010

Mit etwas Verspätung spuckt mein Hirn heute die Wiedervorlage »Justus Buma« wieder aus, und ich kontaktiere ihn erneut und frage ihn nach seiner Einschätzung der derzeitigen Sicherheitslage. Er antwortet wie folgt:

»Liebe Leute.

Wir sind Gott sei Dank und froh heimgekehrt nach Atar, wo nicht nur reisemäßig totale Ruhe herrscht, aber wo es auch so grün ist wie nie vorher. Einmalige begrünte Dünen mit dazwischen Pfützen! Es scheint in großen Teilen des Landes so zu sein. Das Nomadentum wird ein wenig wiederbelebt, wo man nicht mehr vom Tourismus profitieren kann. Bildlich für Euch sicherlich interessant – wenn da dann noch genügend übrig wäre. Zur Sicherheitslage kann ich nur von Ruhe berichten. Ein funktionierender Apparat ist präsent. Es gibt seitens der mauretanischen Behörden keine Reiserestriktionen (außer einigen militärischen Sperrgebieten an der Ost- und Südostgrenze), im Gegensatz zu den europäischen Behörden. Die Franzosen wagen es zu verbieten; die Holländer warnen, und die Deutschen raten ab. Punkt. Man sollte also zwar Vorsicht walten lassen – aber überhaupt keine Angst haben. Für eine Reise ins Innere scheint mir erst mal der öffentliche Transport am sichersten. Kein Sterbling würde einen Bus mit mauretanischen Frauen angreifen! Das wäre amüsant und kostensparend. Sonst habe ich auch Wagen mit Fahrer. Bis bald!

Just.«

Kein Sterbling würde also einen Bus mit mauretanischen Frauen angreifen. Ach ja: Ich muss noch mein Testament machen.

Mittwoch, 24. November 2010

Langsam ist es an der Zeit, neben dem Organisatorischen auch die inhaltlichen Recherchen anzuschieben. Deshalb heute Mail an Olivia geschickt, ob sie uns bei der Suche nach einer jungen Frau in Nouakchott helfen kann. Diese, so schreibe ich Olivia, soll uns nicht nur ihre Stadt zeigen, sondern auch offen genug sein, um vor der Kamera mit uns über das delikate Thema der Gavage – und die Bedeutung von Schönheit für die mauretanischen Frauen im Allgemeinen – zu sprechen. Im besten Fall auf Englisch, Französisch oder sogar Deutsch, wobei das vermutlich zu viel verlangt ist. Olivia sagt zu, sich für uns umzuhören.

Dann bitte ich Just noch, zu schauen, ob er in Atar eine junge Frau namens Zeinebou auftreiben kann, die einen kleinen Laden führt und eine beste Freundin namens Hawer hat. Es sind die beiden Frauen, die in dem Artikel der amerikanischen *Marie Claire* auftauchten; vielleicht können wir sie treffen. Außerdem frage ich Just auch nach Aminetou. Mal sehen, was er über sie weiß.

Freitag, 3. Dezember 2010

Mein Testament ist fertig. Ich bin es auch. Aber für den Fall der Fälle ist jetzt alles so weit geregelt.

Samstag, 4. Dezember 2010

Endlich habe ich Holger Riedel treffen können, den Filmemacher, der »Aufstand der Fischerfrauen« produziert hat. Obwohl er kaum etwas zur aktuellen Lage vor Ort sagen konnte, weil seine eigene Reise schon so lange her ist, hatte er doch wie erhofft ein paar ganz praktische Tipps auf Lager. Zum Beispiel den, dass wir unser Equipment keinesfalls, wie von uns geplant, in professionellen Flight Cases transportieren sollen.

»Viel zu auffällig«, hat er abgewunken, »wenn jemand Gepäck klaut, dann solches – und bei der Einreise fällt das auch ganz besonders auf.« Recht hat er, der Herr Riedel. Deshalb hat René jetzt den Auftrag, schicke Second-Hand-Koffer zu besorgen. Ich habe gerade leider keine Zeit dafür. Ich muss wieder auf Reisen, Deutschland renovieren.

Kassel
Montag, 6. Dezember 2011

Unsere Visa sind da! Ich fasse es kaum. Den Stein, der mir vom Herzen plumpst, kann bestimmt auch Olivia in Nouakchott hören. René wird morgen nach Berlin fahren und unsere Pässe abholen. Interessant übrigens, dass man automatisch *ihn* angerufen hat und nicht mich – den Mann also, nicht die Frau. Egal. Ich bin so erleichtert!

Irina hat über ihren Ex neben Lemine einen weiteren Ansprechpartner vor Ort für uns in petto. Er heißt Yacoub, soll etwa in unserem Alter sein und uns bei den Dreharbeiten vielleicht mit Rat und Tat zur Seite stehen können. Irina bleibt dran.

Hamburg
Dienstag, 7. Dezember 2011

Hübsch, das Visum in meinem Pass. Es ist sogar extra ein Visum für Dreharbeiten: »Tournage«, steht im Feld für den Zweck der Reise. René hat erzählt, dass er mit der Dame, die uns schon bei unserem vorangegangenen Besuch so nett betreut hatte, sogar noch ein bisschen geplaudert hat. Sie kommt aus Syrien, und zum Abschied hat sie zu René gesagt, wir müssten das unbedingt gut machen mit dem Film über Mauretanien und dann auch mal einen Film über Syrien drehen. Wir geben unser Bestes. Versprochen.

Montag, 13. Dezember 2011

Heute Irina, René und mich mit den Kontaktdaten unserer Familien in die Krisenvorsorgeliste des Auswärtigen Amtes eingetragen.

Dienstag, 14. Dezember 2010

Laut *Entwicklungspolitik online* (epo.de) sind gestern in Nouakchott 15 Sklaverei-Kritiker festgenommen worden, als sie gegen die Versklavung von zwei minderjährigen Mädchen demonstrierten. Die beiden Mädchen sollen von einer Mitarbeiterin der mauretanischen Nationalbank als Sklavinnen gehalten worden sein.

Mittwoch, 15. Dezember 2010

Großen Koffer gekauft, das neueste Modell von Samsonite. »Cosmolite – der stärkste und leichteste Samsonite aller Zeiten!« Bei dem Preis hält er hoffentlich, was er verspricht. Gleichzeitig Dokumenten- und Geldgürtel erstanden, die wir unter unseren Klamotten tragen können.

Donnerstag, 16. Dezember 2010

Christine und ich verabreden uns für Ende Januar bei Justus Buma auf seinem Campingplatz in Atar, Mauretanien. Christine und Sven werden dann auf der Durchreise sein, mit ihrem Bus, nach Guinea-Bissau.

Freitag, 17. Dezember 2010

10 000 Euro Bargeld zur Abholung für den 6. Januar bestellt. Es weihnachtet.

Montag, 20. Dezember 2010

Probepacken des Equipments bei René in seiner Wohnung, in der es bei meinem Eintreffen nachmittags so aussieht, als wäre ebenjenes Equipment bereits explodiert. Es folgt stundenlanges Notieren von Seriennummern, Typenbezeichnungen, seltsamen technischen Begriffen. Second-Hand-Koffer, die René besorgt hat, sehr schick. Very vintage! Klaut garantiert keiner. Noch fehlen uns ein paar Kleinteile und Akkus.

Dienstag, 21. Dezember 2010

Olivia hat den Kontakt zu einer jungen Frau für uns hergestellt. Sie heißt Vadila und meldet sich schon kurz nach Olivias Nachricht via

E-Mail bei mir. Ich bestätige ihr, dass wir uns mit ihr in Verbindung setzen werden, sobald wir heil in Nouakchott angekommen sind, und dass wir uns darauf freuen, sie kennenzulernen.

Mittwoch, 22. Dezember 2010

Irina hat Yacoub am Telefon erreicht. Sie schreibt aus Spanien, dass er phantastisches Deutsch spricht, sehr gern bereit ist, uns vor Ort zu helfen – und uns noch dazu eine mögliche Protagonistin vermitteln könnte. Sie heißt Fatima, und ich rufe sie gleich an. Sie hat eine erstaunlich tiefe Stimme und sagt mir zu, uns gern in Nouakchott zu treffen. Hach, alle warten schon auf uns.

Montag, 27. Dezember 2010

Endlich ist das Equipment vollständig. Erleide beim Komplettieren der ellenlangen Frachtlisten wiederholt zahlreiche Wutanfälle.

Dienstag, 28. Dezember 2010

Noch schnell Drehgenehmigung für den 11. Januar am Flughafen angefragt. Außerdem fertige Equipmentliste an Air France geschickt.

Mittwoch, 29. Dezember 2010

Problem folgt auf dem Fuße: Die drei Dosen »Dust-Off-Spray« auf der Equipmentliste dürfen nach langem Hin und Her laut Air France keinesfalls mit. Renés einzige Hoffnung auf sandfreie Kamera- und Tonausrüstung somit zunichte gemacht. René aber schlau: Er packt wenigstens eine der Dosen einfach in seine Kosmetiktasche im Koffer. »Statt Rasierschaum«, hat er gesagt. Wenn das mal gutgeht.

Post von Olivia lässt Probleme vergessen: Sie hat einen weiteren Kontakt für uns zu einer jungen Frau in Nouakchott, die sogar Deutsch spricht. Maile gleich an die angegebene Adresse.

Sonntag, 2. Januar 2011

Antwort aus Nouakchott:

»guten tag vilen dank fur ihr email main namen ist wafa und hier ist main telephon bitte rufen sie mich an und herslich villcommen in mauritania.«

Wie niedlich ist das denn! Ich bin hin und weg. Wafa also.

Montag, 3. Januar 2011

Die letzten zwei Tage damit verbracht, unsere Produktionsmappen zu erstellen, insgesamt sechs Stück, mit sämtlichen Reiseinformationen, Passkopien, Kontaktlisten, Notfallrufnummern, Exposés, Equipment- und Kofferlisten und allem, was gründliche Deutsche nun mal so zum Reisen brauchen. Drucker kurz vorm Abschmieren.

Dienstag, 4. Januar 2011

Eine E-Mail von der Sicherheitsbeauftragten der deutschen Botschaft in Nouakchott, Frau Stechmann, im Auftrag des Auswärtigen Amtes. Man empfiehlt uns dringend, unsere Reisepläne noch einmal zu überprüfen: »Botschaften mit sehr guter Landeskenntnis gehen davon aus, dass Al-Qaida im Maghreb nach Rückschlägen versuchen wird, einen Anschlag mit hoher Medienwirkung zu verüben. Dafür bietet sich die Hauptstadt Nouakchott mit ihren zahlreichen westlichen Zielen besonders an. Bitte teilen Sie uns baldmöglichst mit, ob Sie Ihre Reisedaten für Mauretanien verschieben werden.«

Zu spät, denke ich. Zu spät. Never surrender. Never give up.

Dienstag, 4. Januar 2011 – *Nachtrag 1*

Beschlossen und verkündet: Ich fliege mit zwei Koffern. Schnauze voll. Dat pat da nich rein! Lustigerweise kostet ein Extrakoffer bis 23 Kilo nur 50 Euro – ein Koffer über 23 Kilo, auch wenn es der erste und einzige Koffer ist, aber 100 Euro. Die Logik dahinter konnte mir auch die freundliche Dame von der Air France nicht begreiflich machen. Sei's drum. Mit zwei Koffern ist alles entspannter.

Dienstag, 4. Januar 2011 – *Nachtrag 2*

Ich brech zusammen! In Mauretanien haben sich über Nacht – oder vielmehr über Silvester – *alle* Telefonnummern geändert! Es wurde ganz spontan von sieben- auf achtstellig umgestellt. Und die Ziffer, die man jeweils voranstellen muss, ist von Nummer zu Nummer unterschiedlich. Ein paar bekomme ich geschickt – von der Botschaft, von Just, von Olivia. Verbringe noch einmal Stunden mit dem Ändern und erneuten Ausdrucken der Listen. Kann nicht mehr. Drucker auch nicht. Er gibt mit der letzten Liste seinen Geist auf, wie passend.

Erinnere mich an Frau Niangs Mail vom 20. November: »Denken Sie daran, dass Sie in Afrika sein werden und es in letzter Minute immer Änderungen geben kann.« Genau so etwas muss sie gemeint haben.

Mittwoch, 5. Januar 2011

Heute bekomme ich folgende Mail von Just:

»Liebe Tine.

Zeinebou und Hawer konnte ich leider nicht finden. Das Dokument über die Fettmästerei war übrigens größtenteils nur Theater! Aber Aminetou ist wohlbekannt. Sie hat ein Büro in Nouakchott mit mehreren Organisationen, scheint sehr politisiert zu sein und sich zu engagieren gegen Sklaverei, Beschneidung und so weiter. Hat also zwangsläufig einen bösen Ruf in den Ministerien. Falls Ihr ankündigt, mit ihr zu arbeiten, kriegt Ihr bestimmt Auflagen und Begleiter von zwei Ministerien. Wenn ich Dich aber richtig verstanden habe, seid Ihr nicht politisch orientiert und solltet es Euch deshalb vielleicht anders überlegen. Hoffentlich konnte ich Dir mit diesen Infos erst mal weiterhelfen, mit lieben Grüßen,

Just.

P. S.: Habt Ihr im Gästehaus Jeloua reserviert, oder kommen noch andere deutsche Journalisten???«

Du lieber Himmel! Woher weiß denn Justus in Atar schon, dass demnächst deutsche Journalisten in Nouakchott im Maison Jeloua absteigen werden? Ich bin erschrocken und befrage ihn dazu sofort. Seine Antwort ist beruhigend und beunruhigend zugleich:

»Hallo Tine.

Olivia ist eine gute Freundin, wir bringen viele unserer Gäste zu ihr. Aber das Rimboo-Telefon funktioniert hier ausgezeichnet, deswegen ein bisschen aufgepasst – nicht plappern mit Unbekannten! Mit besten Grüßen,

Just.«

Gut. *Die* Message ist angekommen. Aber was meint Just mit dem Satz: »Das Dokument über die Fettmästerei war übrigens größtenteils nur Theater!«? Diese Aussage bezieht sich eindeutig auf den Artikel aus der amerikanischen *Marie Claire*. Und der war somit vermutlich kein journalistisches Glanzstück. Ob Zeinebou und Hawer überhaupt existieren? Dass ausgerechnet Just in dem klitzekleinen Städtchen Atar die beiden nicht auftreiben kann – bei *den* Buschtrommeln! –, verwundert doch sehr.

Der deutschen Botschaft in Nouakchott ist klargeworden, dass wir uns die Reise nicht mehr ausreden lassen, und sie schickt noch schnell 14 Seiten Sicherheitshinweise. Am beruhigendsten finde ich den Punkt »Verhalten bei Entführung: Ihr erstes Ziel ist zu überleben.« Aber der Hinweis »Sicherheitshinweise bei Autofahrten: Legen Sie vor Fahrtantritt stets den Sicherheitsgurt an« ist auch nicht schlecht.

Frau Stechmann bietet uns netterweise an, uns zu unserem ersten Termin in Nouakchott beim Informationsministerium zu begleiten, den ich stolz in den Produktionskalender eintrage: Mittwoch, 12. Januar 2011, Nouakchott. Informationsministerium.

Eine Freundin berichtet mir, Steffen Henssler habe die Kandidaten in seiner Sendung »Topfgeldjäger« gefragt, was eine »fette Henne« sei. Er habe dann süffisant hinterhergeschoben, »Tine Wittler« sei nicht die richtige Antwort.

Donnerstag, 6. Januar 2011

Mit Just noch flugs klargemacht, dass wir vom 25. bis zum 31. Januar zu ihm in seine Auberge nach Atar fahren werden. Der Zeitpunkt ist hoffentlich gut gewählt: ziemlich genau in der Mitte unserer Reise, trotzdem sind wir bis zum von Astrologin Mauretania angesprochenen kritischen Zeitraum Anfang Februar zurück. Just wird uns persönlich in Nouakchott treffen und nach Atar fahren. Außerdem über Irina bei Lemine für die ersten beiden Wochen unseres Aufenthaltes schon einen Wagen mit Fahrer gebucht. Lemine wird uns auch vom Flughafen abholen. Das ist wichtig, denn wir landen abends um zehn, im Dunkeln, und ich habe ja die Sicherheitshinweise sehr aufmerksam gelesen. Langsam ruckelt sich alles zurecht. 10 000 Euro von der Bank geholt, unter mein Kopfkissen gelegt. Schlafe mal wieder schlecht. Wann geht es endlich los?

Samstag, 8. Januar 2011

Zwei gestern Abend aus einem belebten Restaurant in Nigers Hauptstadt Niamey entführte Franzosen sind tot. Die beiden Fünfundzwanzigjährigen starben, als französische und nigrische Soldaten versuchten, sie zu befreien. Sie wurden von ihren Entführern erschossen, von denen vermutet wird, dass sie der AQMI angehören. Einer der beiden Männer arbeitete für eine Hilfsorganisation und wollte eine Nigrerin heiraten, sein Freund war aus Frankreich für die Hochzeit angereist.

Und in Tunesien ist die Hölle los. Die Polizei schießt auf Demonstranten, während René zur Abschiedsparty in seine Lieblingskneipe geladen hat.

Super Timing.

Auch Hamoudi ist auf Renés Fest. Als ich dort schwermütig in meinen Gin Tonic seufze und sage: »Na, das war es dann ja jetzt erst mal mit Ausgehen«, sieht er mich erstaunt an und erwidert: »Wieso das denn? Glaub mal nicht, dass Nouakchott kein Nachtleben hat!« Oh nein. Nicht das auch noch.

Sonntag, 9. Januar 2011

Generalprobe: Irina, René und ich haben heute zu Übungszwecken das Kofferpacken gedreht. Bin sehr froh, dass ich mich für zwei Koffer entschieden habe. Mit der Entscheidung für den angeblich stärksten Samsonite aller Zeiten aber überhaupt nicht glücklich: Beim

Hochheben von der Waage ist prompt der niegelnagelneue Griff des niegelnagelneuen Koffers abgerissen, die Plastikstücke flogen munter in alle Richtungen. Dabei wog das gute Stück nur 24 Kilo; eindeutig zu wenig für einen Koffer mit einem Fassungsvermögen von 180 Litern, sag ich mal. Es ist doch auf nichts mehr Verlass! Und Samsonite kommt mir zukünftig bestimmt nicht mehr ins Haus. Einziger Trost: Die Szene sieht im Film wirklich sehr, sehr lustig aus.

In letzter Sekunde wie aus einer Eingebung heraus zusätzlich zu all den anderen Gastgeschenken noch zwei Pakete Pumpernickel aus dem Vorratsschrank eingepackt. Wer weiß, wofür sie gut sein werden! Dann haben wir noch unsere schicken Geldgürtel ausprobiert. Beim Verteilen der Kohle sind mir die ganzen 10 000 Euro runtergefallen: Flatsch. Kam mir vor wie Dagobert Duck. Habe jetzt 4000 Euro in meinem Beutelchen, René und Irina jeweils 3000. Ein komisches Gefühl, so viel Geld am Körper zu tragen.

Über Tunesien haben wir nicht ein Wort verloren. Besser ist das.

Montag, 10. Januar 2011

Ich bin ein Wrack. Ich will nicht weg. Hätte ich das alles doch bloß nie losgetreten. Ich will auf den Arm. Boris hingegen will, dass ich endlich fliege. Ich bin unerträglich.

Flieger Paris – Nouakchott
Dienstag, 11. Januar 2011

Also eigentlich lief doch alles ganz gut. Wenn man von ein paar Kleinigkeiten absieht! Natürlich habe ich auf der Fahrt zum Flughafen und beim Abschied Rotz und Wasser geheult. Natürlich habe ich am Flughafen sowohl meine Freundin Martina als auch Babsi und Herbert verpasst, die sich als besonders treue Seelen extra aufgemacht hatten, mich zu verabschieden. Natürlich wollte an den Air-France-Schaltern trotz Absprache mit der Pressestelle in Frankfurt und trotz unserer Drehgenehmigung niemand gefilmt werden. Der arme René musste bei beiden Sicherheitskontrollen – sowohl in Hamburg als auch in Paris – das komplette Equipment aus dem Handgepäck in all seinen Einzelteilen auspacken, und nicht nur deshalb ist es ein Wunder, dass wir unseren Anschlussflug in Paris überhaupt bekommen haben, denn der angebliche Weg von fünf Minuten in den nächsten Terminal entpuppte sich als strammer halbstündiger Fußmarsch.

Aber es ist auch Positives passiert, und das ist ja viel wichtiger: René hat das Dust-Off-Spray erfolgreich als Rasierschaum getarnt in seinem Koffer aufgeben können; außerdem haben wir ganz problemlos unser Upgrade erhalten (danke, Air France!) und es jetzt in der Business Class vergleichsweise gemütlich.

Während unserer Zwischenlandung in Casablanca, wo das Flugzeugpersonal gewechselt hat, das noch heute Abend mit dieser Maschine aus Nouakchott zurück nach Marokko fliegen wird – angeblich, damit das Bordpersonal aus Sicherheitsgründen nicht in Nouakchott zu übernachten braucht –, haben wir Lemine angerufen. Er wird am Flughafen mit unserem Mietwagen samt Fahrer bereitstehen, um uns in Empfang zu nehmen. Gleich landen wir, und ich weiß nicht, was uns erwarten wird. Ich weiß ja noch nicht einmal, was *ich* erwarte. Von oben sieht Nouakchott im Dunkeln aus wie jede andere halbgroße Stadt: Aus der Luft gesehen ähnelt sich die Welt doch sehr.

Der Kapitän gibt die aktuelle Außentemperatur bekannt. Siebenundzwanzig Grad, ganz schön warm dafür, dass es schon kurz vor elf abends ist. Seit nahezu zwölf Stunden sind wir jetzt unterwegs, aber ich bin zu aufgeregt, um Müdigkeit zu spüren. Mit gemischten Gefühlen hole ich mein Kopftuch heraus und lege es mir um. Die Handgriffe sind mir bereits geläufig, ich habe in Hamburg geübt. Das Tuch um mein Gesicht zu spüren hat irgendwie etwas Tröstendes. Beschützendes. Dann setzt das Flugzeug auf.

Während wir im Gang stehend darauf warten, dass die Türen geöffnet werden, kommt Irina dank ihres fließenden Französisch mit einem Mitpassagier ins Gespräch. Er stellt sich als Juraprofessor der Universität in Nouakchott vor und gibt uns neben guten Wünschen noch ein paar Ratschläge mit auf den Weg – zum Beispiel, dass wir unseren zukünftigen Fahrer nicht telefonieren lassen sollen, während er für uns arbeitet. Das klingt nicht sehr vertrauenerweckend.

Und dann spazieren wir auch schon übers Rollfeld auf das Flughafengebäude zu. Die Luft ist frisch, es weht eine leichte Brise, die

Temperatur fühlt sich eher an wie zwanzig denn wie siebenunzwanzig Grad. Zusammen mit den anderen Passagieren drängen wir uns im Flughafengebäude, das mit einem Flughafengebäude, wie ich es bislang kannte, wenig gemein hat, an der Passkontrolle. Vor den beiden Kontrollposten bilden sich zwei Schlangen; hinter einer Glasscheibe rechter Hand beobachten zahlreiche wartende Männer uns Ankommende. Ich mustere neugierig und fasziniert, werde genauso neugierig zurückgemustert. Aber ich muss zur Toilette, dringend!, und da ist auch eine. Die kleine fensterlose Zelle geht direkt von dem Raum ab, in dem wir uns aufhalten. Drinnen gibt es kein Licht, keine Klobrille; es ist einfach nur eine Kloschüssel »ohne alles«, aber mehr braucht man ja auch nicht, wenn's pressiert. Es lässt sich nicht abschließen; Irina bleibt vor der Tür stehen und passt auf. Kaum dass ich erleichtert wieder durch sie hindurchtrete, mit meinem Pass im Anschlag, steht ein Mann mit Turban vor mir, wiederholt immer wieder »passeport, passeport«, nimmt mir ebenjenen dann einfach aus der Hand und entschwindet durch die Menge hindurch, wohin auch immer.

Ich bleibe perplex zurück. Hilflos sehe ich Irina an, und sie zuckt mit den Schultern. »Meinen und Renés hat er auch schon«, sagt sie. »Weiß ich jetzt auch nicht. Aber da ist Lemine! Schau, da ist Lemine!«, und ich sehe einen Mann in einem edlen Boubou hinter der Glasscheibe lebhaft winken. Er lacht uns mit ausgebreiteten Armen an.

Gleichzeitig beginnt uns jemand durch die Menge hindurchzulotsen. Wir folgen wie ferngesteuert, wissen kaum, wie uns geschieht; und innerhalb kurzer Zeit stehen wir schon auf der anderen Seite in der Ankunftshalle und haben verdattert unsere Pässe wieder in der Hand. Lemine muss ganze Arbeit geleistet haben, um uns die Einreise zu erleichtern. Man behandelt uns wie Ehrengäste, denn das war es auch schon mit Formalitäten.

Unsere Koffer rumpeln bereits über das Gepäckband, sie sind alle da! Alle Koffer sind da! – und ich bekomme nur mehr wie in einer Art Trance mit, wie ein Gepäckträger und der Angestellte von Lemine diese für uns auf zwei Gepäckwagen verstauen. Ich bin völlig verdutzt. Was hatten wir uns für Gedanken gemacht wegen des Gepäcks, des Equipments, des Zolls! Und jetzt? Sind wir diese Sorge binnen weniger Augenblicke los, verlassen schon das Flughafengebäude, ohne einen unserer Koffer auch nur geöffnet haben zu müssen. Und wandern völlig unbehelligt, begleitet von einem mit den uns respektvoll und freundlich Platz machenden Beamten scherzenden Lemine, der mal nach links, mal nach rechts grüßt, zu dem Wagen, der uns in den nächsten Wochen zu unserem zweiten Zuhause werden soll.

»Unfassbar«, murmele ich, mehr so zu mir selbst, während wir über den Parkplatz laufen. René ist ob unseres Glückes längst übermütig geworden und hat prompt die kleine DV-Kamera aus dem Handgepäck gezogen, allen Warnungen bezüglich der verbotenen Aufnahmen in Flughafennähe zum Trotz. Er filmt einfach drauflos, während wir an einer Gruppe von Frauen vorbeilaufen, die in ihren bunten Gewändern auf dem Asphalt sitzen. Sie scheinen über uns zu reden, lachen, und kurz nachdem wir sie passiert haben, springt eine von ihnen auf und läuft hinter mir her. Es ist eine junge, quirlige Frau, die jetzt herzlich grinsend auf mich und ganz ohne Scheu auch auf die Kamera einredet. Wir reichen uns die Hand, ja, umarmen uns sogar; ich verstehe rein gar nichts von dem, was sie sagt, kann aber nichts anderes als lachen, denn es ist klar, dass sie uns auf ihre Art willkommen heißt. Und tatsächlich: »Bienvenue, bienvenue«, verstehe ich schließlich. Was für eine herzliche Begrüßung!

Am Auto angekommen, einem geräumigen Geländewagen wie bestellt, läuft der erste Bettler auf mich zu, den ich vertrösten muss; dann steht plötzlich ein freundlich lächelnder Schwarzafrikaner vor mir und fragt mich auf Französisch, ob ich Tine Wittler sei. Bitte *wie*?

»Pourquoi?«, frage ich völlig perplex zurück, »Warum?«, und er stellt sich höflich als Youba vor und erklärt mir, dass er für Olivia arbeitet und sie ihn geschickt habe, um uns abzuholen. Obwohl wir das gar nicht explizit besprochen hatten. Wie nett und fürsorglich! Ich schließe Youba mit Lemine kurz. Wenig später fährt Youba vor uns her; Irina, René und ich haben bei Mohamedoun, unserem Fahrer für die kommenden Wochen, im Geländewagen Platz genommen. Lemine folgt uns mit dem restlichen Gepäck in seinem Pkw durch das nächtliche Nouakchott.

Nouakchott
Mittwoch, 12. Januar 2011

Halb zwei nachts, mauretanischer Zeit, zwischen Koffern in dem kleinen Apartment von Olivias Auberge. Bei der Ankunft mussten wir feststellen, dass es sich abgelegen von den Zimmern des Haupthauses befindet, zwar gesichert durch einen Nachtwächter namens Omar und ein abschließbares Tor an der sandigen Straße, aber doch so weit ab, dass ich sozusagen allein wohne. Und niemand meine Schreie hören würde. Andererseits liegt das Apartment im Obergeschoss, von daher müsste Al-Qaida schon echt starke Jungs vorbeischicken, um mich runterzutragen.

Ob es auf Dauer richtig ist, dass ich hier so allein untergebracht bin, diese Entscheidung haben wir vertagt. Wir sind jetzt doch sehr müde. René und Irina sind schon drüben in ihren Zimmern, und ich inspiziere erst mal mein neues Zuhause auf Zeit: zwei Räume. Einer mit Bett und Nachttischchen, der andere mit einem Schreibtisch und einem Stuhl, den flachen, für Nordafrika typischen Kanapees rund um einen Glastisch und einem aus Schilf geflochtenen Regal. Die ersehnte Klimaanlage im Hauptraum funktioniert, und mein Laptop zeigt an, dass er sich in das hauseigene W-LAN einbuchen konnte. Ich jubiliere. Läuft doch alles! Das Einzige, was mir Kummer macht, sind die Spannungsschwankungen im Stromnetz. Die romantische Neonröhre im Hauptraum flackert ohne Unterlass. Ich glaube nicht, dass das für unsere technischen Geräte von Vorteil sein wird.

Auch das Bad verdient seinen Namen nicht. Ich zucke zusammen angesichts des im Duschbereich schief angebrachten, angerosteten Boilers, der sich, bedrohlich und anscheinend nur mehr provisorisch gehalten, genau dorthin neigt, wo man ihn am wenigsten haben möchte: dorthin nämlich, wo sich beim Abbrausen zwangsläufig der eigene Kopf befinden wird. Auch angesichts der offen heraushängenden Kabelage wird Duschen ab sofort zu den nicht ungefährlichen Tätigkeiten in meinem Leben gehören. Aber hey, no risk, no fun!

Die Küche ist eine Zelle mit einer Spüle, einem Kühlschrank und einem kleinen Campingherd mit zwei Platten, an den eine Gasflasche angeschlossen ist. Aber es gibt sogar ein paar Teller, ein paar Gläser und ein bisschen Besteck.

Ja, provisorisch ist das alles schon. Und bestimmt nicht so, wie ich es gewöhnt bin. Es gibt kein Teil dieser Einrichtung, das nicht irgendwie wackelt, abgebrochene Stellen hat, schief steht oder sich auf andere Art und Weise seinem eigentlichen Zweck zu widersetzen versucht. Und doch ist alles da, was man braucht!

Seltsam, denke ich: Alles so anders – und doch so gleich. Es ist ein Gedanke, den ich in den kommenden Wochen noch öfter haben werde. Nachdem ich das Allernötigste ausgepackt und mich vorsorglich mit Insektenschutz eingesprüht habe, zirpen mich von draußen Grillen unter dem ersten Moskitonetz meines Lebens in einen tiefen, traumlosen Schlaf.

Als ich am Morgen aufwache, habe ich mich in ebenjenem Moskitonetz völlig verheddert und einen der Nägel, mit dem es kraftlos an die Wand gepinnt war, herausgerissen. Aber das kann den idyllischen Gesamteindruck nicht stören. Durch die noch geschlossenen Fensterläden wirft die Sonne Streifen auf mein Bett. Geweckt worden bin ich durch herzliches Gelächter, das aus einem der Nachbarhöfe zu kommen scheint. Ziegen blöken, Vögel zwitschern; es klingt wie in einer Mischung aus Voliere und Streichelzoo. Ich fühle mich frisch, erholt und willkommen.

Daran kann auch die »Dusche« nichts ändern, der ich trotz aller Anstrengung nur ein äußerst kümmerliches, lauwarmes Wasserrinnsal entlocken kann. Ich ziehe mir Leggings über, eine lange Tunika und das Kopftuch, schlüpfe in die erstbesten Flipflops. Dann verlasse ich entschlossen und todesmutig das Apartment, nicht ohne dabei festzustellen, dass das Türschloss mir halb entgegenfällt und überaus vorsichtig behandelt werden will, sofern es die kommenden fünf Wochen überleben soll. Die metallene Tür klemmt nicht nur, sondern schleift und ratscht kreischend über den Boden. Gut so, denke ich, ich habe eine Alarmanlage.

Langsam und vorsichtig steige ich die steile Treppe hinab. Links und rechts des Weges stehen hohe Mauern, in deren Oberkante Glasscherben einbetoniert wurden, die hinterhältig in die Höhe ragen. So macht man das also! Klettert wohl keiner drüber, stelle ich befriedigt fest. Als ich das Metalltor zur Straße hin öffne, ist dieses noch lauter als die obere Tür, und die Bedenken bezüglich meiner abgeschiedenen Unterbringung schwinden endgültig. Wenn hier nachts jemand einzusteigen versuchen sollte, hört das garantiert die gesamte Nachbarschaft!

Unsicher öffne ich die Tür und blicke nach draußen. Zunächst sehe ich nichts als Sand, Sand und nochmals Sand. Und Mauern, dazwischen aber auch ein bisschen schattenspendendes Grün. Linker Hand wackeln meckernd ein paar Ziegen vorbei; schräg gegenüber scheint sich sogar ein kleiner Laden zu befinden. Vor dem hübsch bemalten hölzernen Tor zum Haupthaus von Olivias Auberge sitzt der Tagwächter auf seinem Plastikstühlchen, mit einem Radio neben sich, und grinst mich herzlich an. Ich grüße ihn mit einem freundlichen »Bonjour« und trete ein.

Ist das hübsch! Überrascht bestaune ich den liebevoll gestalteten Innenhof. Links vom schmalen Fußweg, der auf das Haus zuführt, eine Freifläche; vermutlich der in den Reiseführern erwähnte Parkplatz, auf dem man auch mit einem Wohnmobil bei Olivia absteigen und campen kann. Rechts vom Weg bunte Kanapees unter einem weißen Baldachin. Daneben stehen ein paar Cafétische und -stühle, gefolgt von einem gemauerten, hellgetünchten Tresen, und hinter diesem steht ein verträumt lächelnder Mann, der irgendwie dauerabwesend zu sein scheint, auch wenn er mich jetzt höflich grüßt.

Sein Alter ist schwer zu schätzen; Ende dreißig, Anfang vierzig, vermute ich. Kurze grauweiße Haare, weißes T-Shirt, herzzerreißender, filmreifer Dackelblick – Typ »überlebensunfähig, aber niedlich«. Ich frage ihn auf Französisch, ob er vielleicht meine beiden Mitreisenden gesehen habe, und beschreibe den großen René und die dunkelhaarige Irina, aber er verneint, und ich wundere mich, denn wir wollten uns doch genau jetzt zum Frühstück draußen treffen! Also tapse ich in das Haupthaus hinein, in dem mich angenehme Kühle empfängt. Ich finde Irina und René im hinteren Teil der Auberge, wo sich eine weitere Terrasse befindet. Sie klären mich auf, dass der Dackelblick-Mann Olivier heißt und seine kleine, gerade neu eröffnete Saftbar (wirklich nur Saft?) mit Olivias Auberge nicht mehr teilt als eben den Hinterhof. Verstehe!

Um uns herum wuselt der immer lächelnde Youba, er bringt uns ein französisches Frühstück mit Weißbrot, Orangensaft, Marmelade und Kaffee. Ab und zu taucht ein kleines Mädchen aus Richtung Küche auf und mustert uns neugierig, aber scheu, um sogleich wieder zu verschwinden. Youba scheint hier nicht nur zu arbeiten, sondern mit seiner ganzen Familie zumindest tageweise auch zu leben. Neben dem Küchenbereich haben sie sich in einem dunklen, fast fensterlosen Raum, wie er hier typisch ist, um sich vor Sonne und Wärme zu schützen, ein kleines Lager gebaut. Youba scheint die Seele der Auberge zu sein; Olivia ist bislang nicht zu sehen. Ich überschlage, wie lange es her sein mag, dass Youba Feierabend hatte seit gestern Nacht, und seit wann er heute Morgen wohl schon wieder im Einsatz sein mag, um uns Neuankömmlinge zu versorgen. Ob die Menschenrechtsorganisationen ein solches Arbeitsverhältnis als »Sklaverei« bezeichnen?, fährt es mir spontan durch den Kopf. Noch weiß ich viel zu wenig über all das.

Während wir ganz entspannt im Schatten frühstücken, beobachten wir schon ganz verliebt die vielen Kätzchen, die sich über die Terrasse verteilt balgen und spielen, um uns zu unterhalten, und können unser Glück kaum fassen. Es ist so schön hier!

Eine gute Stunde später besucht uns, wie am Vorabend abgesprochen, Lemine. Ich bezahle die Wagen- und Fahrermiete für zwei Wochen im Voraus und tausche bei ihm auch gleich die ersten 500 Euro in mauretanische Ouguiya um. Du liebe Güte, sind das viele Scheine! Auch hat Lemine uns SIM-Karten mitgebracht. Binnen kürzester Zeit haben wir zwei aktivierte Teamtelefone und fühlen uns nicht nur gestärkt, sondern auch bestens gerüstet für unseren Termin im Informationsministerium. Also klettern wir zum bereits wartenden Mohamedoun in den Wagen, versuchen ihm zu erklären, wo wir hinmüssen, und fahren, unsere Unterlagen und eine Tasche voller mauretanisch-deutscher Freundschaftspins fest in der Hand, das erste Mal bei Tageslicht durch die Stadt.

Die Eindrücke überfordern mich von einer Sekunde auf die andere völlig. Ich kann nichts tun außer schauen, schauen, schauen.

Blaue und weiße Boubous und bunt gemusterte Malhafas wehen im warmen Wüstenwind. Manche der Männer tragen gegen den umherwirbelnden Sand dicke Daunenjacken und den Turban so geschickt um ihren Kopf gewickelt, dass sie fast komplett vermummt sind. Die Frauen gehen langsam; sie haben keine Eile. Ich wundere mich, dass die meisten von ihnen nichts bei sich zu tragen scheinen. Später werde ich erfahren, dass sie ihre Handtaschen nahezu unsichtbar unter der Malhafa zu tragen verstehen. Die weißmaurischen Frauen tragen ausnahmslos das traditionelle Gewand, manche haben zum Schutz gegen den Sand und den Wind auch Mund und Nase verhüllt; einige schwarze Frauen hingegen sind in voluminösen Kleidern mit dazu passenden Kopfbedeckungen unterwegs. Erstaunt stelle ich fest, dass ein paar junge Schwarzafrikanerinnen sogar in ärmellosen Tops die Straße entlangflanieren. Kleine Jungen drängen sich auf Kreuzungen, um an Autofenstern zu betteln. Das Gesicht eines von ihnen ist dermaßen entstellt, dass mir die Tränen kommen. Ich habe so etwas noch nicht gesehen. Stumm reichen wir ihm ein paar Scheine in seine Büchse. Auch für viele Einheimische scheint es eine Selbstverständlichkeit zu sein, etwas zu geben. Wir sehen kaum ein Auto, dessen Fenster sich nicht an den Kreuzungen kurz öffnet und eine Hand freigibt, die etwas spendet.

Der Verkehr ist mörderisch! Regeln scheint es nicht zu geben. Außer: Brems, fahr oder stirb. Mohamedoun bugsiert uns geübt durch das Chaos. Kaum ein Auto ist ohne Beulen oder Rost; viele sind nicht nur optisch malad, sondern nur noch beschränkt verkehrstüchtig. Hier und da bleibt ein Auto mit einer Panne mitten auf der Straße liegen. Kein Grund zur Panik, Abschleppen nicht nötig. Man legt sich dann auch im dicksten Verkehr einfach darunter und schaut erst mal in aller Ruhe nach dem Rechten. Mehr als einmal sehen wir ein Paar Beine ganz gemütlich unter der Karosse herausragen. Der geübte mauretanische Autofahrer weicht routiniert aus, auch wenn er dabei einen anderen Wagen anditschen sollte. Über so etwas regt sich kaum jemand auf. Das Auto fährt ja noch! Inschallah!

Kleine, tapfere Esel ziehen emsig Karren durch Staub und Müll, deren Ladung viele Male schwerer ist als sie selbst. Ihre kleinen Hufe bewegen sich unermüdlich im Stakkato vorwärts. Manchmal ziehen sie ganze Türme voller Waren; manchmal ganze Männergruppen; oft riesige Wasserfässer. Hier und da am Wegesrand Straßenhändler, die Brot verkaufen oder Telefonkarten. Immer wieder kleine Grüppchen von Männern, die in Hauseingängen oder auf dem Bürgersteig herumlungern oder scheinbar unbeteiligt die Umgebung beobachtend auf Plastikstühlen sitzen.

Geschäfte sind als solche von außen nur schlecht zu erkennen. So etwas wie Schaufenster gibt es in den meisten Fällen nicht. Als absolute Anfängerin kann ich nur raten, was sich in den sandfarbenen, flachen Gebäuden mit dem bröckelnden Putz und den wenigen kleinen Fenstern verbergen mag. Die Luft ist erfüllt von Staub und Sand. Sie flirrt in der Mittagshitze.

Mit etwas Verspätung rollen wir auf den Parkplatz des Informationsministeriums. Frau Stechmann wartet dort schon auf uns. Ich vertraue mich ihr nur zu gern an, denn ich habe gehörigen Respekt vor dem, was uns bevorsteht. Wenn wir jetzt nicht überzeugen können, haben wir ein Problem! Die Drehgenehmigung ist wichtig für uns. Umso mehr, als Frau Stechmann uns soeben erzählt, dass vor nur wenigen Wochen ein kanadischer Journalist festgenommen wurde, der ohne Drehgenehmigung seine Kamera in Betrieb genommen hatte. Im Nachhinein sende ich dankbar ein Stoßgebet gen Himmel, dass René bei unserer Ankunft am Flughafen mit seiner spontanen Dreherei nicht erwischt worden ist. Das hätte auch ins Auge gehen können.

Gemeinsam betreten wir das Ministerium. Auch hier drinnen erscheint mir im Vergleich zu dem, was ich kenne, alles rudimentär und provisorisch. Der Flur ist dunkel; der schmale Gang führt an kleinen Büros vorbei, deren Türen meistens offen stehen. Das jahrzehntealte Mobiliar ist völlig willkürlich zusammengewürfelt und wird von grellen Neonröhren in weißlich-grünes Licht getaucht. Wir fragen uns durch bis zu El Moktar, der sich freut, uns und insbesondere Irina zu sehen, die er wie eine alte Freundin begrüßt.

Dann werde ich von den anderen getrennt und zu einem Kollegen in ein anderes Büro gebracht, der mir die Mappe mit unserem Exposé und all den anderen Unterlagen abnimmt, sie durchblättert und mir ein paar Formulare hinlegt, die ich unterschreiben soll. Gleichzeitig stellt er mir eine Menge Fragen, von denen ich allerdings nicht eine einzige verstehe. Er spricht Arabisch.

Verzweifelt versuche ihm auf Französisch zu verstehen zu geben, dass das so nichts wird und ich auch diese Formulare nicht unterschreiben kann, von denen ich gar nicht weiß, was darauf steht. Mein Gegenüber ist mindestens genauso verzweifelt wie ich, aber es dauert ein paar Minuten, bis er die Sinnlosigkeit des Weiterhin-aufmich-Einredens erkennt, das Büro verlässt und wenig später in Begleitung von Irina wiederkommt, die mir zur Hilfe eilt. Was wären wir ohne sie!

Mit meinen Unterschriften verpflichte ich mich unter anderem, der mauretanischen Regierung unseren Film auf Verlangen zur Verfügung zu stellen. Außerdem muss ich bestätigen, dass wir nicht im Auftrag eines Senders oder einer Produktionsfirma, sondern als unabhängiges Team eingereist sind, das noch dazu wirklich und ausschließlich das vorhat, was im Exposé angegeben ist. Es beißt die Maus halt keinen Faden ab: Mauretanien ist von einer Pressefreiheit, wie wir sie in Deutschland kennen, weit entfernt. Im Press Freedom Index von 2010 steht Deutschland auf Platz 17, Mauretanien auf Platz 95 von insgesamt 178 Rängen. Da ist also noch Luft nach oben. Nach unten aber auch. Und deshalb hätte alles noch viel komplizierter sein können.

Nach dem Unterschriftsmarathon landen wir zu viert beim Direktor, der direkt dem Minister unterstellt ist und dem wir unser Anliegen erneut vortragen. Er ist herzlich, sehr gesprächig und stellt sein ganzes Vorzimmer auf den Kopf, um uns mit allen Getränken zu versorgen, die das Ministerium zu bieten hat. Eine seiner Mitarbeiterinnen, eine scheue Dame in raschelnder Malhafa, die sich still im Hintergrund bewegt, hat große Probleme mit dem defekten Wasserkocher und müht sich in einer Ecke des Büros sichtlich ab, um uns endlich heißes Wasser für Pulverkaffee oder Tee servieren zu können. Gern würde ich ihr zu verstehen geben, dass wir auch so völlig glücklich und zufrieden sind, aber ich bekomme keine Chance: Der Directeur plaudert mit uns in einer Tour. Er begreift schnell, dass ich mit dem gewählten Thema einen eher persönlichen denn politischen Ansatz verfolge, was wohl ein entscheidender Vorteil für uns ist. Außerdem hat er einen absoluten Narren an Irina gefressen, die mit ihm auf Arabisch parliert, als hätte sie nie etwas anderes getan. Frau Stechmann, René und ich staunen Bauklötze, und nur gefühlte zwei Stunden später ist es so weit: Der Direktor versichert uns, wir würden unsere Drehgenehmigung bekommen. Er bereite sie jetzt vor, der Minister könne sie am folgenden Vormittag noch vor der Parlamentssitzung unterschreiben, und wir sollten doch morgen Nachmittag wiederkommen, um sie abzuholen. Mir fällt ein Felsbrocken vom Herzen. Ich jubiliere innerlich, und auch René hält es nur schwer auf seinem Stuhl.

Wir plaudern danach noch ein weiteres gefühltes Stündchen. Im hinteren Teil des Büros läuft der Fernseher. Das mauretanische Staatsfernsehen ist eingeschaltet, und aus den Augenwinkeln habe ich sofort registriert, dass dort auch Moderatorinnen arbeiten. Seit über einer Stunde aber zeigt der Bildschirm nur eine Frau: Eine mauretanische Sängerin, klein, aber kugelrund; mit einem seltsamen Saiteninstrument vor sich, das ich nicht kenne, und da der Ton ausgeschaltet ist, erfahren wir leider auch nicht, wie es klingt. Wir fragen nach. Ihr Name sei Dimi Mint Abba, erklärt der Direktor daraufhin stolz, und sie sei Mauretaniens bekannteste Sängerin.

Er berichtet uns dann noch schwärmerisch von seinem eigenen Deutschlandbesuch vor ein paar Jahren. Mir fallen daraufhin die Freundschaftspins ein. Ich überreiche ihm dankend einen davon, und damit ist das Eis endgültig gebrochen. Der Direktor freut sich total und heftet sich die kleine Brosche sofort an sein Jackett.

»Volltreffer!«, denke ich vergnügt und freue mich mindestens ebenso sehr.

Als wir aus dem Ministerium treten, ist schon fortgeschrittener Nachmittag. Im nächsten Schritt müssen wir dringend das viele Bargeld loswerden, also bitten wir Mohamedoun, uns zur Société Générale zu fahren, einer Bank in der Stadtmitte. Ich möchte in Mauretanien ein Konto eröffnen.

Die Mitarbeiterin mit Brille, die wir in ihrem kleinen Büro aufsuchen, ist, ihrem rostfarbenen Kleid und der dazu passenden Kopfbedeckung nach zu urteilen, eine Soninké. Geduldig erklärt sie uns, dass ich für eine Kontoeröffnung nicht nur meinen Pass, sondern auch Passfotos vorlegen muss. Also wieder rein ins Auto, Mohamedoun gefragt, wo man solche bekommt. Fotos bei einem lustigen Kerl gemacht, der sich über unseren Besuch sichtlich amüsiert. Die Bank hat mittlerweile geschlossen, wir müssen den Rest der Formalitäten auf morgen vertagen; also bitten wir Mohamedoun im Anschluss, vor der Rückkehr in die Auberge mit uns noch eine kleine Tour durch die Stadt zu machen.

Ach, Mohamedoun. Er scheint eigentlich ein netter Typ zu sein, erklärt und lacht viel, wobei er sich, da bin ich mir sicher, insgeheim auch hier und da über uns lustig macht. Aber jetzt ist er plötzlich mucksch und mürrisch. Er verhält sich wie ein störrischer Esel, zieht eine Fleppe und lässt uns deutlich wissen, dass diese Bitte jetzt die falsche war.

Es braucht einige Anstrengung, bis wir ihm aus der Nase ziehen können, dass gerade eigentlich Zeit zum Beten sei, dass er Hunger habe, Durst auch, und dass es sowieso ein echt schlechter Moment sei, um wieder durch die Stadt zu fahren. Einige Diskussionsrunden später ist uns klar: Mit Mohamedoun als Fahrer werden wir mitnichten die Einzigen sein, die den Tagesablauf bestimmen.

Sei's drum. Wir handeln aus, dass wir nach einer kleinen Orientierungstour durch die Stadt zur Galerie Tata fahren, dem internationalen Supermarkt, der sich nah an der Auberge befindet. Dort eröffnet uns Mohamedoun, er brauche dringend einen Gaskocher, damit er »für uns« Tee kochen könne, seiner sei kaputt. Ergeben packe ich also in dem Laden, in dem es außer anständigem Brot, Alkohol und ansehnlichem Obst und Gemüse tatsächlich fast alles gibt, auch einen Gaskocher ein. Diesen drücke ich Mohamedoun zusammen mit etwas zu trinken und einer weit ausreichenden Geldsumme für eine anständige Mahlzeit in die Hand.

Trotzdem möchte er an der Auberge wie selbstverständlich noch etwas von dem Brot haben, das wir für das Abendessen in meinem Apartment besorgt haben. Immerhin hilft er uns noch, die Einkäufe nach oben ins Apartment zu tragen, wo er sich sehr interessiert umschaut und mit aller Selbstverständlichkeit ins Schlafzimmer spaziert, was mir dann auch wieder nicht recht ist.

Klarer Fall: Mit Mohamedoun wird es auf Dauer nicht einfach werden. Irgendwie traue ich ihm noch nicht so recht über den Weg.

Donnerstag, 13. Januar 2011

Mein Misstrauen Mohamedoun gegenüber ist nicht ganz unbegründet. Er ist ein verschlagenes Schlitzohr! Heute Morgen, als Irina und René zum verabredeten Zeitpunkt noch einmal schnell nach oben sind, um ihre Taschen zu holen, hat er begonnen, mich auszufragen:

Wo genau Irina und René untergebracht seien. Ob ich in dem Apartment allein schliefe. Ich habe in meiner Not steif und fest behauptet, wir würden zu dritt in dem Apartment wohnen, auch wenn er mir das mit Sicherheit nicht geglaubt hat. Seitdem bin ich ihm gegenüber reichlich distanziert.

Beim Frühstück haben wir zuvor Olivia kennengelernt. Sie ist eine große, schmale Französin in langen Röcken mit Hippie-Einschlag, etwa in unserem Alter, und wir erfahren, dass sie momentan nur selten da ist, weil sie an einer weiteren Auberge auf den Kapverden arbeitet. Seit in Mauretanien wegen der anhaltenden Entführungen und Terrorwarnungen die Touristen ausbleiben, sagt sie, müsse sie schauen, dass sie sich eine Alternative aufbaue.

Im Informationsministerium läuft es ganz ähnlich wie gestern: Auf dem Bildschirm des Fernsehers ist wieder Dimi Mint Abba zu sehen, und es gibt eine weitere lange Plauderei, bis wir schließlich die Drehgenehmigung in der Hand halten. Im Eifer des Gefechts fällt zunächst keinem von uns auf, dass ebenjene ausschließlich auf Arabisch verfasst ist. Stolz wie Bolle machen wir noch ein Gruppenfoto mit dem Direktor, der uns schließlich auf das Herzlichste verabschiedet, nicht ohne seine Hilfe für unsere weiteren Recherchen anzubieten. Auf dem Parkplatz empfängt uns Mohamedoun doch tatsächlich mit frisch gekochtem Tee! Das versöhnt mich ein wenig mit ihm und den Vorkommnissen des Morgens, auch wenn ich weiterhin auf Abstand bleibe.

In der Bank dürfen wir zwar trotz unserer Drehgenehmigung die Kamera nicht auspacken, aber dafür kommen wir über die Kontoeröffnung hinaus mit der hilfsbereiten Mitarbeiterin von gestern ins Gespräch. Als sie hört, dass wir uns auch für die Mode der hiesigen Frauen interessieren, erzählt sie uns, dass ihre Cousinen die Kunst des Stoffefärbens, für die das Volk der Soninké bekannt ist, beherrschen. Und dass wir sie sicherlich gern besuchen dürften. Strahlend und dankbar nehmen wir das Kärtchen entgegen, auf dem sie uns die Telefonnummer notiert, und schenken ihr im Gegenzug ein Filzetui für ihre Brille.

Leider können wir auf das frisch eröffnete Konto keine Euros einzahlen, sondern nur mauretanische Ouguiya, also besuchen wir schnell Lemine in seinem Büro, um bei ihm einen guten Wechselkurs zu bekommen. Während wir auf das Geld warten, trinken wir ein paar weitere Runden Tee – der süße Minzgeschmack gefällt mir von Mal zu Mal besser – und lassen uns von Lemine bestätigen, dass mit der Drehgenehmigung alles seine Richtigkeit hat. Als ich die riesige Plastiktüte mit dem Berg von Scheinen entgegennehme und Lemine und ich sie nachzuzählen beginnen, komme ich mir vor wie jemand, der in einem Hinterzimmer um Haus und Hof gepokert hat. »Endlich bin ich Millionärin!«, scherze ich, als wir zu Ende gezählt haben. Vor uns liegen knapp zwei Millionen Ouguiya. Kurz darauf werde ich, zurück in der Bank, hinter die Glasscheibe des Schalterraums geleitet, wo ich neben vier Frauen Platz nehme, um diesen unermesslichen Haufen Geld auf das neueröffnete Konto einzuzahlen.

Arbeitsteilung wird hier noch großgeschrieben: Zwei Frauen zählen mit Hilfe eines Stempelkissens, mit dem sie sich die Finger befeuchten, das Geld; eine dritte macht nach jedem Zehnerpacken Scheine einen Strich auf einer Liste; die vierte gibt die Zahlen nach und nach in den Computer ein. Sie plaudern und kichern in einem fort, vermutlich weil ihnen so etwas auch nicht alle Tage passiert. Ich derweil verstehe nur Bahnhof und sitze staunend und auch etwas hilflos mittendrin, während Irina und René und auch all die anderen Kunden sich auf der anderen Seite der Glasscheibe köstlich amüsieren über das Bild, das sich ihnen da gerade bietet.

Schade, dass wir das nicht drehen durften! Als wenige Augenblicke später im Schalterraum zwei junge Mauretanier auf mich zukommen und in perfektem Deutsch sagen: »Sie kennen wir doch aus dem Fernsehen!«, bin ich allerdings versucht, an die »Versteckte Kamera« zu glauben. Die beiden haben in Deutschland studiert.

Mohamedoun setzt uns danach an der Auberge ab. Trotz eines großzügigen Trinkgeldes für den kurzen Tag gibt es dabei erneut Ärger mit ihm. Er fasst beim Aussteigen Irina an, die ihn laut und deutlich in seine Schranken weist. Im ersten Moment denke ich, »er wollte doch vielleicht nur helfen«, aber das ist natürlich Kokolores, denn die Männer hier dürfen Frauen, mit denen sie nicht verheiratet sind, nun mal nicht berühren, und schon gar nicht in der Öffentlichkeit.

Nachmittags besucht uns Yacoub in der Auberge, mit Fatima im Schlepptau, die von ihrer offenen und lebhaften Art her wunderbar zu uns passen würde. Sie ist nicht nur intelligent, sondern auch sehr hübsch. Ihre Stimme ist tief und rauchig, wie es bei mauretanischen Frauen oft der Fall zu sein scheint, und ihre leuchtend türkisfarbene Malhafa sieht an ihren zweifelsohne vorhandenen Kurven toll aus. Sie hat zu unserem Thema viel zu sagen, kommt aber nach einem langen Gespräch kaum als weiteres Teammitglied und schon gar nicht als Protagonistin in Frage: Ihre stolze, hochangesehene Familie, so erfahren wir, würde ihr nie erlauben, vor eine Kamera zu treten.

Wir sehen ihr an, wie traurig Fatima darüber ist, wie sehr sie mit sich kämpft und wie gern sie dabei wäre. Wir machen deshalb ab, dass sie mit ihrer Familie spricht und sich am nächsten Tag noch einmal meldet. René ist der Überzeugung, dass sie sich für uns entscheiden wird. Ich hingegen glaube nicht daran.

Mit Yacoub sprechen wir lange darüber, ob und inwiefern es überhaupt möglich sein wird, die Kamera im öffentlichen Raum zu verwenden, ohne Probleme zu bekommen, Unmut auf uns zu ziehen oder gar angegriffen zu werden. Er sagt, mit ein bisschen Umsicht sei das bestimmt nicht unmöglich, und bietet uns an, uns zu solchen Gelegenheiten zu begleiten und den Rücken freizuhalten.

Wir sind gerade in den letzten Zügen des Gespräches, als auf der Terrasse der Auberge eine weitere Frau auftaucht. Sie ist sehr groß und sehr schmal, mit herben Gesichtszügen, und ich weiß ganz genau, dass ich sie irgendwie kenne. Als sie zielstrebig auf uns zukommt, trifft mich die Erkenntnis wie ein Blitzschlag: Es ist Aminetou! Wir verabreden uns für den kommenden Vormittag in ihrem Büro, das keine zweihundert Meter von der Auberge entfernt liegt, zu einem ersten ausführlichen Gespräch. Auch sie rät uns noch, mit der Kamera auf der Straße vorsichtig zu sein.

Ins Internet komme ich heute erst spät in der Nacht; das Netz ist hoffnungslos überlastet. Die Al-Qaida im Maghreb hat sich heute zur Entführung und Tötung der beiden Franzosen in Niger bekannt.

Freitag, 14. Januar 2011

Beim Frühstück haben wir lange darüber diskutiert, wie wir uns bei unserem Besuch in Aminetous Büro und vor allen Dingen auf dem (wenn auch kurzen) Weg dorthin verhalten sollen. Nach dem, was wir bislang erfahren haben, erscheint es uns nicht unwahrscheinlich, dass man uns beobachtet – auch oder gerade, wenn man uns nicht, wie von Just befürchtet, einen Aufpasser an die Seite gestellt hat. Vielleicht sind wir paranoid. Aber es wäre sicherlich das Falsche, als Allererstes samt offen geschultertem Kameraequipment ins Büro der von Regierungsseite aus unbeliebtesten Menschenrechtlerin des Landes zu stürmen.

Nach einigem Hin und Her beschließen wir, nicht die große Kamera, sondern nur die kleine EOS mitzunehmen und diese unauffällig in einem Rucksack zu verstauen. An Aminetous Büro lässt uns ein kleiner, zäher Mann mit breitem Grinsen und wettergegerbtem Gesicht herein, der sein Lager gegenüber im Sand aufgeschlagen hat; ein provisorisches Zelt aus Stöcken und alten Decken. Er scheint mit Aminetou befreundet zu sein, ist durchaus zuvorkommend und hat einen Schlüssel. Da wir seinen Namen noch nicht kennen, nennen wir ihn erst mal nur den »Teemann«, denn er beginnt sogleich, uns mit immer neuen Teerunden zu versorgen, und setzt dies auch während unseres langen Gespräches mit Aminetou fort. Geduldig hockt er neben Aminetous Schreibtisch auf dem Boden und widmet sich konzentriert der aufwendigen Zeremonie des Teebereitens.

Wir stellen Aminetou unser Projekt genauer vor. Sie sagt uns erneut ihre Hilfe und Unterstützung zu, und binnen kürzester Zeit sind wir in ein wunderbares, wenn auch nicht ganz unkompliziertes Gespräch über das mauretanische Schönheitsideal, die mauretanischen Frauen und die Gavage verwickelt.

Es ist die moderne Form der Gavage, die Aminetou die allergrößte Sorge bereitet, also jene Form, die durch eigentlich für Kamele oder Geflügel gedachte Mastmedikamente erfolgt.

»Viele Frauen«, sagt Aminetou, »werden dadurch verrückt – sie haben durch die Einnahme der Medikamente psychische Probleme. Andere leiden unter Herz-Kreislauf-Erkrankungen oder bekommen sogar einen Herzinfarkt.«

Ich möchte wissen, warum die Frauen dieses hohe Risiko eingehen. Warum es ihnen überhaupt so wichtig ist, zuzunehmen.

»Es ist Tradition«, erklärt Aminetou. »Schau her: Wir haben ein sehr weites Kleidungsstück«, sie breitet die Arme unter ihrer Malhafa aus, »und dieses muss die Frau ausfüllen. Das hier sieht an dir, die du ein bisschen dick bist, viel schöner aus als an mir, die ich dünn bin. Das sind auch die Kriterien des Mannes. Der mauretanische Mann will keine dünne Frau, sondern er will, dass die Frau dick ist. Und die Frauen wollen ja den Männern gefallen. Von Geburt an bekommen die Frauen hier gesagt, dass es ihr Ziel ist, zu heiraten und einen Mann zu finden. Und es ist ihre Aufgabe, den Schleier auszufüllen. Man sagt sogar, dass eine schlanke Frau die Ehre der Familie beschädigt. So ist das im traditionellen Milieu. Heutzutage, in den Städten, denken viele Leute nicht mehr so. Trotzdem bleibt das Ideal bestehen. Wenn eine dicke Frau hier auf die Straße geht und ihre Hüften schwingt, werden ihr alle hinterhersehen.«

Ich mache die Probe aufs Exempel, stehe auf und drehe mich vor Aminetous Schreibtisch einmal um die eigene Achse. »Würde ich auch Aufmerksamkeit erregen?«, frage ich.

Aminetou lacht. »Fragen wir doch *ihn*«, sagt sie verschmitzt mit einer Kopfbewegung auf den Teemann. »Wir fragen den Monsieur!«, und der Monsieur bestätigt auf Aminetous Frage hin aus seiner Teezeremonie heraus, die Männer hier würden eben Frauen bevorzugen, die »en forme« seien. Und das seien Frauen wie ich. Auch wenn er sich kaum traue, das zu sagen, und dies eigentlich auch gar nicht dürfe, weil ja mein Ehemann – er deutet auf René – zugegen sei. Als wir klarstellen, dass René und ich nicht verheiratet sind, macht das den Teemann mutig, er serviert mir ein weiteres Kompliment und gleichzeitig noch einen Tee.

»Siehst du«, sagt Aminetou zufrieden. »Wenn du länger in Mauretanien bleibst, wirst du viele Heiratskandidaten finden. Und wenn du dir einen Schleier anziehst, bist du die schönste Frau Mauretaniens.«

Das ist ein interessanter Punkt, und ich hake nach: Warum werde ich umso mehr Aufsehen erregen, wenn ich den Schleier, die Malhafa, trage? Bin ich so, wie ich jetzt aussehe, also in meiner westlichen Kleidung – uninteressanter?

»Das ist so, weil es bestimmte Bewegungen gibt, die nur unter dem Schleier zur Geltung kommen«, sagt Aminetou. »Deine Hüften werden sich ganz anders bewegen und abzeichnen, als es in deiner jetzigen Kleidung der Fall ist. Das gefällt den Männern.« Sie steht auf und streckt ihre Arme aus. Ihre Malhafa raschelt. »Schau, was das hier für ein großes Kleidungsstück ist! Wie viel es braucht, um es auszufüllen! Ich bin sehr dünn, deshalb will mich niemand ansehen. Ich bekomme ständig gesagt, dass ich mehr essen soll. Ich hingegen sage den dicken Frauen hier in der Association oft, dass sie Sport machen sollen. Wegen ihrer Gesundheit. Aber sie wollen das nicht. Sie weigern sich.«

Ich frage Aminetou, ob sie weiß, dass in Deutschland alles anders ist – dass dort sie die »Richtige«, die »Schöne« wäre, und nicht ich, die in ihrer Heimat wiederum mit ihrem Aussehen eher zu kämpfen hat.

Aminetou nickt. »Ja, so ist das in Europa. Ich weiß das. Aber hier ist es eben andersherum. Auch wenn es sich langsam zu ändern beginnt.«

»Und wenn sich das Ideal nun langsam ändert«, erkundige ich mich, »wie schwierig ist das für die Frauen? Gibt es welche, die durcheinander sind oder verwirrt, weil sie gar nicht mehr genau wissen, wie sie denn nun sein sollen?«

Aminetou nickt. »Natürlich. Davon gibt es viele. Einige werden von der Tradition *und* von der Moderne angezogen. Aber man muss sagen: Die Mehrheit der Männer will immer noch dickere Frauen. Und da kommt die moderne Gavage mit Medikamenten ins Spiel. Die Frauen führen sie selber durch, freiwillig, indem sie die Medikamente kaufen und schlucken. Das ist das Schlimme. Früher wurden die Mädchen von ihren Eltern zur Gavage gezwungen. Jetzt ist das Problem, dass die Frau die Gavage selbst in die Hand nimmt. Von sich aus. Und warum? Um ihren Schleier auszufüllen, um den Männern zu gefallen. Versteht mich nicht falsch, ich bin nicht dagegen, dass man etwas tut, um den Männern zu gefallen. Aber nicht auf Kosten der Gesundheit.«

Ich frage, ob und wo es die traditionelle Gavage überhaupt noch gibt.

»Ja, es gibt sie noch«, erwidert Aminetou. »Aber nur noch vereinzelt. In der Stadt nicht mehr. Eher auf dem Land, wo die Menschen noch mit ihren Tieren von einem Zeltlager zum anderen ziehen. Aber wegen der Trockenheit und der Armut gibt es dort nicht mehr viele Tiere. Es gibt deshalb auch nicht mehr viel Milch. Viele Leute sind in den letzten Jahren in die Stadt gekommen. Da erfahren sie zum Beispiel durch das Fernsehen oder durch uns, die Association, dass die

Gavage eigentlich schlecht ist. Und trotzdem gibt es noch immer die Praxis, dass Mädchen nach der Schule, in der Regenzeit, für die Gavage zurück aufs Land geschickt werden. Denn das, worum es geht, ist die Heirat. Nicht die Schule, nicht die Diplome. Es geht um den Mann.«

Aminetou seufzt. »Und genau das ist das Problem: diese Mentalität, dieser Glaube, dass das Mädchen für den Mann gemacht sei. Er sorgt dafür, dass die Gavage weitergeht. Manchmal fängt man damit bei den Mädchen schon im Alter von drei Jahren an, manchmal mit sieben, acht oder neun. Aber spätestens dann muss die Gavage beginnen, denn in diesem Alter kann ein Mädchen schon eine Frau sein. Es gibt hier durchaus Fälle, in denen neunjährige Mädchen verheiratet werden. Und die Mädchen müssen dick sein. Damit sie den Mann tragen können.«

Ich frage nach, ob es stimmt, was wir gehört haben: dass die mauretanischen Frauen im Alltag eine Menge mitzureden hätten. Aminetou bestätigt dies.

»Es gibt ja bei uns ganz unterschiedliche Volksstämme: die Peul, die Soninké, die Wolof – und die Araberinnen. Jede Bevölkerungsgruppe hat ihre eigene Art zu leben. Wir, die arabischen Frauen Mauretaniens, haben eine stärkere Persönlichkeit als alle anderen Araberinnen auf der Welt. Als alle anderen Muslima! Wir haben viel Autorität zu Hause. Und viel Freiheit, uns zu bewegen. Wir verdienen auch unser eigenes Geld und geben es nicht zwangsläufig unserem Mann. Bei den Schwarzafrikanern hingegen ist es oft so, dass der Mann mitbestimmt, was die Frau mit ihrem Geld macht, und über alles bestimmt, was im Haus geschieht. Dort gibt es auch die Polygamie, die wir Araberinnen nicht akzeptieren.«

Ich komme noch einmal auf die Malhafa zu sprechen und das unterschwellige Vorurteil der Unterdrückung, das Westeuropäer oftmals ganz automatisch mit einem solchen Kleidungsstück, das Körper und Haar verhüllt, verbinden.

Aminetou schüttelt vehement den Kopf. »Nein«, sagt sie. »Nein. In Mauretanien ist diese Kleidung kein Zeichen der Unterwerfung. Die Malhafa ist einfach unser traditionelles Gewand. Sie ist nicht religiös im engeren Sinne. Obwohl sie natürlich den islamischen Kleidervorschriften entspricht.«

René unterbricht in diesem Moment entschuldigend: Die kleine Kamera kommt mit der Wärme nicht klar. Der Speicherchip ist völlig überhitzt und bricht die Aufnahmen immer wieder ab. Noch während wir diskutieren, ob und wie wir jetzt weitermachen können, ruft Yacoub auf einem unserer Teamhandys an. Irina vertröstet ihn auf später, aber das kurze Telefonat scheint in Aminetou etwas auszulösen, und einige Augenblicke nachdem Irina aufgelegt hat, fragt sie uns zwar sehr ruhig, aber auch sehr bestimmt, wer die beiden Personen gewesen seien, mit denen wir gestern in der Auberge zusammengesessen hätten – also Fatima und Yacoub. Wir versuchen es ihr zu erklären, aber wir kommen kaum dazu, denn Aminetou redet plötzlich so hitzig auf uns ein, dass Irina mit dem Übersetzen gar nicht mehr hinterherkommt und René und ich gar nichts mehr begreifen. Es dauert ein wenig, bis wir verstehen, was Aminetou uns mit ihrem plötzlichen Ausbruch sagt.

Zusammengefasst ist dies Folgendes: Dass das, was ihre Association und sie täten, gefährlich sei. Etwas, das der Regierung nicht gefalle, und dass man sie deshalb jederzeit denunzieren könne. Sie sei deshalb grundsätzlich misstrauisch, vor allem gegenüber Mauretaniern, die sie nicht kenne. Man könne hier sehr schnell auf jemanden treffen, der mit den Geheimdiensten zu tun habe. Wenn wir also zukünftig fremde Leute dabei haben würden, dann sei sie nicht bereit dazu, die Zusammenarbeit mit uns fortzusetzen.

Wir sind also nicht paranoid, durchfährt es mich. Und es war genau die richtige Entscheidung, die Kamera erst hinter verschlossener Türe auszupacken.

»Wenn ich an einem Film mitarbeite, an einem Dokumentarfilm«, fährt Aminetou fort, noch bevor wir so recht verarbeitet haben, was sie uns da gerade gesagt hat, »dann mache ich dies über die Arbeit meiner Association, und *nur* über die Arbeit der Association. Ich bin nicht bereit, dies mit Leuten zu teilen, die gar nichts machen, aber die behaupten, sie würden etwas tun. Das würde uns schaden. Ich spreche grundsätzlich nur über das, von dem ich weiß, dass es wirklich existiert. Deshalb will ich nicht Gefahr laufen, mit anderen Aussagen oder Behauptungen in Verbindung gebracht oder gar mit anderen Organisationen verwechselt zu werden. Wenn also fremde Organisationen beteiligt sind, zu denen ich keine Verbindung habe, dann mache ich nicht mit. Oder fremde Dritte. Das ist zu gefährlich. Deshalb arbeite ich auch nicht mit jedem Filmteam. Und dann bin ich nicht bereit. Je ne suis pas prête«, wiederholt sie.

Das ist eine klare Ansage, die unseren Wünschen allerdings zuwiderläuft. Denn wenn wir erst einmal eine Protagonistin gefunden haben, wollen wir diese ja so oft wie möglich an unserer Seite haben. Aber wir verstehen Aminetou natürlich, und wir wollen sie nicht gefährden. Also sichern wir ihr zu, dass wir keine Kontakte zu anderen Organisationen vor Ort haben, was ja auch der Wahrheit entspricht, und dass es dabei bleiben soll. Und dass wir ihr gegenüber ausschließlich in der derzeitigen Konstellation auftreten werden, von einem uns gegebenenfalls begleitenden Fahrer abgesehen, den wir aber über einen Freund gebucht hätten.

Damit ist Aminetou zufrieden. Als wir ihr noch einmal zu erklären versuchen, wie unser kleines Team aufgestellt ist, um zusätzlich Vertrauen zu schaffen, lächelt sie schon wieder.

»Eigentlich habe ich mich ja längst verpflichtet«, sagt sie, »und ich stehe zu meinem Wort. Ich weiß sehr gut, wie unabhängige Filmproduktionen funktionieren, und ich schätze die Deutschen. Ich gebe euch aber ein Beispiel, warum es so wichtig ist, das alles zu klären«, und sie berichtet, dass vor sehr kurzer Zeit ein Filmteam aus Großbritannien da gewesen sei. »Dieses Team hatte zwei Übersetzer dabei. Einer dieser Übersetzer hat nach den Filmarbeiten Frauen aus meiner Association beim Geheimdienst denunziert. Die Frauen wurden daraufhin festgenommen, das Material und das Equipment des Teams wurden konfisziert. Ich kenne mein Land. Und es ist nicht einfach, in diesem Land einen Film zu machen.«

Nach dem Gespräch mit Aminetou sind wir ziemlich platt. Zum ersten Mal macht mir die Hitze zu schaffen, und wir müssen verdauen, was wir gehört haben. Am Nachmittag sagt Fatima endgültig ab. Unsere Hoffnungen auf eine einheimische Protagonistin ruhen nun auf Vadila und Wafa, die wir am kommenden Tag kennenlernen werden.

Wie um noch einen draufzusetzen, ist im Laufe des Tages die Lage in Tunesien endgültig eskaliert. Präsident Ben Ali ist geflohen, es herrscht Ausnahmezustand. Jeder, der kann, hängt vor einem Fernsehgerät, und mich beschleicht das ungute Gefühl, dass auch wir damit noch mehr zu tun bekommen könnten. Wir beschließen den Tag in Oliviers Saftbar, in der es leider tatsächlich nur Saft gibt. Ich könnte einen Schnaps gebrauchen.

Samstag, 15. Januar 2011

Vadila, 27, hat viel zu sagen. Aber auch sie ist leider nicht die Richtige für uns. Zwar spricht sie hervorragendes Englisch, aber genau das ist leider auch das Problem: Vadila arbeitet als Englischlehrerin, hat einen festen Job und könnte uns deshalb erst ab dem späten Nachmittag zur Verfügung stehen. Deshalb müssen wir uns leider gegen sie entscheiden.

Trotzdem nehmen wir aus der Begegnung mit ihr einiges mit. Gleich zu Beginn unseres Gespräches fragt sie uns der Reihe nach, ob wir verheiratet seien, und nachdem wir alle drei verneint haben, frage ich neugierig zurück, warum sie das so brennend interessiere. Vadila lacht daraufhin und sagt, das sei mit das Erste, was man sich hier gegenseitig frage, wenn man sich kennenlerne.

»Es ist eigentlich ein Kompliment!«, erklärt sie uns. »Wenn ich als Frau dies eine andere Frau frage, sage ich damit: Du bist so nett und hübsch, du kannst ja nur längst verheiratet sein. Und wenn ich es als Mann frage, sage ich damit: Du bist so nett und hübsch, du bist doch bestimmt längst verheiratet, und wenn du nicht verheiratet bist, dann kann ich dich ja vielleicht heiraten.«

Vadila selbst ist zwar noch nicht verheiratet, aber verlobt. Und sehr, sehr verliebt. Von ihrem Versprochenen schwärmt sie in den höchsten Tönen, und so fragt René sie neugierig, wie das denn hier so sei, wenn man verlobt sei: Ob es stimme, dass sie mit ihrem Verlobten nicht allein in einem Raum sein und sie sich auch nicht gegenseitig berühren dürften.

Ja, so sei das, bestätigt Vadila, und René bricht augenblicklich vor Mitgefühl fast zusammen. »Oh Gott, wie schrecklich«, stöhnt er. »Wenn ich mir vorstelle, dass – also nee. Das geht doch nicht!«, und Vadila lacht. »Ja«, sagt sie vergnügt, »das ist schrecklich. Das stimmt. Aber so ist es nun mal.«

Nachdem wir Vadila verabschiedet haben, bleiben uns nur wenige Minuten bis zum Besuch unserer nächsten Kandidatin, Wafa. Sie trifft pünktlich auf der Terrasse ein. Wir hören sie schon durch das Erdgeschoss der Auberge laufen, noch bevor sie zu uns nach draußen tritt. »Klack, klack, klack«, machen die Holzabsätze ihrer Sandalen zielstrebig, und dann steht sie da: Eine klitzekleine Frau in einer blauschwarzgemusterten Malhafa, die sorgfältig zurechtgemacht ist.

Sie strahlt über das ganze runde Gesichtchen, zeigt dabei weißblitzende Zähne und streckt mir einen Strauß eingefärbter Zierzweige entgegen. »Gibt es keine Blumen in Nouakchott«, singsangt sie mit einer glockenhellen Stimme, »aber habe ich das hier gefunden. Willkommen in Mauretania!«

Ich verliebe mich sofort unsterblich. Bauch, Kopf und Herz sind sich augenblicklich einig: Das ist sie.

Wafa ist der Kracher. Es ist schier unglaublich, der Himmel muss sie geschickt haben. Nicht nur die ganz profanen Eckdaten stimmen: Sie ist achtunddreißig Jahre alt, also genau in meinem Alter; besser geht es nicht. Ihre Eltern stammen aus Palästina, aber Wafa ist in Nouakchott aufgewachsen. Mit ihrem ersten Ehemann, der in Deutschland studierte, hat sie mehrere Jahre im Ruhrgebiet gelebt, bevor sie 1999 ohne ihn nach Nouakchott zurückkehrte und sich im April 2001 scheiden ließ. Sie weiß also genau, worum es geht, wenn wir auf die Unterschiede zwischen Mauretanien und Deutschland zu sprechen kommen. Wafa ist intelligent, denn sie begreift unser Vorhaben nicht nur sehr schnell, sondern wartet auch gleich mit konkreten Vorschlägen auf, wo ich nach Antworten auf meine Fragen suchen und wo uns Probleme erwarten könnten. Derzeit hat sie keine feste Arbeit, ergo viel Zeit für uns. Sie hat kein Problem damit, auch vor unserer Kamera zu agieren. Was wir ihr für ihre Arbeit mit uns zahlen können, damit ist sie einverstanden. Und auch mit ihrer Familie werde es keine Probleme geben, versichert sie uns – ihre Eltern seien gestorben, und ihre beiden jüngeren Brüder würden ihr da nicht reinreden.

Aber das ist eigentlich alles nebensächlich. Binnen Minuten quatschen wir miteinander, als würden wir uns Ewigkeiten kennen. Hier und da gibt es kleine Zwangspausen, weil Wafa nach Worten sucht, aber ihr Deutsch ist nichtsdestotrotz phantastisch. Sie lacht gern und viel, und binnen kurzer Zeit kichern wir gemeinsam wie alte Busenfreundinnen. Mein Gott, was für ein Glücksgriff! René holt irgendwann einfach die Kamera raus und hält drauf; Wafa und ich lassen uns dabei gar nicht stören. Wir quasseln weiter.

Doch dann verlässt die Fröhlichkeit unser Gespräch: in jenem Moment, als Wafa uns erzählt, dass sie leider keine Kinder habe. Und das – wir ahnen es aufgrund der Intensität, die sich breitmacht, als sie uns davon erzählt – ist das Schlimmste, was einer mauretanischen Frau widerfahren kann, denn eine mauretanische Frau ohne Kinder ist ein gesellschaftliches Nichts.

Dreimal war Wafa bislang verheiratet. Ihre erste Ehe scheiterte aufgrund ihrer Kinderlosigkeit. Ihr zweiter Mann war »ein Fehler«, sagt sie. Die dritte Ehe hielt gerade mal zwei Monate, dann war ihr Mann über alle Berge. Und eine solche Ehe, sagt Wafa, wolle sie nie wieder. Auch wenn diese häufig seien in Mauretanien: Dadurch, dass man sich ohne Hochzeit nicht näherkommen könne, würden viele Ehen in Rekordzeit geschlossen und auch wieder gelöst.

Dass Wafa von den Männern in ihrem Leben schwer enttäuscht worden sein muss, werde ich in unseren zukünftigen Gesprächen immer wieder heraushören können. Es mag furchtbar theatralisch klingen, aber schon nach wenigen Minuten empfinde ich große Liebe und Zuneigung für diese kleine, tapfere Frau. So etwas passiert einem nur selten im Leben.

Ich lenke das Gespräch auf unser Thema.

»Die Frauen hier«, erklärt Wafa, »wollen nicht aussehen wie Kinder. Dann haben sie keine Chance zu heiraten. Sie sind keine Kinder! Sie sind Frauen, und das wollen sie auch zeigen.« Ich frage sie, ob sie sich als eher zierliches Persönchen manchmal wünschte, dicker zu sein. Wafa verneint das, denn dick zu sein sei unpraktisch. Schlanker zu sein hingegen habe ganz praktische Vorteile: Sie könne sich besser bewegen, einer Arbeit nachgehen und deshalb auch unabhängiger sein als eine dicke Frau. Das gehe vielen Frauen hier in der Stadt so, auch wenn sie das Dicke eigentlich weiterhin »normaler« fänden als das Schlanke.

»Ist es vielleicht so«, überlege ich laut, »dass es früher für die Frauen so eine Art Versicherung war, dick zu sein, weil sie dann gut verheiratet und versorgt werden konnten? Und heute ist es für die Frauen in der Stadt eher eine Art Versicherung, schlanker zu sein, weil sie sich dann selbst versorgen und arbeiten gehen können? Kann man das so sagen?«

»Ja«, nickt Wafa eifrig. »Weißt du, wenn eine Frau sehr dick ist, kommen vielleicht auch Krankheiten. Und auf die Männer ist kein Verlass mehr. Sie sind keine sichere Sache. Es ist nicht wie früher. Dann bist du vielleicht älter und krank, und kein Mann kümmert sich mehr um dich. Das geht nicht. Für mich wird es noch schwerer sein, wenn ich alt bin. Weil ich keine Kinder habe.«

Sie selbst sei deshalb zufrieden mit sich: »Wie ich bin, ist gut. Auch, wenn ich nicht dick bin. Manchmal«, ergänzt sie, »habe ich sogar Angst, zu dick zu werden.«

»Bitte, was?«, entfährt es mir, und Wafa lacht. »Ja«, bestätigt sie. »Seit ich in Deutschland war. Da habe ich immer überall gehört: Dick ist nicht gut. Seitdem ist das so. Aber die Relationen sind hier ganz anders. Was wir hier mit ›schlank‹ meinen, das ist in Deutschland schon ›mitteldick‹. Und das, was in Deutschland als schlank gilt, ist hier ›so gut wie tot‹.«

»Was würdest du denn sagen, wie *ich* bin?«, frage ich.

»Ooooh, Gottogott«, kiekst Wafa und lacht hinter vorgehaltener Hand verlegen ihr glockenhelles Lachen.

»Sie ist ein *bisschen* dick«, versucht René ihr auf die Sprünge zu helfen, und Wafa lacht erneut und hebt abwehrend die Hände. »Nein, nein, nein«, sagt sie und schüttelt den Kopf, »sie ist nicht dick. Es gibt hier Frauen, die sind so dick, die können nicht laufen. Die können nicht arbeiten, sich nicht um ihre Kinder kümmern. *Die* sind dick. Deshalb wirst du sie auch nicht auf der Straße sehen, denn sie können nur zu Hause bleiben. Aber du – wenn du eine Malhafa anziehst, dann ist fertig«, schließt sie andeutungsvoll und schnalzt mit der Zunge, und nach dem Gespräch mit Aminetou können wir erahnen, was sie damit meint.

Es geht kein Weg daran vorbei: Ich brauche dringend eine Malhafa. Wir beschließen, dass wir am Montag gemeinsam auf den Markt gehen und welche kaufen werden. Als wir überlegen, was und wen wir für unsere Recherchen noch alles kennenlernen sollten, erwähnt René auch Dimi Mint Abba, die kugelrunde Sängerin, die wir im Fernsehen gesehen haben, und Wafas Augen beginnen zu strahlen. »Ooooh, sie ist schön«, sagt sie begeistert, »und sie kann so gut singen!«

Als wir später auch Mohamedoun auf Dimi Mint Abba ansprechen, bricht sogar er in für ihn ungewöhnliche Begeisterung aus. Dimi Mint Abba scheint eine Art Nationalheldin zu sein. Und deshalb müssen wir auch sie unbedingt treffen. Wenn wir denn an sie herankommen.

Irinas Fundgrube an alten Bekannten aus ihrer Zeit mit Jamal scheint schier unerschöpflich, am Abend zaubert sie einen weiteren ebensolchen aus dem Hut. Er heißt Abdel Mounime, und Irina hat uns schon viel von ihm erzählt. Sie nennt ihn den »mauretanischen Harald Schmidt«, weil er in seinem brillanten Deutsch einen unfassbaren Wortwitz transportiere und überhaupt eine ganze Menge Humor habe, und dem ist in der Tat so. Während wir uns bei Olivier in der Saftbar beschnuppern, wirft Abdel Mounime inmitten des Gespräches relativ zusammenhangslos plötzlich seufzend ein »ja ja, irgendwas is immer« in die Runde und zwinkert mir zu.

»Irgendwas is immer« war der Titel meines vierten Romans. Und Abdel Mounime hat mich mit Hilfe von Google und seines iPads, das auch jetzt vor ihm auf dem Tisch liegt, längst auf Herz und Nieren geprüft. Er weiß nahezu alles über mich. Überhaupt weiß Abdel Mounime eine ganze Menge. Er klärt uns nicht nur über die derzeitigen politischen Verhältnisse auf, die recht stabil zu sein scheinen, sondern kann uns auch aus dem Stegreif mindestens ein Dutzend mauretanischer Dichter nennen, die in ihren Werken die Formen üppiger Frauen lobpreisen. Sozusagen en passant berichtet er uns auch, dass jener Exehemann, mit dem Wafa in Deutschland gelebt hat, in Guantanamo einsitze.

Ich nehme das zwar wahr, aber irgendwie nicht mehr auf. Mein Gehirn ist übervoll. All die neuen Eindrücke erschlagen mich, und es scheint, als würde ich erst jetzt realisieren, wo ich bin und was ich hier tue. Außerdem macht es mich völlig fertig, wie sehr sich überall die Kreise schließen. Denn natürlich kennt Abdel Mounime nicht nur die AAA, die »Amicale des Anciens de l'Allemagne«, sondern ist selbst auch Mitglied dort und kann für uns ohne weiteres einen Gesprächstermin vereinbaren. Bei den Mitgliedern handelt es sich um Mauretanier, die in Deutschland studiert haben und die sich ab und zu in Nouakchott treffen, um miteinander zu diskutieren und so ihre Deutschkenntnisse lebendig zu halten.

So ganz nebenbei hat Abdel Mounime auch eine Lösung für die Spannungsschwankungen des Stromnetzes parat, die uns zunehmend um unsere Festplatten fürchten lassen, und rückt noch in der gleichen Nacht mit drei Stromstabilisatoren an.

An das Tragen des Kopftuches habe ich mich übrigens schon dermaßen gewöhnt, dass ich mich nicht mehr damit aufhalte, es abzunehmen, wenn wir in der Auberge beisammensitzen oder eine kleine Pause in meinem Apartment machen.

Sonntag, 16. Januar 2011

Mein erstes Souvenir aus Mauretanien ist ein Stein. Grau, faustgroß. Er liegt in diesem Moment hier vor mir auf dem Schreibtisch. Dieser Stein ist vor wenigen Stunden durch unsere Heckscheibe geflogen; nur knapp an der (laufenden) Kamera und somit auch an Renés Kopf vorbei. Die Heckscheibe ist natürlich komplett im Arsch, und ich bin es auch. Der Schreck sitzt tief. Immerhin bin ich mittlerweile wieder in der Lage, zu denken. Und kann versuchen, zu rekapitulieren, was überhaupt passiert ist.

Beim Frühstück haben wir – mal wieder! – lautstark diskutiert. Diesmal darüber, ob wir nicht vielleicht zu vorsichtig sind und uns dadurch selbst Steine in den Weg legen bei unseren Recherchen. Diese Diskussion hat sich jetzt erübrigt, denke ich mal. Aber der Reihe nach.

Am späten Vormittag haben wir uns auf den Weg ins Centre d'Ecoute gemacht, eine Anlaufstelle für weibliche Gewaltopfer. Hier werden durch Aminetous Association Frauen betreut, die häuslicher Gewalt ausgesetzt oder durch eine Scheidung in Not geraten sind. Leidtragende von Sklaverei, Beschneidung oder Zwangsheirat finden hier Hilfe; ebenso Frauen und Mädchen, die der Gavage ausgesetzt sind oder waren. Das Centre liegt in Arafat, einem der Armenviertel Nouakchotts, und hätte ich die Sicherheitshinweise der Botschaft noch einmal gelesen, wären vielleicht noch rechtzeitig die Alarmglocken angegangen. Aber gut.

Tete und Khady, zwei Mitarbeiterinnen von Aminetou, begleiten uns. Tete ist mir in dem RTL-Beitrag über die Gavage bereits begegnet. Beide sprechen Englisch; Tete mehr, Khady weniger gut. Es reicht aus, dass wir uns während der Fahrt halbwegs flüssig unterhalten können. Wafa ist nicht mit uns, denn wir halten uns an unser Versprechen, bei Dreharbeiten mit Aminetou oder ihrer Organisation bis auf unseren Fahrer keine weiteren Personen dabeizuhaben.

»Wart ihr schon downtown?«, erkundigt sich Tete bei uns. Ich verstehe die Frage zunächst nicht, da ich »downtown« automatisch für jenen Teil Nouakchotts halte, den wir bereits kennengelernt haben und in dem wir wohnen – also das Zentrum und das »schöne Viertel«. Tete hingegen meint mit »downtown« offenbar etwas anderes. Und wie anders dies »andere« ist – das ist spätestens dann nicht mehr zu übersehen, als wir die Ausfallstraße aus dem Zentrum heraus etwa fünf, sechs Kilometer gefahren sind und uns Arafat nähern.

Schon vorher hat mich der viele Sand ja regelrecht geblendet, jetzt aber ist er überall: nichts als Staub am Boden und vor allem in der Luft. Wo kein Sand, da Müll. Immer weniger gemauerte Häuser; stattdessen flache Hütten, nicht mehr als Verschläge; gezimmert aus was auch immer zur Verfügung stand. Eine neben der anderen kauern sie scheinbar völlig durcheinander, wie organisch miteinander verwoben, an den Rändern der ungeteerten Straßen. An mancher Stelle reicht es noch nicht einmal für eine Hütte. Dann dient ein notdürftig aus alten Stoffzelten und Holzstücken zusammengenähtes Zelt den Familien als Zuhause.

An Wasser- oder Stromversorgung angeschlossen sind diese Hütten nicht. Das Wasser wird durch Händler aus den städtischen Brunnen mit von Eseln gezogenen Tankwägelchen in die Siedlungen gebracht, zu teils horrenden Preisen, wie ich später erfahre. Und wie überall leben die Menschen auch hier ihr Leben. Sitzen vor ihren Hütten oder Zelten. Schauen einfach nur – weil es nichts anderes zu tun gibt. Stehen in kleinen Grüppchen beisammen. Ein Bild, so oft gesehen und doch noch nie: schmutzige Kinder spielen barfuß im Dreck. Die Malhafas der Frauen haben Löcher und aufgedröselte Säume, deren lange Fäden im Wind wehen. Die Frauen gehen dennoch aufrecht, geradezu provozierend langsam, so als wollten sie sagen: Ja, ja, schaut nur. Es stört mich nicht. Mittlerweile sind eindeutig mehr Esel als Autos unterwegs, hier und da kreuzt eine abgemagerte Ziege unseren Weg, große Augen verfolgen unseren Wagen und uns. Unsere Gespräche verstummen. Ich schaue einfach nur schweigend der Armut ins Gesicht und weiß nichts mehr zu sagen. Meine Haut brennt. Ich schäme mich. Wofür?

Im Centre, einem wie üblich flachen, dunklen Gebäude mit nur wenigen kleinen Fenstern, hat Aminetou für uns im Vorfeld eine Gruppe von Frauen zusammengetrommelt, die uns zu einem Gespräch empfängt. Dianga ist dabei, die Leiterin des Zentrums, eine beeindruckende, üppige Schwarzafrikanerin in einem weißen Gewand. Dann El Bara und Medina, zwei ebenfalls recht runde Frauen. El Bara trägt eine lachsfarbene Malhafa; Medina über ihrem grünen Schleier noch ein schwarzweißes Cape im Wildtierlook mit einem Kragen aus künstlichem Pelz. Es ist Winter in Nouakchott! Tete und Khady werden für uns übersetzen. Dann ist da noch Sidi, der einzige Mann im Raum, der erst am Ende Unterstützung bekommt durch einen jüngeren Mitarbeiter, dessen einzige Aufgabe es offenbar ist, zum Schluss ein Gruppenfoto zu machen.

Am meisten aber berührt mich die Gegenwart von Soukeina, einer extrem dünnen, scheuen Fünfunddreißigjährigen. Sie ist so schwarz, dass man ihr Gesicht auf den gemeinsamen Fotos und im Filmmaterial später kaum erkennen wird. Zu Beginn unseres Gespräches ist Soukeina sehr still. Meistens blickt sie zu Boden oder auf den Tisch, während die anderen mir erklären, weshalb es für eine Frau in Mauretanien so wichtig ist, ausreichend Rundungen zu haben: um den Wohlstand und die Großzügigkeit, die Fürsorge und die Ehrenhaftigkeit ihrer Familie zu zeigen. Um in der Malhafa gut auszusehen. Und um ihre Weiblichkeit zu betonen.

Selbst Tete, die zwar nicht besonders schlank ist, aber auch kaum als besonders dick durchgehen würde, berichtet stolz, einmal sehr rund gewesen zu sein: Über hundert Kilo habe sie gewogen. »Abgenommen habe ich nur, weil ich gesundheitliche Probleme bekommen habe. Nicht, weil ich oder andere das schöner fänden!«, stellt sie bestimmt klar und betont im selben Atemzug, dass sie »auf ganz natürlichem Wege« dick geworden sei. Durch normale Nahrung also, und nicht etwa durch die Medikamente der »modernen« Gavage, die keinen guten Ruf hat.

Ich frage nach den Medikamenten, die den Erzählungen nach eingenommen werden, um zuzunehmen, und Sidi verlässt kurz den Raum und kehrt dann mit einer Handvoll Schachteln zurück. »Appetitanregende Tropfen« sind dabei, deren Zusammensetzung oder Inhaltsstoffe die Verpackung schuldig bleibt, ein paar weitere unscheinbare weiße Pillen. Der größte Kracher, im wahrsten Sinne des Wortes, sind allerdings hellgrüne Bomben in Zäpfchenform, so lang und so dick wie mein kleiner Finger, in einer Schachtel, auf der ein Kamel aufgedruckt ist.

»Die Frauen denken durch diese Abbildungen«, erklärt Tete, »dass die Tabletten aus Kamelmilch oder -fleisch hergestellt sind. Viele können ja nicht lesen. Aber die Wahrheit ist: Sie sind *für* Kamele.« Der letzte Todesfall, berichtet sie, sei gerade einmal ein paar Wochen her. Der Oberkörper jener Frau, die vermutlich an den Nebenwirkungen der Medikamente gestorben sei, sei binnen kürzester Zeit aufgedunsen gewesen wie ein Ballon.

Soukeina hat noch immer kaum etwas gesagt. Ich frage sie, wie es für sie ist, dünn zu sein; ob sie darunter leide und ob sie sich wünschen würde, zuzunehmen. Ja, so sei es, sagt Soukeina und fügt hinzu, dass sie oft nicht ernst genommen würde. Dass andere Frauen sich häufig über sie lustig machten und sie »Zahnstocher« nennen würden. Ich frage Soukeina, ob sie denn versuche, zuzunehmen. Und werde erst später durch Irina und ihre Beobachtungsgabe darauf aufmerksam gemacht, was für eine Qual diese unbedarfte Frage für sie gewesen sein muss. Denn Soukeina kann kaum ihre eigenen Kinder durchbringen – wie sollte sie da an so etwas wie eine eigene Gewichtszunahme auch nur denken können!

Also schlägt Soukeina nur ihre Augen nieder und sagt erst mal gar nichts mehr, während die anderen Frauen an ihrer Stelle zu erklären versuchen, und ich fühle mich im Nachhinein wie ein Elefant im Porzellanladen. Aber Soukeina ist stark. Und das beweist sie wenige Augenblicke später, als sie sich wieder gefangen hat und erklärt: »Ich habe damit umzugehen gelernt. Ich bin nun einmal so, wie ich bin. Und jetzt bleibe ich auch so, wie ich bin.« Und damit scheint von ihrer Seite alles gesagt.

Ich frage die Frauen noch, wie es denn mit dicken Männern sei, ob diese ähnlich beliebt seien wie dicke Frauen, und ernte dafür großes Gelächter, das gar nicht enden will. Eine geradezu ausgelassene Stimmung macht sich breit. Nein, nein, dicke Männer – das gehe überhaupt nicht! Einen dicken Mann könne keine von ihnen akzeptieren, und so, wie sie sich jetzt kringelig lachen, müssen es dicke Männer in Mauretanien verdammt schwer haben. Wenn es denn überhaupt welche gibt – ich habe noch keinen gesehen.

Als sich der allgemeine Geräuschpegel wieder etwas gesenkt hat, fällt mir ganz unvermittelt noch etwas ein. Wafa im Sinn, erkundige ich mich, was es für eine mauretanische Frau bedeutet, wenn sie keine Kinder bekommt. So ausgelassen die Stimmung eben noch war, so betreten ist sie jetzt: Einige der Frauen ziehen hörbar bestürzt Luft ein, die meisten schweigen betreten und schütteln die Köpfe.

»Oh, das ist schwer«, sagt Tete nur, »das ist schwer.«

Tapfere Wafa.

Danach sprechen wir über die Arbeit des Centre, und Sidi beginnt über sogenannte »Dossiers« zu reden und darüber, dass das für die Gavage derzeit noch nicht fertig sei, aber dass es für alle anderen Fälle wie Sklaverei, Zwangsheirat oder Beschneidung eines gebe und dass man uns auch im Falle der Gavage natürlich »Opfer zur Verfügung stellen« könne, wenn uns dies am meisten interessiere: »Do you want to meet some victims?«

Ich verstehe das erst nicht so recht, dann aber so, dass man sich als interessierter Journalist aus diesen Dossiers sozusagen ein »Opfer« aussuchen kann, an dem man dann seine Berichterstattung aufhängt. Hier bitte schön, ganz praktisch, die Opfer auf ein paar Blättern Papier, und wenn du dir eines ausgesucht hast, im persönlichen Gespräch. Erschrocken lehne ich ab. Das ist nicht das, was ich will; weder für mein Buch noch für den Film. Und dieser Pragmatismus schockiert mich.

Aber er scheint symptomatisch für den Blick, den viele westliche Medien auf Afrika haben: Zeigt nur eure Probleme, darüber lässt sich's gut berichten, weil's ja so schön schauderhaft ist und so einfach. Eigene Recherche nicht notwendig; her mit den kleinen Opfern. Und im Gegenzug vielleicht eine kleine Spende für die Association, die diese Opfer bereits nett hergerichtet auf dem silbernen Tablett zur geneigten Auswahl präsentiert. Diese Art der Aufbereitung ist mir unheimlich. Aber so scheint es zu funktionieren, das Geschäft mit der Aufmerksamkeit.

Ja, Aufmerksamkeit ist wichtig; sie ist das einzige Pfund, mit der Aminetous Association und andere Organisationen in ihrer Arbeit wuchern können, das ist mir bewusst. Mir wird in diesem Moment aber auch bewusst, dass Aminetous Beharren darauf, dass wir mit niemand anderem zusammenarbeiten sollen als mit ihr, vermutlich nicht nur in der Angst vor Denunziation oder Verwechslung begründet liegt. Sondern auch im Kampf um ebenjene Aufmerksamkeit.

Als wir unsere Gastgeschenke auspacken, geht ein jedes von ihnen zunächst durch die prüfenden Hände Diangas, der Leiterin des Centre. Sie sucht sich die Dinge aus, die ihr am besten gefallen; erst dann greifen die anderen Frauen zu. Nicht nur Diangas Umgang mit den Gastgeschenken und die Überlegung, ob mit etwaigen Spenden Ähnliches geschehen mag, machen mich nachdenklich: Auf der Telefonnummer, die ich Dianga hinterlasse, ruft in den kommenden Tagen immer wieder ein Verwandter von ihr an, der mich unbedingt treffen möchte, aber auch auf mehrfaches Nachfragen nicht damit herausrückt, was er will.

Auf der Rückfahrt hänge ich meinen Gedanken nach. Wir haben die gleiche Sitzordnung eingenommen wie auf dem Hinweg: Ich sitze vorn neben Mohamedoun, Irina samt Tonequipment mit Tete und Khady auf der Rückbank, und René hockt hinten auf der Ladefläche und dreht durch die Heckscheibe das für uns so gewöhnungsbedürftige Straßenbild. Wie so oft in den letzten Tagen ist mein Kopf übervoll. Und so komme ich gar nicht dazu, mich darüber zu wundern, dass uns auf unserem Weg zurück durch Arafat von mehreren kleinen Jungen am Straßenrand gewunken wird, aber dass es eigentlich gar nicht so aussieht wie ein freundliches Zuwinken, sondern vielmehr wie eine Art – Abwehrbewegung. Man könnte auch sagen: Als wollten sie uns vor etwas warnen und uns bedeuten, umzukehren. Aber ich raffe es einfach nicht, und auch den anderen fällt es nicht auf.

Das Feuer mitten auf der Straße, auf das wir im nächsten Moment zusteuern, das fällt mir hingegen schon auf. »Guck mal«, rufe ich nach hinten zu René, wie ein kleines Kind, dem man etwas Aufregendes bietet, »guck mal da, ein Feuer mitten auf der Straße!«

Wie naiv, ja, wie blöd kann man eigentlich sein?!

Ich kann mich kaum noch erinnern, wie es dann in der genauen Abfolge weiterging. Aber laut unseres Filmmaterials ist es so gewesen: Im nächsten Augenblick tauchen hinter dem Feuer die Silhouetten mehrerer Dutzend Menschen auf. Viele von ihnen haben die Arme erhoben. In ihrer Nähe steigen weitere Rauchsäulen auf.

»Was ist da los?«, frage ich, während Tete und Khady bereits aufgeregt miteinander zu diskutieren begonnen haben. »Qu'est-ce qu'il y a là?«, wiederhole ich.

»Es werden Steine geworfen. Die werfen Steine gerade«, antwortet Irina mit einer erstaunlichen Ruhe in der Stimme. Mohamedoun geht in die Eisen; just in diesem Moment beginnen um uns herum Wurfgeschosse auf unseren Wagen niederzuprasseln. Wir zucken zusammen, ziehen instinktiv die Köpfe ein und schreien.

Mohamedoun beginnt hektisch, den Wagen zu wenden. »René!«, rufe ich, aus Angst um ihn und, ja, auch um die Kamera, denn durch das Wenden wird es gleich der hintere Teil des Wagens sein, der am exponiertesten ist.

Für eine gefühlte Ewigkeit stehen wir schräg auf der Straße, dann gibt Mohamedoun Gas, um zurückzufahren. Im gleichen Moment fliegt einer der Steine mit Wucht durch das Heck. Etwa zwanzig Zentimeter von Renés Kopf entfernt knallt er ohrenbetäubend laut durch die Scheibe, es klirrt, wir schreien erneut auf; die Scherben fliegen durch den Wagen. Im Moment des Einschlags hält René die Kamera glücklicherweise nach vorn in Fahrtrichtung; sowohl er als auch sie bekommen wie durch ein Wunder nichts ab, und René dreht weiter. Er dreht einfach weiter, mitten im knirschenden Scherbenhaufen, durch das gezackte Lock der Heckscheibe durch.

Einige der Scherben haben Khady am Kopf getroffen, sie hält sich den Nacken. Hinter uns tauchen plötzlich zwei Pick-ups mit Uniformierten auf. Etwa ein Dutzend Männer oder noch mehr auf den Ladeflächen, mit Stahlhelmen, die Maschinengewehre im Anschlag. Sie postieren sich zwischen uns und der Menschenmenge, in deren Umfeld sich die Rauchsäulen mittlerweile zu tiefschwarzen Schwaden ausweiten. Im Hintergrund anhaltende Rufe über ein Megaphon, monoton; die Stimme wiederholt immer wieder das Gleiche, wie in einer Endlosschleife.

Mohamedoun hält an. Warum hält der denn auch noch an? Er steigt sogar aus! Wieso steigt der aus? »Ich würde gern hier weg«, sagt René. »Mohamedoun!«, ruft er dem Fahrer hinterher, der schnurstracks auf die Pick-ups zuläuft. Ich sehe, wie einer der Uniformierten von der Ladefläche immer wieder abwehrende Handbewegungen in unsere Richtung macht. »René, hör mal auf zu drehen«, rufe ich also, »der gibt uns Zeichen, hör mal auf zu drehen«, und René lässt die Kamera sinken, so dass sie von außen durch die Heckscheibe nicht mehr sichtbar ist.

»Ach du Scheiße, was passiert hier«, murmelt René, und Irina sagt: »Wir müssen jetzt Mohamedoun vertrauen.« – »Ja«, antwortet René, »ja. Wir vertrauen jetzt Mohamedoun.« Ich schweige. Mein Vertrauen in Mohamedoun ist nun mal nicht das gefestigtste.

Eine weitere gefühlte Ewigkeit vergeht, dann steigt Mohamedoun wieder ein. Endlich fahren wir los. Ein weißer Wagen folgt uns, wo kommt der jetzt her? Wir wissen es nicht. Vier Männer sitzen darin. Sie bleiben beharrlich an uns dran, und sie beobachten uns, das ist eindeutig. René nestelt deshalb das Band aus der Kamera und reicht es mir nach vorn. Während er ein neues einlegt, verstaue ich das alte unter Tunika und Kopftuch in meinem BH. Für alle Fälle. Wir haben ja schon gehört, wie es hier ausgehen kann für Filmteams und ihr unliebsames Material.

Das Fahrzeug folgt uns auch nach mehrfachem Abbiegen noch, dann bleibt es irgendwann zurück und ist wenig später verschwunden. Einem kurzen Durchatmen folgt ein lautes Stakkato auf Hassania zwischen Tete, Khady und Mohamedoun; dazwischen immer wieder Irina, die auf Arabisch Informationen einzufangen versucht. Mohamedoun fährt unbeirrt weiter, verlässt die Haupstraße. Plötzlich gurken wir durch absolutes Niemandsland. Keine Straße mehr, keine Wege; nur Sand und Büsche und keine Menschenseele. Wo zum Teufel sind wir hier? Das gefällt mir nicht. Wo fährt der uns hin? Was soll das?

Die monatelange Beschäftigung mit Warnungen, all die Horrorgeschichten von Entführungen spielen mir von einer Sekunde auf die andere schöne Streiche und treffen mich mit voller Wucht. Gepaart mit den Bildern aus Tunesien und dem, was uns soeben widerfahren ist, kommt nur eines dabei heraus: Angst. Riesengroße, in Schockstarre versetzende Angst. Ich versuche, ruhig zu bleiben. Ich bleibe ruhig. Aber ich will hier weg, und dann rollt mir doch noch eine Träne über die Wange. Auch René schweigt. Ihm läuft der

Schweiß über das Gesicht, während das Gezetere von Tete, Khady und Mohamedoun nur mehr wie durch eine Glasglocke an meine Ohren dringt.

Dem aufgeregten Durcheinander können wir letztendlich entnehmen, dass Mohamedoun den genommenen Umweg fährt, um weiteren Unruhen zu entgehen, denn diese hätten sich mittlerweile in ganz Arafat und auch darüber hinaus verbreitet, und ich beginne zu verstehen: Deshalb wird er mitten im Auge des Sturms ausgestiegen sein. Um Informationen einzuholen, die uns weiterhelfen. Was dann auch das einzig Richtige war, sonst wären wir um die Ecke gleich in den nächsten Aufstand geraten. Ich leiste innerlich Abbitte bei Mohamedoun. Er hat sein Bestes getan, und ja: Wenn es hart auf hart kommt, können wir ihm anscheinend vertrauen. Das ist die gute Nachricht.

Die schlechte Nachricht ist, dass wir gar nicht so falsch gelegen haben, was unsere Befürchtungen angesichts der Nachrichten aus Tunesien betrifft: Die derzeitigen Geschehnisse dort haben eine Bedeutung weit über die tunesischen Landesgrenzen hinaus, und sie heizen auch hier Proteste an, die schon länger schwelen. Die Gründe dafür: zu hohe Lebensmittelpreise – die Menschen haben schlicht Hunger. Und zu geringe Bildungschancen, zu wenig Jobs – insbesondere den Jüngeren fehlen die Perspektiven und die Hoffnung auf eine bessere Zukunft.

Nirgendwo anders hätte uns diese Hoffnungslosigkeit heute deutlicher werden können als in Arafat, Nouakchott. Vermutlich auch ganz ohne Aufstand, Riot, Straßenkampf oder wie auch immer man das Geschehene nennen will.

Als ich später bei der deutschen Botschaft anrufe, erfahre ich von Frau Stechmann, dass solche Demonstrationen und Streiks, insbesondere von Schülern und Studenten, in der Stadt schon seit längerem stattfinden – bislang allerdings in der Regel friedlich waren. Bislang. In der Regel. Wenn wir also Glück haben, dann war unser heutiges Erlebnis die Ausnahme, die die Regel bestätigt, und wir waren lediglich zur falschen Zeit am falschen Ort. Wenn wir Pech haben, war dies der Auftakt zu einer Entwicklung, die unser Vorhaben gefährdet. Nur eines steht schon fest: Wir sind zu einem ganz besonderen Zeitpunkt in diesem ganz besonderen Land zu Gast. Und eines werden wir bestimmt nicht tun: persönlich nehmen, was uns heute widerfahren ist.

Frau Stechmann informiert uns bei unserem Telefonat noch darüber, dass es seit Donnerstag auch hier in Nouakchott die Ankündigung einer Selbstverbrennung gibt. Beruhigend ist auch das nicht. Und trotzdem: Es geht uns doch gut. Und wie gut es uns geht!

Als Mohamedoun uns wohlbehalten vor der Auberge absetzt, bedanke ich mich aufrichtig bei ihm für seine Umsicht. Den Stein, der im Wagen auf der Ladefläche zwischen all den Scherben liegt, nehme ich mit. Mein erstes Souvenir. Und was unsere ewigen Diskussionen betrifft, so sind wir heute auch ein ganzes Stück weitergekommen. Ich glaube nicht, dass wir noch einmal darüber reden müssen, ob wir vielleicht zu vorsichtig sind. Bevor ich schlafen gehe, verfasse ich noch eine Mail an Christine und Sven. Die beiden sind in ihrem Bus auf dem Weg von Marokko nach Mauretanien, und ich bitte sie, achtsam zu sein.

Montag, 17. Januar 2011

Wir kommen kaum zum Frühstücken, weil ab halb neun am laufenden Band unsere Telefone klingeln. Lemine, Abdel Mounime, Yacoub – sie alle rufen aus dem gleichen unschönen Grund an: Jener Mann, der bereits in der vergangenen Woche damit gedroht hatte, sich nach tunesischem »Vorbild« selbst zu verbrennen, hat seinen Plan am frühen Morgen vor dem Präsidentenpalast in die Tat umgesetzt und sich samt seinem Auto angezündet.

Abdel Mounime berichtet, der Mann habe überlebt und sei jetzt im Krankenhaus. Und dass er nicht nur ein gebildeter Geschäftsmann aus wohlhabender Familie, sondern noch dazu das angezündete Auto ein niegelnagelneuer Toyota Avensis gewesen sein. »Der Typ ist ein Spinner«, urteilt er knapp auf seine trockene Art; eine Meinung, die, wie wir im Laufe des Tages erfahren, von vielen Einheimischen geteilt wird. Nichtsdestotrotz bewegt das Vorkommnis die Stadt. Und natürlich bewegt es uns. Gegen die Gedanken, die sich ganz automatisch aufdrängen, können wir uns nicht wehren: Was, wenn dies der entscheidende Dominostein ist, der nun auch in Mauretanien weitere Unruhen nach sich ziehen wird? Und: Werden wir bleiben können? Oder unsere Reise abbrechen müssen?

Meine innere Drama-Queen sieht uns schon in der deutschen Botschaft campieren, während wir darauf warten, ausgeflogen zu werden. Für einen kurzen Augenblick frage ich mich, ob es nicht vielleicht besser wäre, schon jetzt abzureisen – solange wir uns noch in aller Ruhe eigenständig dafür entscheiden und alles einigermaßen entspannt organisieren können. Halbwegs sicher sind wir uns für den Moment nur in einem Punkt: dass wir den geplanten Marktbesuch wohl besser absagen sollten, solange noch nicht klar ist, wie die Stadt auf den morgendlichen Vorfall reagieren wird. Denken wir um zehn.

Und fahren um halb zwölf – nach einer Beratung mit Abdel Mounime, Yacoub und einem weiteren Telefonat mit der deutschen Botschaft – doch hin, begleitet nicht nur von Wafa, sondern auch von Yacoub, der uns zur Seite stehen wird. Wir sollen uns am besten als Touristen tarnen, nicht auf den ersten Blick aussehen wie ein Kamerateam, hat man uns auch von Botschaftsseite geraten. René hat sich deshalb ein extra schludriges Hemd angezogen und eine Sonnenbrille ins Haar gesteckt. Nun ja. Ich bin mir nicht sicher, ob das wirklich hilft, wenn wir gleichzeitig eine dritte Person dabei haben namens Irina, die nicht nur ein riesiges Mikrophon vor sich her, sondern auch Kopfhörer über den Ohren trägt; Wafa und Yacoub an unserer Seite nicht zu vergessen. Aber sei's drum.

Abdel Mounime hat übrigens nur gelacht, als wir ihm unsere Sorge mitteilten, es könne jetzt auch hier zu gewaltsamen Unruhen ähnlichen Ausmaßes wie in Tunesien kommen. »Mauretanien hat fünf lebende Expräsidenten! Das ist absoluter Rekord!«, hat er gegrinst und den Kopf geschüttelt. Mich hat das daran erinnert, was Hamoudi gesagt hat: Dass die Mauretanier wahre Pazifisten sind. Leider habe ich aber auch diesen Stein auf dem Tisch in meinem Apartment liegen, der gestern um ein Haar René erschlagen hätte, und das macht es momentan nicht ganz so leicht, mit Abdel Mounime mitzulachen.

Mohamedoun ist sehr zufrieden, als wir ihm mitteilen, dass wir auf den Markt fahren werden, um Malhafas für mich zu kaufen. »Das ist gut«, nickt er zustimmend. »Du denkst nur, dass du zu dick bist, weil du deine europäische Kleidung trägst. Sobald du eine Malhafa trägst, wirst du nicht mehr denken, dass du zu dick bist. Du bist nicht dick.« Mohamedouns Wort in Allahs Ohr.

Der Marché Capital ist schier unglaublich. Man könnte meinen, jeder in dieser Stadt und noch dazu ein paar Tausende von außerhalb hätten sich zum gleichen Zeitpunkt aufgemacht, um sich hier herumzutreiben. Für mein Empfinden herrscht rund um das Marktgelände das absolute Chaos. Und dieses beginnt schon bei der Einfahrt in die Straße, an der das Marktgelände liegt.

Es ist ein totales Durcheinander von Menschen, Eselskarren und Autos, hier und da auch vereinzelten Rollern, die offenbar ohne jede Gesetzmäßigkeit umeinanderschwirren. Das Gewusel erscheint völlig wirr und undurchsichtig, was durch den vielen Sand in der Luft und das Flirren der Mittagshitze nur noch verstärkt wird. Die Geräuschkulisse ist immens. Es wird gerufen, gehupt, gebremst oder auch nicht, darunter mischen sich scheppernd-monotone Wortfetzen aus Megaphonen, mit deren Hilfe an einzelnen Ständen Ware ausgerufen wird. Wer mit seinem Wagen nicht einfach losfährt, um sich vom Straßenrand wieder in den stockenden Verkehr einzufädeln, der hat verloren und schafft es vermutlich niemals wieder auf die Fahrbahn zurück. Auch als Fußgänger hat man nur die Chance, darauf zu vertrauen, dass einen schon niemand umfährt – und sich gottesgläubig todesmutig ins Getümmel zu stürzen, um über die sandige Straße auf die andere Seite zu gelangen.

Genauso wird's dann auch gemacht: Wafa nimmt mich einfach an die Hand und bugsiert mich kurzerhand durch den Verkehr hindurch. Pat und Patachon on tour. Menschen, Farben, Gerüche und Geräusche stürzen auf uns ein. Wafa neben mir plaudert und erklärt, zeigt und deutet, aber ich kann ihr kaum folgen, weil mich das Drumherum zu sehr gefangen nimmt. Hinzu kommt die Sorge, im Getümmel die anderen nicht zu verlieren und vor allem keinen Ärger zu verursachen. Denn natürlich erregt die Kamera Aufsehen. Viele der Marktfrauen, die mit ihren Auslagen zu unseren Füßen an den Seiten der Gänge hocken, verhüllen ihr Gesicht; Yacoub hinter uns hat alle Hände voll zu tun, Marktbesucher oder -beschicker zu beruhigen oder in Schach zu halten. Manche sind regelrecht aufgebracht, andere einfach nur neugierig; als wir schließlich in die Markthalle einbiegen, ziehen wir schon eine Traube Schaulustiger hinter uns her.

Ich versuche durchgehend zu lächeln und den Menschen offen ins Gesicht zu blicken, um zu signalisieren: Wir sind harmlos und eigentlich ganz nett, und wir wollen auch nichts Böses, aber ich kann nicht unbedingt behaupten, dass dieser Versuch honoriert wird. Die Blicke, mit denen ich teilweise gemustert werde, veranlassen mich ab einem bestimmten Punkt doch lieber dazu, meinen Kopf zu senken: Augen zu und durch. Jetzt weiß ich endlich, was das bedeutet.

Wafa zieht mich zielstrebig in einen der ersten der kleinen Läden in der muffigen, vollen und warmen Halle, die erfüllt ist von einem einzigartigen Gesurre. Auch hier drin flimmert die Luft. Bis unter die Decke stapeln sich Stoffe, es ist eine Explosion von Farben, Mustern und Dunst; dazu ist der Laden so klein, dass René und Irina kaum noch hinter uns hineinpassen. Yacoub versucht uns abzuschirmen, aber trotzdem sammeln sich um den Eingang Neugierige, meist junge Männer, denen schon bald ein gar lustiges Bild geboten werden wird.

Der Ladenbesitzer willig ein, dass wir uns bei ihm umschauen dürfen, sofern er nicht selbst im Bild sein wird. René flucht still in sich hinein, während er versucht, mit der Kamera festzuhalten, was auf der kleinen Fläche ohne den Inhaber im Bild festzuhalten geht. Wafa lässt sich davon nicht beirren und schon gar nicht auf Diskussionen ein. Längst zieht sie Stoffe aus den riesigen Stapeln heraus und begutachtet sie prüfend, während ich kaum meinen Augen traue, denn ich habe noch nie eine solche Vielfalt gesehen. Und weil Wafa und ich nun 'mal Mädchen sind, haben wir kurz darauf alles um uns herum vergessen und sind völlig vertieft in das, was sich uns hier bietet.

In den kommenden Minuten lerne ich sehr viel. Nämlich dass die Stoffe hier keinesfalls nur Stoffbahnen sind, auch wenn sie für mich so aussehen. Nein: Das hier sind fertige Malhafas! Prêt-à-porter à la Mauritanie, sozusagen. Sie sind in zwei Größen zu haben: in vier und in fünf Metern Länge. Mehr Größen gibt es nicht. Und beide Größen würden mir passen, sagt Wafa. Wie bitte?

»Ja!«, sagt Wafa, »die passen. Bestimmt! Fünf Meter ist vielleicht einfacher, aber vier Meter geht auch. Normal!«

Aber – das würde ja bedeuten: Ich habe hier freie Auswahl! Ich könnte kaufen, was mir gefällt! Jedes dieser Stück würde mir – passen? Nein, das kann unmöglich sein.

»Doch, doch«, wiederholt Wafa. »Gar kein Problem!« Ich fühle mich wie im Garten Eden. Einfach in einen Laden zu stolpern, etwas zu sehen, es mit Wonne zu kaufen und dann auch mit Wonne zu tragen: Für »jemanden wie mich«, so kenne ich es aus Deutschland, gilt diese Leichtigkeit nicht. Das ist Gesetz. Und diese Gesetzmäßigkeit soll hier plötzlich auf einen Schlag ausradiert sein? Ich soll all das aussuchen, kaufen, tragen können, was sich auf diesen wenigen Quadratmetern in diesem Lädchen stapelt? Und darüber hinaus am Ende jede Malhafa, die sich auf diesem riesigen Markt finden lässt? Ich gebe zu: Ich bin fassungslos. Für mich stürzt in diesem Moment ein Weltbild ein.

»Hier, wie findest du das?«, fragt Wafa eifrig und hält mir einen der Stoffe hin, und dann beginnt sie, mich darin einzuwickeln. Das Schauspiel, das nun folgt, amüsiert vor allem die Neugierigen um uns herum, während mir der Schweiß in Strömen über das Gesicht läuft. Ich habe keine Ahnung, wie ich mich drehen oder wenden soll, um Wafa ihre Aufgabe zu erleichtern, und in den Augen jener Menschen, für die eine Malhafa und seine Handhabung zum Alltag gehören, stelle ich mich natürlich total blöd an. Ich versuche zu erahnen, in welche Richtung Wafa diese gefühlt endlose Stoffbahn als Nächstes ziehen oder wickeln wird, um mich entsprechend zu bewegen und mit meinem Körper wenigstens keinen zusätzlichen Widerstand darzustellen, aber meistens bleibt es beim verzweifelten Versuch, und Wafa schubst mich sanft ausgerechnet in die entgegengesetzte Richtung, als ich vermutet hatte. Aufgrund unseres immensen Größenunterschiedes muss Wafa sich auf die Zehenspitzen stellen, ich hingegen versuche in die Knie zu gehen, damit sie überhaupt irgendwie an mich und die relevanten Stellen herankommt. Und leider ist eine der relevantesten Stellen nun mal ausgerechnet mein Kopf, denn auch dieser soll ja in den Stoff hineingewickelt werden.

Kurzum, es muss ein Bild zum Beömmeln sein, und wenn mich auch bislang niemand von den Anwesenden hier herzlich angelacht hat: jetzt tun sie es. Ich befürchte nur, sie lachen mich eigentlich *aus*. Vom Eingang her kommt Gekicher, und wenn ich hochschaue, sehe ich vor allem blitzende Zahnreihen aus teils tiefschwarzen, teils etwas helleren Gesichtern. Aber schließlich und endlich ist es so weit: Ich stehe aufrecht da und trage stolz meine erste Malhafa. Und Wafa hat recht: Es ist mehr als genug Stoff vorhanden, auch für mich.

Ich bin erleichtert, als Wafa mich wieder auswickelt, das ist gut so, aufgrund der Hitze wäre ich sonst innerhalb der nächsten paar Minuten kollabiert. Auch René tropft. Wafa hingegen sieht außerordentlich frisch aus. Keine einzige Schweißperle ist auf ihrem Gesichtchen zu erahnen.

»Ist dir gar nicht warm hier?«, frage ich beeindruckt, und Wafa lacht, schüttelt den Kopf und schnalzt dreimal mit der Zunge, tz, tz, tz. »Nein«, sagt sie, »nicht mehr. Aber als ich aus Deutschland zurückgekommen bin, war mir oft viel zu heiß. Die anderen haben mich dann immer ausgelacht und gesagt: Was ist los mit dir? Bist du keine Mauretanierin mehr? Aber jetzt ist doch gerade Winter. Es ist nicht warm.«

Nee, denke ich. Gar nicht. Nur knapp fünfzig Grad oder so. Ich fühle mich wie in der Sauna.

Im Laufe unseres Marktbesuches lerne ich über die Malhafa noch viele andere Dinge. Zum Beispiel dass sie – genau wie die Mode bei uns – aktuellen Trends unterworfen ist. Wobei der Begriff »aktuell« in diesem Fall enger gefasst ist. Sehr viel enger! Denn hier gibt es nicht alle halbe Jahre jeweils eine Winter- und Sommerkollektion. Nein: Hier kommt jede *Woche* neue, aktuelle Ware an, die sich von der in der vorherigen Woche unterscheidet. Und zwar so, dass die modebewusste Frau die Unterschiede ohne weiteres bemerkt. Frauen, die es sich leisten können, besitzen Dutzende, ja vielleicht sogar Hunderte von Malhafas, und ihre Sammlung wächst stetig, denn die Mode von letzter Woche ist, na klar, von gestern. Da behaupte noch mal jemand, die europäische Mode sei kurzlebig!

Ich frage Wafa, wie die Trends entstehen. Was macht eine Malhafa zum aktuellen Must-have? Woher weiß ich, welches Muster angesagt ist, welche Farbe, welche Stoffart?

Wafa gluckst vergnügt. »Das ist doch ganz einfach«, erklärt sie mir. »Ich sehe eine Frau auf der Straße, die was Schönes anhat, das mir gefällt. Und dann schaue ich, ob ich es auch finde. Wenn ich es bezahlen kann.«

Ich überlege, wann ich das letzte Mal bewusst eine Frau auf der Straße gesehen habe, die etwas anhatte, von dem ich mich hätte inspirieren lassen oder das ich auch hätte haben wollen. Es fällt mir nicht ein. Was mir hingegen hundertfach einfällt, sind jene Momente, in denen ich Zeitschriften durchblättere und denke: haben, haben, haben. Das will ich alles haben.

»Was ist mit Modezeitschriften?«, hake ich also nach, und Wafa schnalzt wieder mit der Zunge: »Tz, tz, tz.«

Ich erkenne mittlerweile System darin, wann sie dies tut: immer dann, wenn ich blöde Fragen stelle. Oder zumindest welche, die für jemanden aus Mauretanien ziemlich abwegig sind.

»Zeitschriften? Hier gibt es keine Modezeitschriften. Jedenfalls keine aus Mauretanien.«

Schließlich habe ich vier Malhafas von der Stange im Gepäck. Chinesische Massenware, günstig, jedenfalls für meine Verhältnisse: pro Malhafa nicht mehr als 2000 Ouguiya, was in etwa fünf Euro sind. Dazu ein etwas hochwertigeres Exemplar. Und obendrauf noch eine Malhafa im topmodischen weiß-türkisfarbenen Design, deren Säume für mich beim Schneider nebenan extra umgenäht wurden. Wir haben sie in einem Laden auf der oberen Etage der Markthalle gekauft (die Treppen: mörderisch!), in dem Yacoub die Inhaberin kannte. Die frischeste Ware war hier noch nicht einmal richtig einsortiert, so habe ich nun das Aktuellste vom Aktuellen in meinem Beutel. Türkis, lerne ich, ist momentan der letzte Schrei.

Auch das »Darunter« ist beim Tragen einer Malhafa außerordentlich wichtig, deshalb sind wir noch nicht am Ende unserer Shoppingtour. Und bei der Auswahl desselbigen kann man verdammt viel falsch machen! So ganz habe ich noch immer nicht geschnallt, wann und wie dieses Darunter denn jetzt gemustert sein darf oder muss oder wann oder wie nicht und vor allem warum und wonach man die Farben abstimmt. Aber Wafa ist mir eine strenge Beraterin, und so kommen auch noch mehrere Unterkleider hinzu.

Als wir zum Auto zurückkehren, sind wir binnen kürzester Zeit von fliegenden Händlern umringt. Darunter ist auch einer, der mauretanische »Zahnbürsten« verkauft: kurze Äste (von Akazien? – auch nach längerer Beratung sind wir uns nicht sicher), die an einem Ende aufgebissen werden, bis die Pflanzenfasern fransig herausstehen. Mit diesen Fasern reinigt man dann sein Gebiss und alles dazwischen gleich mit, was auf den ersten Blick ein bisschen bekloppt aussieht, auf den zweiten Blick aber nicht bekloppter, als wenn unsereins sich mit einer Plastikbürste die Beißerchen schrubbt.

Meine Neugier ist größer als das Bedürfnis, im sicheren Wagen endlich wieder die Kühle der Klimaanlage zu spüren. Also lädt Wafa mich auf ein »Bürstchen« ein. Während sie bereits geschickt und ganz dezent zähnebürstend auf der Rückbank hockt, stehe ich plötzlich inmitten einer Ansammlung mauretanischer Jungen und Männer, die mich lachend dabei beobachten, wie ich – sagen wir, wie es ist – das Zähneputzen übe. Es dauert, bis ich mein Stöckchen überhaupt ausreichend angebissen und ausgefranst habe. Die Umstehenden grinsen sich einen. Auch Irina und René haben ihren Spaß, Mohamedoun sowieso. Aber nach einer Weile zieht Wafa mich kurz entschlossen zu sich in den Wagen und lässt keine Widerrede mehr gelten, bis ich brav neben ihr sitze und die Autotür geschlossen ist. In diesem Moment bin ich mir noch nicht im Klaren darüber, weshalb sie mich so rabiat aus dieser Szenerie herauszieht: Die Situation um uns herum scheint völlig entspannt, und ich wittere keinerlei Gefahr, sondern im Gegenteil sogar eine Chance, mit den Männern hier ins Gespräch zu kommen, was Wafa jedoch deutlich und bestimmt verhindert.

Erst im Laufe der kommenden Wochen wird mir klarwerden, dass es Wafa in dieser Situation weniger um unsere Sicherheit ging als vielmehr darum, dass ich mich nicht vor Dritten zum Affen mache. Für eine Frau, das begreife ich erst im Nachhinein, bin ich mit dieser Aktion schon zu weit gegangen, jedenfalls in Wafas Augen: den Augen einer stolzen Mauretanierin, die in jeder Situation würdevoll Oberwasser behält, Herrin der Lage ist und sich niemals, aber auch wirklich niemals!, und dann auch noch freiwillig!, in eine solch kompromittierende Lage begeben würde, wie ich es soeben getan habe. Kurzum: Ich fand das vielleicht lustig – für Wafa hingegen war es einer stolzen und beherrschten Frau schlicht nicht würdig.

Im Nachhinein ist mir diese Begebenheit zu einer Art Schlüsselszene geworden, denn ich habe viel daraus gelernt. Dass, um Oberwasser zu behalten, Distanz tatsächlich sehr hilfreich sein kann, zum Beispiel. Dass man diese Distanz andere auch spüren lassen darf. Dass es einer erwachsenen Frau wirklich nicht steht, den Klassenclown zu spielen. Und dass man nicht alles mitmachen muss.

Auf dem Rückweg vom Markt müssen wir zum ersten Mal unsere Drehgenehmigung vorzeigen: René hat aus dem Auto heraus Straßenbilder gedreht; wir werden daraufhin von einem Polizisten angehalten, der uns aber sogleich weiterfahren lässt, als er Yacoub auf der Ladefläche erblickt. Die beiden sind zusammen zur Schule gegangen und kennen sich. Na klar.

Zurück in der Auberge stößt Abdel Mounime erneut zu uns, und bei einem Snack auf der Terrasse entbrennt zwischen Mohamedoun und Wafa ein kleiner Wettstreit darüber, wer den besseren Tee mache: Frauen oder Männer. Beide sind mit Feuereifer und großem Ernst bei der Sache, und wir anderen amüsieren uns köstlich. Nur in einem sind sich Wafa und Mohamedoun einig: dass man es sofort schmecken könne, ob der Tee von einem Mann oder einer Frau zubereitet worden sei, denn der von Frauen habe mehr Schaum, der von Männern hingegen mehr Zucker.

Wir nehmen das zum Anlass, mehr über die aufwändige Teezeremonie zu erfragen, und lernen die Bedeutung der drei traditionellen Aufgüsse. Der erste Aufguss, so sagt man, sei bitter wie das Leben, der zweite sei sanft wie die Liebe und der dritte süß wie der Tod. Wir erfahren auch, dass der Tee anfangs hauptsächlich Männersache war: Damit hätten sie ihren Hunger überwunden.

»Und was haben die Frauen gegen ihren Hunger gemacht?«, erkundige ich mich.

»Die Frauen hatten keinen Hunger«, werden wir aufgeklärt. »Die Frauen hatten ja zu essen. Aber für die Männer war eben manchmal nichts übrig«, und wir hören staunend, dass die Frauen immer zuerst zu essen bekämen, das sei noch heute so. »Die Männer bekommen die Reste«, sagt Abdel Mounime leichthin, und Wafa ergänzt: »Ein Junge, der heutzutage das Abendessen in seiner Familie verschläft, den wird man nicht wecken. Er kriegt halt das, was übrig bleibt.

Wenn denn etwas übrig bleibt. Bei einem Mädchen hingegen käme das niemals in Frage.« Dieses Land erstaunt mich immer mehr.

Wir erlauben uns dann noch einen kleinen Spaß, nämlich eine Modenschau, bei der Yacoub, Abdel Mounime und Mohamedoun mir Noten von eins bis sechs geben müssen, während ich ihnen meine neuen Malhafas präsentiere. Mauritaniens »Next Top Moppel«, sozusagen. Die Terrasse der Auberge wird zum Laufsteg. Zum Umkleiden verschwinden Wafa und ich immer wieder in meinem Apartment, wo ich die Handgriffe des Anziehens auch nach der sechsten Malhafa noch nicht begriffen habe: hier ein Knoten, da ein Knoten. Über die Schulten hängen. Dann hinten glätten, vom Rücken aus das Ganze einmal rechter Hand um den Körper nach vorn, dann wieder nach hinten, währenddessen um den Kopf, dann den Rest des Stoffes um die Schultern drapieren – so oder so ungefähr sollte es laufen, aber ich blicke noch überhaupt nicht durch. Und komme nicht klar. Weder beim Anziehen noch dabei, mich in der Malhafa zu bewegen.

Ich fühle mich komplett unsicher, alles verrutscht, und immer und immer wieder falle ich über meine eigenen Füße. Außerdem gefallen mir die Unterkleider nicht, denn diese lassen meine Handgelenke frei, was ich überhaupt nicht leiden kann, und obwohl Wafa mir mehrfach versichert, dass gerade nackt unter der Malhafa hervorschauende runde Handgelenke als äußerst sexy gälten, kann ich mich damit nicht anfreunden.

»Aber deine Unterarme und deine Hände sind doch schön«, wundert sich Wafa, »du musst sie zeigen!«

»Grmpf«, sage ich und versuche die Ärmel des Kleides noch ein bisschen weiter nach unten zu ziehen.

»Oh mein Gott«, sagt Wafa, als ich zum ersten Mal einigermaßen entspannt auf und ab gehe, und klatscht begeistert in die Hände. »Das ist schön! Mein Gott, das ist schön. Ich sage dir eines: Wenn du so auf die Straße gehst – alle werden dich fragen, ob du verheiratet bist.«

»Warum erst, wenn ich eine Malhafa trage?«, frage ich.

»Weil du erst mit der Malhafa dazugehörst«, entgegnet Wafa. »Wenn du keine Malhafa trägst, dann ist allen klar, dass du kein Teil der mauretanischen Gesellschaft bist. Dann bist du eine Fremde, und dann wird sich kein Mann wirklich für dich interessieren. Also wird er dich auch nicht fragen, ob du verheiratet bist. Aber wenn du eine Malhafa trägst, dann gehörst du dazu. Dann bist du ein Teil von diesem Land.«

Von Mohamedoun bekomme ich während unserer Modenschau bei fast jedem Durchgang eine glatte Eins. Seine Augen werden von Mal zu Mal größer, und er sagt, mir würden jetzt nur noch große Ohrringe, schwarzer Kajal und viele klimpernde Armreifen fehlen, um die perfekte mauretanische Frau zu werden. Abdel Mounime ist kritischer, aber immerhin arbeite ich mich bei ihm von einer 2,7 im Laufe der Zeit auf eine 2,2 hoch.

Als ich ihn frage, was mir zu einer besseren Note noch fehle, sagt er: »Es sind deine Bewegungen. Man sieht, dass du dich in der Malhafa nicht wohlfühlst. Aber sie muss eins mit dir werden. Du musst dich selbstsicher bewegen. Erst dann bist du wirklich attraktiv.«

In der kommenden Runde versuche ich deshalb zu tricksen und befestige den Teil, den ich über dem Kopf trage und der mir wegen meiner vergleichsweise glatten Haare laufend verrutscht, mit einem unserer mauretanisch-deutschen Freundschaftspins, aber Abdel Mounime durchschaut das sofort und fragt streng, was das denn da an meinem Kopf sei. Fürs Schummeln handele ich mir von ihm eine schlechte Note ein. Zu Recht.

Bei der letzten Anprobe frage ich Wafa, ob es schlimm sei, wenn mir in der Öffentlichkeit der Stoff vom Kopf rutsche oder ob dies gar als Affront verstanden werden könne. Sie versichert mir, dass ich davor keine Angst haben bräuchte, und berichtet, dass es sogar manche Frauen, insbesondere junge Mädchen gebe, die genau damit gern kokettieren würden. Trotzdem besteht sie darauf, dass ich noch viel übe, bevor ich die Malhafa in der Öffentlichkeit trage. Mir ist das ganz recht, denn noch kann ich mir nicht vorstellen, mich in diesem Aufzug auch nur eine Sekunde lang sicher zu bewegen.

Dann belehrt Wafa mich noch, ich solle nicht immer so rumzappeln und vor allen Dingen langsam gehen, ich sei ja schließlich eine Frau und kein Mann, und es seien nur die Männer, die sich eilen müssten. Nicht die Frauen.

Trotz Wafas Verbot, in der Malhafa in die Öffentlichkeit zu gehen, muss ich aber zurück in mein Apartment, nachdem Mohamedoun sie nach Hause gebracht hat, und zu diesem Zweck wiederholt kurz über die Straße huschen. Vor dem Tor hat es mittlerweile einen Schichtwechsel gegeben, und Omar, der Nachtwächter, hat den Tagwächter abgelöst. Als Omar meiner Wenigkeit in der Malhafa ansichtig wird, wird sein Grinsen noch breiter als sonst. Er freut sich wie ein Kind, schlägt bewundernd die Hände zusammen. Und dann fragt er mich prompt, ob ich verheiratet sei.

Dienstag, 18. Januar 2011

Verlässlichkeit in Gefahrensituationen hin oder her: Mohamedoun ist und bleibt ein Schlitzohr. Waren heute mit René bei einem Friseur, damit er sich endlich seine Matte abschneiden lässt, die ihn bei den aktuellen Temperaturen nur zur Weißglut bringt. Genauer gesagt bei einem Friseur, den Mohamedoun ausgesucht und mit dem er sich vermutlich vorher abgesprochen hat, und so hat Renés schicke neue Frisur ein Vermögen gekostet, nämlich in etwa fünfzehnmal so viel, wie man für einen Friseurbesuch normalerweise hinblättern muss. Wir sind uns sicher, dass ein guter Teil davon in Mohamedouns Tasche gelandet ist, und auch wenn die Drehgenehmigung inklusive war, hat sich dieser Preis alles andere als gelohnt. Denn René sieht jetzt sehr gewöhnungsbedürftig aus, und der Friseur selbst hat uns nur oberflächlichen Quatsch erzählt. Beziehungsweise das, von dem Mohamedoun glaubt, dass wir es hören wollen. Und deshalb haben wir beschlossen, den Aussagen dieses Mannes recherchetechnisch keine Relevanz beizumessen. Daran kann auch sein Angebot, er würde mich gern zur Zweitfrau nehmen, nichts mehr ändern. Wir verbuchen diesen Friseurbesuch also als reine Schulungsmaßnahme: Da René ja auf dem Friseurstuhl saß, hat Irina gedreht, und ich habe den Ton geangelt, und Schulungsmaßnahmen sind nun mal teuer, also Schwamm drüber.

Nach dem Mittagessen und einer Siesta – wie üblich haben wir in der Nachbarschaft eine große Schüssel Couscous geholt, und ich konnte an Wafa erneut studieren, wie das mit dem Bällchenrollen geht; nicht unbedingt mein Ding – sind wir ins Stadion gefahren, um zu schauen, ob es stimmt, was wir gehört haben: Dass dort auch Frauen ihre Runden drehen. Yacoub wird hier zur gleichen Zeit mit seiner Fußballmannschaft trainieren, und so können wir einem der Wächter sagen, wir hätten einen Termin.

Am Eingang müssen wir trotzdem unsere Drehgenehmigung vorzeigen und erleben Wafa von einer ganz anderen Seite. Denn als diese merkt, dass die Männer, die sich da um das Papier scharen und einen auf dicke Hose machen wollen, noch nicht mal das auf der Genehmigung vermerkte Datum richtig lesen können, dreht sie mächtig auf. Und lässt schließlich, schnalzend das Dokument wieder an sich reißend, ein halbes Dutzend erwachsener Kerle zurück, die sich nicht trauen, uns aufzuhalten, und ihr mit offenem Mund hinterherblicken. Wafa nimmt mich trotz des Lamentierens und Gezeters einfach an der Hand und zieht mich an den Männern vorbei ins Stadion hinein.

Yacoub läuft auf uns zu und begrüßt uns herzlich. Bei dieser Gelegenheit lerne ich, dass das mit der »linken«, mit der »unreinen« Hand, die man angeblich nicht zur Begrüßung reichen dürfe, längst nicht so streng gehandhabt wird, wie wir dachten: »Wenn die rechte Hand beschäftigt ist – natürlich kannst du dann auch die linke geben«, das sagt zumindest Wafa.

Rein optisch sieht das Stadion aus wie jeder andere Sportplatz dieser Welt: in der Mitte eine Rasenfläche, drum herum Laufbahnen; auf unserer Seite ein überdachter Weg mit einer Sitzbank aus Beton, gegenüber Tribünen, auf denen ein paar Jugendliche herumturnen. Und es stimmt tatsächlich: Hier und da erblicken wir vereinzelt Frauen, die in kleinen Grüppchen oder allein eine Runde drehen. Sie joggen nicht, sondern sie gehen, schwatzend oder schlurfend. Nicht alle von ihnen tragen die Malhafa, einige schwarzafrikanische Frauen tragen ganz normale Sportbekleidung.

Wir sprechen eine junge Schwarzafrikanerin namens Mariam an. Sie ist recht schlank, neunzehn Jahre alt, trägt ein gestreiftes Top und eine riesige Sonnenbrille und steht uns gern Rede und Antwort, als wir sie befragen. Mariam kommt regelmäßig her, um zu trainieren, und ist noch nicht lange so schlank wie jetzt: Sie hat bereits eine Menge abgenommen und wolle auch in Zukunft lieber ab- als zunehmen. Wegen ihrer Gesundheit. Und außerdem sei es auch so, dass die jungen Männer keine dicken Frauen mehr mögen würden, weil sie im Fernsehen die schlanken sähen, aber das sei eigentlich nebensächlich.

Die Vorteile eines schlanken Körpers für die Gesundheit betet Mariam immer wieder herunter wie eine Litanei. Wafa ist skeptisch, als wir uns nach dem Interview am Rande des Sportplatzes niederlassen. »Ich glaube, Mariam hat nicht die Wahrheit gesagt«, resümiert sie, die Stirn in Falten gelegt. »Es geht ihr nicht in erster Linie um die Gesundheit. Das glaube ich ihr nicht. Dafür ist sie viel zu jung. Nein. Sie sieht die Frauen im Fernsehen, deshalb will sie dünn sein.«

»Das gibt es in Deutschland ebenfalls«, nicke ich. »Es gibt Umfragen, die besagen, dass sehr viele Frauen mit ihrem Aussehen nicht zufrieden sind. Vermutlich auch, weil sie sich an den Frauen auf den Bildschirmen orientieren.«

»Aber das ist nicht normal!«, sagt Wafa kopfschüttelnd. »Was haben sie? Probleme mit ihrer Hautfarbe oder was?« Das ist interessant, denke ich, dass Wafa hierzu als Erstes die Hautfarbe einfällt.

»Alles Mögliche«, antworte ich. »Sie fühlen sich zu dick, oder ihre Oberarme sind zu schlabbrig, oder ihre Nase ist zu groß, oder ihre Knie sind zu knubbelig. Oder, oder, oder.«

Wafa seufzt. »Aber das ist nicht richtig! Weißt du, wenn ich in den Spiegel schaue, dann sehe ich, dass ich nicht besonders schön bin. Ich weiß das. Aber das ist doch nicht schlimm. Ich muss nichts an mir verändern! Und es ist mir egal, was die anderen sagen. Ich bin gut, so wie ich bin. Ich habe keine Vorbilder. Ich will nicht so sein wie andere. Im Gegenteil. Ich denke eher, dass die anderen so sein sollten wie ich. Die anderen sollten sich an *mir* orientieren«, und das alles erklärt sie mir mit einer solchen Inbrunst und ganz zweifelsohne ehrlichen inneren Überzeugung, dass es mich schlichtweg umhaut. Was für eine kluge, schöne kleine Frau.

»Aber um das zu leben, braucht man sehr viel Stärke«, sage ich. »Woher hast du diese Stärke, Wafa? Woher nimmst du diese Kraft?«

Wafa nimmt meine Hände. »Das ist so«, sagt sie ernst. »Ich habe früh geheiratet. Ich habe trotzdem keine Kinder. Ich habe in der Zwischenzeit so viele andere Frauen um mich herum heiraten sehen, die Kinder bekommen haben. Und ich habe keine. Das ist sehr, sehr schwer. Es ist doppelt schwer. Ich bin nicht verheiratet. Ich weiß nicht, was sein wird, wenn ich einmal alt bin. Meine Brüder werden heiraten und ihr eigenes Leben haben. Ich werde allein sein. Ich weiß nicht, wovon ich dann leben soll. Es wird niemand da sein, der sich um mich kümmert. Aber ich habe darüber nie geweint.«

Trotzdem, denke ich, kann ich genau in diesem Moment sehen, wie traurig dich das macht, kleine Wafa.

»Aber ich weiß«, fährt sie fort, »dass ich trotzdem nicht weniger wert bin. Wie ich bin, bin ich zufrieden, und ich mache mir das Leben nicht zusätzlich schwer. Außerdem ist es gut, diese Schwierigkeiten zu haben. Weil ich dadurch leben lerne. Die Schwierigkeiten im Leben machen stark. Sie geben dem Leben einen Geschmack.«

»Der erste Aufguss ist bitter wie das Leben«, murmele ich, und Wafa nickt. »Ich musste immer stark sein. Immer, immer. Meine Mutter ist an Krebs gestorben. Ich habe mich um sie gekümmert und gleichzeitig meine kleinen Brüder großgezogen. Meine Mutter wollte niemand anderen außer mir, der sie pflegt – keine Schwester im Krankenhaus hat sie akzeptiert. Also habe ich sie gewaschen, war bei ihr, jeden Tag, ich habe alles für sie getan. Und dann bin ich zu meinen kleinen Brüdern und habe mich um sie gekümmert. Aber ich habe nicht geweint.«

»Wafa«, frage ich nachdenklich, »ist es vielleicht so, dass die mauretanischen Frauen ihren Kummer grundsätzlich nicht so sehr zeigen?«

Wafa lächelt, dann nickt sie. »Ja«, sagt sie, »das ist so. Eine mauretanische Frau zeigt ihren Kummer nicht. Sie ist sehr, sehr stark. Sie weint nicht. Vielleicht, wenn sie allein ist, in ihrem Bett, aber ansonsten trägt sie ihren Kummer nicht nach außen. Sie zeigt ihn vor allem niemals einem Mann gegenüber.«

»Weil sie so stolz ist«, murmele ich, mehr zu mir selbst.

»Und wenn sie einen Mann liebt«, fährt Wafa fort, »dann zeigt sie ihm auch ihre Liebe nicht. Oder erst nach sehr langer Zeit. Das unterscheidet sie von den deutschen Frauen. Die deutschen Frauen zeigen ihre Liebe schnell. Die mauretanischen Frauen nicht. Denn Liebe zu zeigen bedeutet, schwach zu sein. Es bedeutet, dass der Mann dich in seiner Hand hat. Dass er Macht über dich erlangt.«

»Wie denkst du über die deutschen Frauen, Wafa?«, frage ich. »Du hast sie doch kennengelernt.«

»Das kann man nicht vergleichen«, antwortet sie. »Unsere Leben sind so unterschiedlich. Wir mauretanischen Frauen haben unsere Probleme, und ihr deutschen Frauen habt eure Probleme.«

»Ja«, sage ich, »aber ich bin mir da im Vergleich gerade mal nicht mehr so sicher. Also ob ich überhaupt irgendein Problem in meinem Leben habe.«

»Dick zu sein ist hier jedenfalls kein Problem«, stellt Wafa fest.

»Und dünn zu sein?«, wirft René ein. »Ist Dünnsein ein Problem?« Der Fuchs!

Wafa überlegt. »Hm«, macht sie. »Man kann es vielleicht so sagen: Wenn eine Frau verheiratet ist, wird sie automatisch dicker. Vielleicht sogar *noch* dicker. Dann fängt sie an zu essen, denn sie ist glücklich und hat alles, was sie braucht. Wenn sie nicht zunimmt, dann denken die Leute, da ist was nicht normal, und ihr Mann tut nichts für sie. Dann ist sie vielleicht nicht glücklich.«

»Das ist interessant«, stelle ich fest. »In Deutschland ist es genau andersherum: Da denkt man, dass dicke Leute einsam und traurig und nicht glücklich sind. Es gibt dieses Wort ›Kummerspeck‹. Man sagt, dass Leute, die unglücklich sind, viel essen und zunehmen. Und wenn sie dann zugenommen haben, können sie erst recht nicht mehr glücklich werden.«

»Das kann ich nicht verstehen«, sagt Wafa und schüttelt wieder den Kopf. »Oooh, wenn ich glücklich wäre – ich wäre so groß wie dieses Stadion!«, und dazu breitet sie die Arme aus, dass wir trotz der Ernsthaftigkeit der Situation lachen müssen.

»Das heißt, du bist gerade nicht glücklich?«, hake ich nach. »Nein«, antwortet Wafa ehrlich. »Ich bin deshalb schlank, weil ich so viel zu tun habe. Weil ich mich viel bewege. Weil ich mich viel um andere kümmere. Aber es kümmert sich niemand um mich. Wenn ich glücklich wäre und könnte – oooh, ich würde essen, essen, essen! Du hättest mich in der Zeit sehen sollen, als ich meine Mutter gepflegt habe. Ich war so dünn! Wenn ich richtig unglücklich bin, werde ich so dünn wie eine Zahnbürste.«

»Und wenn du zunähmest, weil du glücklich bist – das wäre dann in Ordnung?«, frage ich.

»Natürlich!«, sagt Wafa. »Natürlich. Die Frauen haben doch nur begonnen, dünn zu sein, weil das Leben will, dass sie dünn sind, wenn sie viel arbeiten müssen. Wenn du dir die alten Bilder anschaust – die Frauen waren eigentlich immer dick. Nicht nur hier in Mauretanien. Früher, da war die mauretanische Frau die Königin. Natürlich hat sie sich um das Zuhause gekümmert. Das war ihre Aufgabe. Aber davon abgesehen hat der Mann alles für sie getan, wirklich alles, und dafür gesorgt, dass es ihr gutgeht. Heute kümmern sich viele Frauen um sich selbst. Es ist auf der einen Seite gut, weil sie dann nicht so abhängig sind. Sie führen ihr eigenes Leben. Aber auf der anderen Seite ändert das auch sehr viel. Das ist schwer für uns.«

In diesem Moment muss ich so bedröppelt aussehen, dass Wafa mir in die Arme fällt, um mich zu trösten. Das kann doch wohl nicht sein!, durchfährt es mich, da komme ich Trampeltier aus Deutschland mit meinen nichtigen Problemchen und Fragen und muss mich auch noch trösten lassen von dieser kleinen, klitzekleinen starken Frau, die es so schwer hat und dabei so weise und klug ist! Und auch aufgrund dieser Erkenntnis rollt mir prompt eine Träne über die Wange.

Ich weiß nicht, was in diesem Moment genau passiert. Aber ich weiß, dass ich in Wafa eine Freundin fürs Leben gefunden habe.

»Nein, nein, nein«, murmelt sie, während sie mich fest mit ihren kleinen Händen hält. »Denk nicht daran, was die anderen Leute sagen. Hör nicht auf andere. Du solltest nie auf andere hören. Nicht jeder kann dir einen guten Rat geben. Es kann dir nur jemand einen Rat geben, der sein Leben selber gut macht. Und solche Leute gibt es nicht viele.«

Während der Rückfahrt denke ich viel über unser Gespräch nach. Über irgendetwas stolpere ich immer und immer wieder. Schließlich fällt es mir endlich ein.

»Wafa«, frage ich deshalb, »bei unserem ersten Gespräch hast du gesagt, dass du manchmal sogar Angst davor hast, dick zu werden. Aber eben hast du gesagt, dass du, wenn du glücklich wärest, so rund würdest wie das Stadion. Das passt doch nicht zusammen, oder?«

Wafa legt grübelnd den Kopf schief. »Das stimmt«, nickt sie dann nachdenklich. »Eigentlich passt das nicht zusammen. Aber diese Angst zu haben, zu dick zu werden – das ist ja nicht meine Natur. Ich habe diese Angst, weil ich in Deutschland gelebt habe. Ich kann mich nicht dagegen wehren, dafür habe ich dort zu oft gehört, dass es nicht gut ist, dick zu sein. Aber ich kann mich ja auch nicht gegen das wehren, womit ich aufgewachsen bin. Oder?« Sie zuckt ein bisschen ratlos mit den Schultern.

Ich kann in diesem Moment sicherlich nur ansatzweise verstehen, wie groß der Konflikt zwischen diesen beiden Welten – der eigenen Tradition und dem »Neuen« aus dem Westen – für die mauretanischen Frauen sein muss. Aber ich ahne bereits, wie verwirrend er ist. In diesem Konflikt eine eigene Position zu finden, dazu dürfte es viel Kraft brauchen.

Als wir später noch auf einen Saft in Oliviers Saftladen hocken, machen wir schon wieder Scherze, und Wafa berichtet uns, dass es auch in Mauretanien blöde Sprüche gibt. Zum Beispiel über dicke und dünne Hinterteile. Ein dünnes Hinterteil, erklärt sie uns mit ihrer unnachahmlich verlegenen und gleichzeitig direkten Art, rufe mit seinen Bewegungen unter der Malhafa den Männern zu: »Geh weg! Geh weg! Geh weg!«, während ein dickes Hinterteil sie mit einem verführerischen »Komm her! Komm her! Komm her!« anlocke.

Irina und René gehen schließlich auf ihre Zimmer, um das Material von heute auf den Festplatten zu sichern. Wafa und ich bleiben noch ein wenig sitzen und genießen es, ein paar Minuten miteinander allein zu sein. Ich ergreife die Gelegenheit, um mehr aus ihrem Alltag zu erfahren, und höre, dass sie eine weitere Bürde zu tragen hat.

Denn da sind nicht nur ihre jüngeren Brüder Achmed und Bandar, beide Mitte zwanzig, die rechte Hallodris zu sein scheinen und denen sie den Haushalt führt. Ich weiß noch zu wenig über die Situation, um mir ein abschließendes Urteil zu bilden, aber es klingt doch ein wenig so, als habe Wafa die beiden nach dem frühen Tod der Mutter sehr verwöhnt. Und als würden sie sich jetzt, solange sie noch unverheiratet sind, nur zu gern darauf verlassen, dass Wafa es schon richtet – um dann eines Tages mit wehenden Fahnen zu einer Ehefrau überzulaufen, die das Gleiche für sie tut. Sie scheinen mal zu arbeiten, mal nicht; und so halten Wafa auch materielle Sorgen ordentlich auf Trab.

Wafa durchschaut sehr gut, dass sie kaum auf die beiden zählen können wird, wenn sie erst einmal den gemeinsamen Haushalt verlassen werden. Aber das ist noch nicht alles, denn Wafa hat auch noch eine Schwester namens Haifa. Haifa ist fünf Jahre jünger als Wafa, lebt bei ihr und ihren Brüdern im Haushalt, und sie ist psychisch schwer krank. Von dem, was Wafa erzählt, tippe ich auf Schizophrenie, ein Krankheitsbild, mit dem ich auch in meiner Familie

Bekanntschaft gemacht habe. Und deshalb braucht Haifa intensive Betreuung – die größtenteils an Wafa hängenbleibt.

»Ich war mit ihr beim Arzt, um herauszufinden, was es genau ist. Wie man ihr vielleicht helfen kann. Weißt du, was der Arzt gesagt hat? Dass sie wahrscheinlich so ist, wie sie ist, weil sie keinen Mann hat. Weil sie nicht verheiratet ist.«

Mir bleibt die Spucke weg.

»Ja, so ist das hier in Mauretanien. Manchmal«, berichtet Wafa mir, »wenn ich nicht gut genug auf Haifa aufpasse, dann haut sie einfach ab und irrt durch die Stadt. Und du weißt, diese Stadt ist gefährlich. Wenn ich darüber nachdenke, was ihr alles passieren kann – das macht mich einfach verrückt.«

Für die nächste Zeit hat Wafas Schwägerin zugesagt, sich um Haifa zu kümmern, wenn Wafa mit uns unterwegs ist. Als ich frage, ob es denn darüber hinaus keine Betreuung für Haifa geben könne, die Wafa entlastet, schüttelt sie heftig den Kopf.

»Ich habe einmal eine Frau gehabt, die sollte sich um sie kümmern, damit ich arbeiten gehen und Geld verdienen kann, aber sie hat Haifa immer mit ihren Schuhen auf den Kopf geschlagen«, erklärt sie mir aufgebracht. »Seitdem kümmere ich mich selbst um sie. Ich muss zu ihr halten. Haifa gehört zu mir. So ist das in Mauretanien: Die Familie ist für eine mauretanische Frau das Allerwichtigste. Ich könnte meine Schwester nie weggeben. Deshalb ist es auch so schwer für mich, wieder einen Mann zu finden. Haifa gehört zu mir, und ein neuer Mann müsste das akzeptieren. Zusätzlich zu der Tatsache, dass ich wahrscheinlich keine Kinder bekommen kann. Das ist sehr schwer. So einen Mann gibt es nicht, glaube ich. Also bleibe ich allein.«

Langsam beginne ich Wafas Dilemma ein bisschen besser zu verstehen. Sie muss sehr, sehr große Angst vor der Zukunft haben.

Mittwoch, 19. Januar 2011

Am Morgen ist unser Stadtteil durch einen Stromausfall lahmgelegt. Es muss also auch ohne Haarewaschen und anschließendes Föhnen gehen – ich lerne das Kopftuch immer mehr schätzen. Beim Frühstück erzählt Irina uns, was sie von Abdel Mounime erfahren hat:

Gegen Aminetou hat es aufgrund des aktuellen Sklavereiprozesses Morddrohungen gegeben. An der Anklageerhebung gegen die Mitarbeiterin der Nationalbank, die zwei minderjährige Mädchen als Sklavinnen gehalten haben soll, waren ihre Association und sie nicht unbeteiligt, und wie so oft hat Aminetou damit großen Unmut auf sich gezogen. Um in dieser und allen anderen Sachen auf dem Laufenden zu bleiben, empfiehlt Abdel Mounime uns einen Online-Nachrichtendienst namens »Saharamedia«. Dankbar notiere ich mir den Link auf einem Zettel. Dann brechen wir auf zu unserem ersten Ausflug in einen mauretanischen Privathaushalt: Wir besuchen Zeinebou und ihre Töchter. Bis wir dort angekommen sind, hat Mohamedoun uns eine Telefonkarte mit Guthaben für sein Handy aus den Rippen geleiert; er müsse dringend seine »Madame« anrufen. Der Typ macht mich irgendwie wahnsinnig. Wenn es hier noch mehr von seiner Sorte gibt, kann ich gut verstehen, weshalb Wafa sich lieber auf sich selbst verlässt.

Zeinebou, hat Wafa uns erzählt, sei »rund wie ein Esstisch« und wegen ihrer Figur sehr begehrt gewesen, weshalb sie sechzehnmal geheiratet habe, und sie hätte zu unserem Thema sicherlich viel zu sagen. An ihrer Wohnung angekommen, stehen wir zunächst in einem Vorraum, der bevölkert ist von jungen Mädchen, kleinen Kindern und einem Fernseher. Sie alle sind Zeinebous Töchter, Nichten und Enkelkinder. Nach einer lautstarken und fröhlichen Begrüßung ziehen wir die Schuhe aus und werden in den Salon gebeten, ein typisches mauretanisches Wohnzimmer, in dem es außer ein paar flachen Kanapees entlang der Wände und einem Teppichboden keine weitere Möblierung gibt.

Obwohl Wafa mit Zeinebou vorab gesprochen und uns angemeldet hat, scheint es plötzlich Unklarheiten zu geben: Zeinebou ist sich nicht mehr sicher, ob sie wirklich gefilmt werden möchte, schließlich gebe es außer ihrem Passfoto keine einzige Aufnahme von ihr, und Zeinebou kokettiert damit ein wenig, um uns auf die Folter zu spannen und sicherlich auch um von uns später mit gutem Gewissen ein paar Ouguiya erbitten zu können, die ich ihrer Schwester Boibih und ihr gern gebe.

Zeinebous Alter ist schwer schätzbar; Wafa informiert mich später, dass sie 51 Jahre alt ist. Und Wafa hat recht, unter ihrer Malhafa verbirgt sich eine Menge – auch wenn es, das fällt mir in ihrem Fall extrem auf, unglaublich schwer ist, unter dem Stoff eine genaue Körperform zu erahnen. Zeinebous Töchter setzen sich, nachdem wir sie darum gebeten haben, ebenfalls zu uns, zusammen mit einer der kleinen Enkelinnen, Zara, vielleicht anderthalb Jahre alt, die sich sofort einen meiner für sie so ungewöhnlich weißen Zehen schnappt und damit zu spielen beginnt.

Auch Zeinebous Schwester Boibih nimmt an unserer Runde teil, eine im Vergleich schmalere, aber sehr gesprächige Person. Sie ist drei Jahre älter als ihre Schwester und weniger kokett als Zeinebou, die immer wieder verlegen kichert und sich eine Hand oder ein Stück ihrer Malhafa vor das Gesicht hält. Das hängt damit zusammen, dass René mit im Raum ist; aber man hat uns gesagt, dass er bleiben darf, auch wenn wir über typische »Frauenthemen« und somit über Intimes sprechen, das mauretanischen Männern normalerweise nicht zu Ohren kommen dürfte. Zeinebou kichert auch, als sie uns bestätigt, dass sie tatsächlich sechzehnmal verheiratet war, das erste Mal mit neun, und dass dies für eine schöne Frau früher ganz normal und typisch gewesen sei.

Als ich danach frage, was denn eine Frau schön mache, zeigen Zeinebou und Boibih mir als Erstes die Massage, die man traditionell an kleinen Mädchen vornimmt, damit ihre Formen sich möglichst gleichmäßig und ausladend entwickeln. Ich strecke ihnen meinen Arm entgegen, und sie kneten ihn in gleichmäßigen, von oben nach unten streichenden Bewegungen ordentlich durch. Mir springt ins Auge, dass Zeinebous Finger im Verhältnis zu ihrem Körper extrem schmal und zart sind. Das ist etwas, das mir nicht zum ersten Mal auffällt: Mit meinen Wurstfingern sind die Hände vieler mauretanischer Frauen, auch wenn sie ansonsten sehr üppig sind, nicht zu vergleichen.

Die Frauen begutachten meine Fesseln. Sie seien nicht schlecht, urteilen sie, weil sie schön gerade seien und nicht allzu zierlich, aber es gebe sicherlich schönere, denn nach der traditionellen Vorstellung solle eine Fessel mindestens so umfangreich sein wie ein gutgepolsterter Oberarm. Oder, wie Wafa übersetzt, »rund wie ein umgedrehter Kreisel«.

»Früher«, erzählt Zeinebou, und ihre Arme sausen lebhaft durch die Luft, »da waren die Frauen schön und dick. Heute sind sie das nicht mehr. Schau meine Töchter an. Sie sind wie Streichhölzer. Sie wollen nicht essen!«

Zeinebou und Boibih haben beide die Gavage durchgemacht. Fünf Jahre alt sei sie gewesen, als man bei ihr damit angefangen habe, erklärt Boibih. Sie sei deshalb früher sehr dick gewesen. Und sehr schön. »Es gab Mädchen«, sagt sie zu mir, »die waren mit zehn Jahren dicker als du.« Im Erwachsenenalter sei sie dann krank geworden, und wer sie jetzt sehe, würde sie kaum noch wiedererkennen. Ich frage sie, ob sie Zeit damit verbringt, darüber nachzudenken, was sie an sich verändern könne.

Boibih verneint. »Ich bin mit meinem Körper sehr zufrieden. Ich bin heute wieder gesund, und Allah bestimmt, wie wir sind. Wir akzeptieren das. Deshalb mache ich mir darüber keine Gedanken. Man sollte Allah immer für seinen Körper danken.«

Ich frage danach, wie sie und Zeinebou damit umgehen, dass ihre Töchter lieber schlanker bleiben wollen. »Uns wäre es natürlich lieber, wenn unsere Mädchen dick wären. Aber so ist nun mal die heutige Zeit. Unsere Beziehung zu ihnen verändert das nicht. Es ist wichtig, immer eine gute Beziehung zu seinen Töchtern zu haben.«

Eines der jüngeren Mädchen fragt, wann eine Frau in Deutschland als schön gelte, und statt einer Antwort schlage ich die Mappe mit den Modelfotos aus deutschen Zeitschriften auf und lege sie in die Mitte der Runde.

»Die sehen ja aus wie Gespenster!«, giggeln Zeinebou und Boibih, als sie die Fotos sehen. »Haben die nichts zu essen?«, kichern sie und wollen sich schier wegwerfen vor Lachen.

»Ich habe noch eine Tochter«, erklärt Zeinebou, während sie umblättert. »Sie ist jetzt nicht hier, aber sie ist sehr dünn. Sie sieht so ähnlich aus wie die Frauen auf diesen Fotos. Und ich sage immer zu ihr, dass sie krank ist. Sie muss krank sein. Was ist das hier? Sind das Frauen oder Männer?«, fragt sie und zeigt auf die Mappe vor sich. »Hier in Nouakchott hat sich viel verändert«, ergänzt sie dann. »Du musst aufs Land gehen, da findest du die wirklich schönen Frauen«, und dann fällt ihr ihre Schwester ins Wort und streicht sich immer wieder über die Oberarme, während sie etwas erklärt, das Wafa zu übersetzen schwerfällt: »Ich weiß nicht genau, wie das heißt. Sie meint diese Streifen. Auf der Haut, weißt du? Wenn die Haut so –«

»Dehnungsstreifen?«, schlage ich vor.

»Ja, genau. Also, auf dem Land wirst du viele Frauen sehen, die sehr viele Dehnungsstreifen haben, denn das gilt dort als sehr schön. Die Mütter bearbeiten die Oberarme ihrer Töchter sogar mit dem Kamm, damit sich diese Streifen schneller ausbilden und damit sie besser zu sehen sind. Eine Frau, die viele Dehnungsstreifen hat, wird von allen anderen Frauen bewundert werden.«

»Aber heutzutage haben die Frauen Angst, dick zu werden«, ergänzt Boibih. »Es stimmt ja auch, viele Frauen werden heute krank, wenn sie dick sind. Früher, da gab es nur gesundes Fleisch und gesunde Milch. Hier in der Stadt hingegen leben die Menschen mittlerweile sehr ungesund. Aber erzähl uns aus deinem Leben«, werde ich dann aufgefordert, während die kleine Zara den Plastikverschluss einer Wasserflasche auf meinen rechten großen Zeh zu stecken versucht. »Du hast uns noch gar nichts von dir erzählt. Was ist mit dir? Bist du zufrieden? Oder willst du lieber dünner sein?«

»Deshalb bin ich hier«, antworte ich. »Um das herauszufinden. Eigentlich finde ich mich völlig in Ordnung, so wie ich bin. Aber in Deutschland sagen viele Leute, ich sei zu dick und deshalb nicht schön. Ich fühle mich dann unsicher. Ich möchte gerne lernen, wie ich damit umgehen soll.«

»Sag ihr«, erklärt Boibih zu Wafa gewandt daraufhin ernst, »sag ihr, hier in Mauretanien ist sie eine sehr schöne Frau. Von oben bis unten. Hier in Mauretanien würde sie jederzeit ihren Platz finden. Wir sind alte Frauen, und wir haben Erfahrung«, und Zeinebou ergänzt: »Du solltest den Leuten, die schlecht über dich reden, erzählen, dass es ein Land gibt, in dem du sehr schön bist. Schöner als alle anderen. Und den Männern kannst du sagen, dass sie sich einen Knochen mit ins Bett nehmen sollen!« Eine Bemerkung, auf die von allen großes Gelächter folgt und gleich darauf die Erweiterung meiner Liste potentieller Ehemänner. Denn Boibih würde mich gern mit einem ihrer Söhne verheiraten. Sie sagt mir gleich, wo er arbeitet, und dass sie ihn nur anrufen bräuchte; er käme sofort. Er ist achtzehn.

»Wir haben gehört, dass Mädchen in Deutschland ab einem gewissen Alter machen dürfen, was sie wollen. Stimmt das?«, werde ich als Nächstes gefragt, und ich bestätige, dass deutsche Mädchen mit achtzehn Jahren die sogenannte Volljährigkeit haben und somit für sich selbst entscheiden können.

»Bei uns ist das nicht so. Bei uns gibt es kein bestimmtes Alter, ab dem ein Mädchen für sich selbst entscheiden kann. Solange sie bei ihrer Familie lebt und nicht verheiratet ist, soll sie auf ihre Eltern hören.«

»Es gibt noch einen weiteren Unterschied. In Deutschland kann ein Mädchen auch mit einem Jungen zusammen sein, ohne dass sie mit ihm verheiratet ist«, ergänze ich.

»Oh, das geht nicht«, kichern die Frauen. Auch Wafa lässt sich davon anstecken und kichert mit. »Nein, das geht nicht. Schau dir meine Tochter an«, sagt Zeinebou und zeigt auf eines der Mädchen, das etwa sechzehn, siebzehn Jahre alt sein mag. »Sie darf nicht allein nach draußen. Noch nicht«, und langsam dämmert mir, weshalb Ehen in Mauretanien manches Mal sozusagen im Vorübergehen geschlossen zu werden scheinen. Und weshalb die Mädchen ihrer ersten Hochzeit geradezu entgegenfiebern.

Es geht dabei gar nicht in erster Linie um Liebe. Und auch nicht vorrangig darum, einen Versorger zu finden. Denn die Ehe – zur Not auch mit jemandem, den das Mädchen noch nicht einmal kennt; wie soll sie auch jemanden kennenlernen können, mit dem sie nicht allein sein darf? – ist der einzige Weg, sich dem Zugriff der Familie zu entziehen. Es ist ihre Chance, selbständig zu werden und ihr eigenes Leben zu führen. Wenn es sein muss, auch um den Preis einer ersten unglücklichen Ehe – die ja aller Voraussicht nach nicht die einzige bleiben wird.

Zum Abschied schenken Zeinebou und ihre Töchter mir eine sonnengelbe Malhafa und wickeln mich kunstvoll darin ein. Als wir auf dem Rückweg zur Auberge am Präsidentenpalast vorbeikommen, findet auf dem Vorplatz eine Demonstration statt. Es ist ein friedlicher, stiller Protest gegen die hohen Lebensmittelpreise und gegen den Hunger. Die Demonstrierenden sind ausschließlich Frauen. Wafa hat daraufhin vorgeschlagen, die Frauenrechtlerin Aminetou zu besuchen, die sie recht gut kenne. Ich glaube, damit hat sich noch ein weiteres Problem von selbst erledigt.

Donnerstag, 20. Januar 2011

Es gibt heute große Verwirrung, ob der Mann, der sich selbst und seinen Toyota angezündet hat, tot ist oder lebt. Auf den Straßen erzählt man sich, er habe überlebt und seine Familie habe ihn in ein Krankenhaus nach Marokko überführen lassen. In der Zeitung hingegen steht, er sei gestorben. Mohamedoun gibt nicht viel auf das, was in der Zeitung zu lesen ist. Als wir ihn bitten, anzuhalten und bei einem Straßenhändler eine zu kaufen, schüttelt er verständnislos den Kopf. »Heute kriegen wir aus der Zeitung die Nachrichten, für die wir bezahlen müssen, auch wenn sie vielleicht nicht stimmen«, sagt er. »Morgen kriegen wir die Tatsachen umsonst.« Doof ist er ja nicht.

Irina erklärt uns, welchen Grund sie hinter diesem Hin und Her vermutet: Für einen Selbstmörder, sagt sie, werde nach seinem Tod nicht gebetet; es könne deshalb gut sein, dass seine Familie seinen Tod verleugne, um ihrem Ruf nicht zu schaden.

Am Vormittag besuchen wir die Stoffefärberinnen, aber sie haben momentan kaum Aufträge und nicht viel zu tun, deshalb bitten sie uns, für unsere Dreharbeiten ein andermal wiederzukommen. Wir sollten dann am besten auch schon den Damast dabei haben, den sie bräuchten, um für uns tätig zu werden. »Bazin Riche« heißt der weiße Stoff mit den leicht glänzenden eingewebten Ornamenten hier, den ich noch von den Tischdecken meiner Omi kenne, und in einem Laden, den wir aufsuchen, um ihn zu kaufen, erfahren wir staunend, dass der beste Bazin Riche aus Deutschland komme. Heute würden die meisten aber Damast geringerer Qualität kaufen, da sie sich den aus Deutschland nicht leisten könnten. Ich gönne Wafa und mir ausreichend deutschen Damast für zwei Festtagsmalhafas. Die grüne Tüte, die man uns daraufhin in die Hand drückt, wird von Streifen in schwarz-rot-gold geziert.

Abends sind Irina, René und ich bei Lemine und seiner Familie zum Essen eingeladen. Lemine lebt außerhalb des Stadtzentrums in einem Vorort von Nouakchott; sein Zuhause ist ein ebenerdiges Haus mit gefliestem Boden. Wie üblich steht man beim Eintreten zunächst in einer Art Eingangssalon, der ein paar Sofas beheimatet. Geradeaus erblicke ich einen Esstisch mit Stühlen; linker Hand geht es in den großen Salon, der rundherum gut gepolstert ist und deshalb Schritte und Stimmen dämpft. Lemines Familie ist ganz entzückend, und die Damen des Hauses – auch die Schwester von Lemines Frau und ihr Mann Abdel Latif sind anwesend – sind sehr hübsch, proper und auch ein bisschen geheimnisvoll. Sie bleiben den ganzen Abend über allerdings sehr still.

Das beeindruckende Abendessen nehmen wir gemeinsam auf dem Boden im großen Salon ein, wie es üblich ist, und wir kriegen kaum den Mund wieder zu, im doppelten Sinne!, als all die Köstlichkeiten aufgefahren werden. Uns zu Ehren hat die Familie unter anderem ein ganzes Lamm zubereitet, das auf einem riesigen Silbertablett nun alle viere von sich streckt. Im Hintergrund läuft, lautlos, das mauretanische Staatsfernsehen, und wieder begegnet uns Dimi Mint Abba, über die auch in Lemines Familie mit allergrößtem Respekt und Stolz gesprochen wird.

Nach dem Essen überlassen uns die Frauen Lemine und seinem Schwager Abdel, der in Frankreich als Chirurg arbeitet, und binnen kurzer Zeit sind wir in ein lebhaftes Gespräch über mauretanische Männer und Frauen verwickelt. Wir wollen wissen, ob die mauretanischen Frauen auch aus Männersicht im Zusammenleben so viel Entscheidungsbefugnis haben, wie wir immer wieder hören.

»Das haben sie«, nickt Abdel. »Was das betrifft, hat Mauretanien eine absolute Sonderstellung in der islamischen Welt. Das geht sogar so weit, dass die mauretanischen Männer von den Männern in anderen arabischen Ländern belächelt werden. Manche unserer Nachbarn behaupten, wir seien dumm und schwach, weil wir uns von unseren Frauen unterbuttern ließen.« Er grinst gelassen. »Aber von solchen Behauptungen lassen wir uns nicht aus der Ruhe bringen. Es ist eben unsere Tradition. Die Frau hat seit jeher, während die Männer tagelang unterwegs waren, zu Hause das Sagen gehabt. Ihr Mann kam manchmal nicht mehr als zu Besuch, kann man sagen. Deshalb ist es für uns ganz normal, dass die Frauen bei uns viel zu sagen haben. Und dass der Mann alles zu tun hat, damit es seiner Frau daheim gutgeht. Der Mann gibt. Die Frau empfängt.«

Darüber muss ich lange nachdenken. Denn wenn es so ist, wie Abdel sagt, dann beweisen nicht nur die mauretanischen Frauen, sondern auch die mauretanischen Männer auf ihre Art und Weise große

Stärke: Weil sie es so gelassen hinnehmen, was andere arabische Männer über sie sagen. Und dennoch nicht versuchen, ihre Frauen zu ändern. Sie lassen ihre Frauen so sein, wie sie immer waren. Wie sie nun einmal sind. Vielleicht, denke ich, hat das so eine Art Wechselwirkung, und die Frauen schöpfen daraus wiederum einen Teil ihrer Stärke und ihres Selbstbewusstseins. Spannend.

»Aber stimmt es«, frage ich, »dass bei einer Scheidung automatisch den Männern die Kinder zugesprochen werden?«

»Laut Gesetz ist das so. Aber die Kinder bleiben trotzdem oft bei der Mutter. Natürlich gibt es manchmal Streit darum. Das ist nicht anders, als wenn in Deutschland ein schmutziger Scheidungskrieg geführt wird. Und in der Regel wird das geschiedene Paar zusammen mit der Familie eine Lösung finden, so dass beide Elternteile die Kinder sehen«, antwortet Lemine. Ich frage ihn, wie es mit dem Zusammenhalt innerhalb des Landes sei – ob die Mauretanier sich trotz der vielen im Land lebenden unterschiedlichen Ethnien als eine Einheit verstünden.

»Das ist schwierig«, antwortet Lemine nachdenklich. »Wir denken leider noch nicht so sehr als Nation. Es sind noch immer eher die einzelnen Stämme, die Familien, die eine Bedeutung haben. Aber das ist nicht gut für unser Land. Denn dadurch spielen zum Beispiel Qualifikation und Bildung keine so große Rolle, wie sie sollten. Viele bekommen hier nur aufgrund ihrer Herkunft Jobs zugeschustert, für die sie eigentlich gar nicht geeignet sind und die ein anderer viel besser erledigen könnte. Das ist natürlich auch sehr frustrierend für alle, die eine gute Ausbildung haben und trotzdem keine Arbeit finden. Die gehen dann zum Arbeiten ins Ausland, statt hier etwas zu tun. Und das ist ein großes Problem.«

Und noch etwas bedrückt Lemine sehr. Als er uns in seinem Wagen zurück in die Auberge fährt, sprechen wir ihn auf die Sicherheitslage im Land an und fragen ihn, wie seine Geschäfte derzeit liefen. Es müsse sicherlich schwer sein für ihn, der ja eigentlich vom Tourismus lebe.

»Es ist nicht nur schwer«, sagt Lemine niedergeschlagen, »es ist eine Katastrophe. Früher habe ich mich um ganze Reisegruppen gekümmert. Jetzt kommt niemand mehr. Aber ich will das auch gar nicht. Ich habe ein paar Freunde in Frankreich, die sehr gern wieder einmal nach Nouakchott reisen würden. Aber ich sage ihnen, sie sollen nicht kommen. Ich möchte das nicht. Ich kann die Verantwortung nicht übernehmen.«

Vor allem Irina hat an dem, was Lemine sagt, ordentlich zu schlucken. Sie war immer diejenige, die René und mich beschwichtigt hat, wenn es um die angeblich großen Gefahren, potentielle Entführungen und dramatisch klingende Reisewarnungen ging. Jetzt, wo sie diese Dinge aus Lemines Mund hört, ist auch sie erschrocken.

»Ich mache mir sehr viele Gedanken um dieses Thema«, fährt Lemine fort. »Ich mache mir große Sorgen. Ich mache mir auch um euch sehr große Sorgen, seit ihr hier seid. Man kann hier niemandem mehr vertrauen. Es gibt zu viele Spinner. Und zu viele, die nur für ihren eigenen Vorteil aus einem Verrat Kapital schlagen würden. Das ist das Schlimmste. Und solange das so ist, kann ich nicht mit gutem Gewissen Touristen empfangen. Was das Geschäft angeht – es liegt am Boden. Gerade heute haben sie aus Sicherheitsgründen auch die Flüge aus Frankreich nach Atar eingestellt.«

Was machen wir hier eigentlich?, frage ich mich, während ich wenig später im Apartment meinen Laptop einschalte. Als ich im Internet lese, dass in Hamburg eine junge Frau auf dem OP-Tisch gestorben ist, die sich zum x-ten Mal die Brüste vergrößern lassen wollte, weiß ich es wieder.

Freitag, 21. Januar 2011

Heute haben wir Abderrahmane vom »Maison des Cinéastes« besucht. Das »Maison des Cinéastes« ist so eine Art filmisches Gedächtnis des Landes, passenderweise gleich in der Nähe der Nationalbibliothek gelegen. Hier hat sich eine kleine Gruppe leidenschaftlicher Filmfreaks der Archivierung alten und neuen mauretanischen Filmmaterials verschrieben. Der Hüter all dieses Materials ist Abderrahmane, ein kluger Mann in einem weißen Boubou und mit einer für Mauretanien ungewöhnlichen runden Kopfbedeckung, die er einfach nur so trägt. Weil sie ihm gefällt und er Lust dazu hat. Er hat einen Schnauzbart, raucht Marlboro Light, und was er sagt, hat Sinn und Verstand und entbehrt nicht einer gewissen Poesie. Abdel Mounime hat uns von ihm als einer Art Philosoph berichtet, und damit hatte er recht.

Eigentlich wollten wir ihn nur fragen, ob er sich an die Anti-Übergewicht-Kampagne erinnern kann, die vor einiger Zeit im Fernsehen gelaufen sein soll – die, in der angeblich ein Ehemann seine kugelrunde, bewegungsunfähige Frau in einer Schubkarre umhergeschoben hat –, und ob einer der Spots aus der Kampagne vielleicht sogar in seinem Archiv zu finden sei. Letzteres ist zwar leider nicht der Fall, aber Abderrahmane ist ein faszinierender Gesprächspartner. Und deshalb verlassen wir mit ihm bald die dunklen Räume des Archivs und lassen uns für einen längeren Dialog draußen in einem kleinen Park nieder, in dem Abderrahmane alljährlich sogar ein kleines Filmfestival veranstaltet. Die Fläche ist liebevoll gestaltet; an einem kleinen Häuschen im hinteren Teil befindet sich die schattengleiche Scherenschnittmalerei eines Menschen und einer Filmkamera auf einem Stativ.

Abderrahmane erklärt uns das traditionelle mauretanische Modell der Schönheit wie folgt: »Zu diesem Modell gehörte es, dass die Form und die Bewegungen einer schönen Frau poetisch und gemächlich sein sollten. Mit ›Bewegung‹ meine ich übrigens auch das Psychische; das, was im Kopf passiert: Denn wenn eine Frau füllig sei, dann sei sie auch von ihren Gedanken her ›erholt‹, also gesund, hieß es. Die Frau sollte bedächtig in ihrer Bewegung und in ihrer Reaktion sein. Das waren die Dinge, die der Mann von jeher an der Frau liebte. Und damit diese Dinge blieben, hat er ihr viel zu essen gegeben. Auch deshalb, weil es jederzeit eine Dürre geben konnte. Der Mann hat seine Frau sozusagen auf Vorrat ernährt.«

»Was hat es dann damit auf sich, dass es heute auch hier zunehmend Männer gibt, die lieber dünne Frauen wollen?«, frage ich. »Wann und wie hat sich das geändert?«

»Es hat sich nicht wirklich geändert. Ich denke, dass diese Männer lügen«, antwortet Abderrahmane ruhig. »Wenn diese Männer sagen, sie wollen dünne Frauen, dann sagen sie es, weil es die Mode ist. Aber wenn diese Männer mit ihrer Frau allein sind, ist es nicht das, was sie an ihr lieben. Ein Mann wird eine dünne Frau vielleicht lieben, um mit ihr auszugehen und sie anderen zu zeigen: Schaut, ich gehe mit der Mode!«

»Das gibt es in Deutschland auch«, werfe ich ein. »Dass ein Mann gern eine dünne Frau vorzeigt ...«

»... aber lieber mit einer dickeren im Bett liegt«, ergänzt Abderrahmane ungerührt. »Weil er, wenn er mit ihr allein ist, eine Frau möchte, deren Formen er spüren kann. Bei der er den Unterschied zwischen sich und ihr fühlt. Von meinem persönlichen Standpunkt aus ist es so: Wenn ich mit einer dünnen Frau schlafe, dann gibt es den Akt an sich, und mit einiger Anstrengung kann ich ihn genießen – aber das ist nicht, wie wenn ich mit einer runden Frau schlafe. Mit einer schönen runden Frau gibt es unglaublich viele Dinge, die ich anfassen kann. Und die ich auslösen kann, wenn ich ihren Körper berühre. Außerdem, aber das ist meine ganz eigene Obsession: Ich liebe die Dünen. Die Dünen der Wüste. Wenn ich an den Dünen vorbeigehe, dann ist das, wie wenn ich an einer nackten runden Frau vorbeigehe.« Abderrahmane lacht herzlich. »Und deshalb«, fährt er fort, »glaube ich tatsächlich, dass jene Männer, die sagen, sie wollen eine dünne Frau, nicht ehrlich sind. Ich glaube auch, dass die mauretanischen Frauen zu dem Schönheitsbegriff von damals zurückkehren. Zum Beispiel mit den Medikamenten, die sie einnehmen.«

»Diese Medikamente sind nicht gut«, sage ich.

»Nein, das sind sie nicht. Aber um das zu verstehen, ist es auch wichtig zu verstehen, dass man die Frauen gezwungen hat, dünn zu sein. Obwohl sie nicht dünn sein wollen.«

»Aber das würde ja bedeuten«, werfe ich verwirrt ein, »dass es schon wieder eine Gegenbewegung zur Gegenbewegung gibt. Eine Gegengegenbewegung.«

»Das ist genau richtig«, bestätigt Abderrahmane. »Die Frauen sind nicht überzeugt von dem, was plötzlich die Mode sein soll. Zu einem bestimmten Zeitpunkt wollten wir hier in Mauretanien das Modell Europas übernehmen, des Westens, und auch die Medien wollten das von uns einfordern. Wann haben wir denn begonnen, von der dünnen Frau zu reden? Als das Fernsehen kam, das Internet, die Telefone, die Zeitungen. Heute haben wir verstanden, dass das westliche Modell für die Frauen gemacht wurde, die auch dort leben. Die Kleider wurden für die Frauen dort gemacht, die BHs – das alles wurde für die Frauen *dort* gemacht. Nicht für die Frauen hier. Wir haben unser eigenes Modell, unsere eigenen Dimensionen: bei unseren Wohnräumen, unseren Werkzeugen, unseren Frauen und ihren

Schleiern. Genau wie der Westen sein eigenes Modell hat, und das ist der Reichtum der Welt.«

»Das Modell im Westen ist aber ja auch nicht für *alle* Frauen dort gemacht«, werfe ich ein.

»Richtig«, nickt Abderrahmane. »Deshalb ist es so: Wenn in Europa zwei Mauretanier zusammensitzen und sie sehen eine üppige europäische Frau in einer engen Hose, die die ganze Zeit an ihrem zu knappen Oberteil herumzieht, dann sagen wir zueinander: Sieh sie dir an. Wenn sie in Mauretanien wäre und eine Malhafa trüge, dann würde es ihr besser gehen. Dann würde sie sich viel wohler fühlen. Und genau das sind die Probleme, vor die auch die Frauen in Mauretanien gestellt wurden. Als sie in die Modewelt, die vom Westen her kam, eintauchen wollten, konnten sie plötzlich nicht mehr kaufen, was sie wollten, weil alles für Mannequins gemacht war. Aber es gibt doch nicht nur ein Modell des Lebens! Der Reichtum des Lebens sind die Unterschiede. Und die Idee, ein einziges Modell zu fordern, ist nicht ehrlich. Das ist keine ehrliche Sache. Auch deshalb kehren die mauretanischen Frauen zurück zu dem, was *ihres* ist. Und weil sie verstanden haben, dass auch die Männer das neue Modell nicht lieben.«

»Wird hier also auf lange Sicht alles wieder so sein, wie es einmal war?«

»Nein, das nicht«, sagt Abderrahmane. »Natürlich gibt es Veränderungen. Zum Glück! Wegen des ständigen Austausches zwischen den unterschiedlichen Bevölkerungsgruppen gibt es in Mauretanien kein alleingültiges Modell mehr in Sachen Schönheit. Heute haben wir hier ein bisschen von allem, und es gibt unterschiedliche Wahlmöglichkeiten. Für die einen ist eine dicke Frau mit schokoladenfarbiger Haut schön, für die anderen eine schlanke Frau mit hellerer Haut. Das hilft den Frauen sehr dabei, Selbstvertrauen zu entwickeln. Und es stärkt die Reflexion. Die Frauen denken über das Thema nach, und jede Frau lernt von der anderen.«

Abderrahmane macht eine kleine Pause und zündet sich eine Zigarette an. »Das geht natürlich nicht von heute auf morgen«, fährt er dann fort. »Veränderungen brauchen hier viel Zeit. In der Wüste gibt es ein anderes Zeitempfinden. In Europa kann es innerhalb von ein paar Wochen Veränderungen geben, in Mauretanien innerhalb von zwei oder drei Jahrhunderten.«

»Wenn ich das auf das Ideal der runden Frau beziehe«, frage ich, »was bedeutet das?«

»Die Vorstellung, dass eine runde Frau auch eine schöne Frau ist, wird bleiben«, sagt Abderrahmane. »Aber in der Umsetzung dieser Vorstellung gibt es schon heute einen großen Unterschied zu früher.«

»Der da wäre?«, frage ich.

»Damals war man ehrlich«, antwortet Abderrahmane. »Um dick zu werden, haben die Frauen gegessen und gegessen, und das wusste jeder und erzählte davon: Sie hat fünfundzwanzig Kilo gegessen. Sie hat soundsoviel getrunken. Heute essen die Frauen genauso viel wie damals, aber sie sagen es nicht mehr. Und sie nehmen diese Tabletten ein.«

Ich frage Abderrahmane nach der Anti-Übergewicht-Kampagne des Fernsehens und danach, was er davon hält.

»Auch dazu sage ich dir gern meine ehrliche Meinung. Ich denke, es gibt eine Taktik hinter all dem. Es gibt die Taktik der Weltgesundheitsorganisation. In Europa legen die Leute sehr viel Wert auf Gesundheit: Die dicke Frau sei Herzproblemen ausgesetzt, einem Krebsrisiko und so weiter. Damit bin ich nicht einverstanden. Diese Krankheiten kann auch eine dünnere Frau bekommen. Wenn aber eine Frau eine Krankheit bekommt, dann verliert sie an Gewicht. Und wenn eine eh schon dünne Frau Gewicht verliert, dann bedeutet das, dass sie verschwindet.«

Abderrahmane seufzt. »Aber das ist noch nicht alles. Es gibt noch dazu das Spiel der großen Handelsketten für Mode. Es gibt das kulturelle Spiel der westlichen Gesellschaft. Das alles zusammen nährt diese Kampagne, die man als gute, ehrliche Kampagne sehen könnte. Doch in Wirklichkeit schenkt sie dem Charakter und der Würde unserer Gesellschaft keinerlei Achtung. Natürlich soll man auf seinen Körper achten; natürlich sollte man vor Krankheiten und Gefahren warnen. Aber in Mauretanien machen so viele dicke Frauen ihre Arbeit: in den Fabriken in Zouerat, in Guelb el-Rhein in den Minen. Sie arbeiten im Hafen, bei der Polizei, in den Büros – mitsamt ihren runden Körpern. Es ist wahr, dass es eine gewisse Sitte gibt, Frauen wie einen Reifen aufzublähen. Das ist absolut gefährlich, da bin ich absolut dagegen. Aber man sollte den Frauen nicht aufzwingen, dünn sein zu müssen.«

»Nehmen die Frauen die Kampagne trotzdem an?«

»Viele Frauen machen vielleicht mit, aber nicht aufrichtig. In ihrem Inneren wollen sie ihre runde Form behalten. Und dann ersetzen sie die klassische Art des Vielessens im Verborgenen durch diese Tabletten. Das kann tödlich sein. Deshalb wird diese Kampagne vielleicht die Risiken der klassischen Gavage reduzieren. Aber sie ist auch gefährlich.«

»Kann man eigentlich einen Unterschied erkennen zwischen Frauen, die dick sind, weil sie viel essen, und Frauen, die dicker werden, weil sie die Medikamente einnehmen?«, erkundige ich mich.

»Natürlich«, sagt Abderrahmane. »Die Frauen, die die Medikamente nehmen, bekommen zunächst ein sehr rundes Gesicht, dann sehr, sehr dicke Oberarme. Aber ihre Hände bleiben, wie sie waren. Wir Männer erkennen den Unterschied sofort.«

Könnte das bedeuten, dass all die Frauen, bei denen mir genau dies aufgefallen ist – dass sie im Vergleich zum Rest ihres Körpers so zierliche Finger haben – diese Medikamente genommen haben?

»Was ist mit jenen Frauen, die nicht füllig sind?«, frage ich. »Empfinden diese ihren Körper als Problem? So wie ich meinen Körper manchmal als Problem empfinde, weil er für das allgemein gültige Modell in meinem Land als zu füllig gilt?«

»Eine Frau in Mauretanien wird nur dann ein Problem mit ihrem Körper haben, wenn sie feststellt, dass ihrem Partner etwas an ihr ganz konkret nicht gefällt. Aber sie wird kein Problem haben, weil die Gesellschaft sie für vermeintliche Fehler ihres Körpers sanktioniert.«

Ich muss an Soukeina denken und daran, was sie erzählt hat: Dass andere Frauen sich, weil sie so dünn ist, über sie lustig machen.

»Natürlich gibt es auch hier in Mauretanien Gruppenzwang«, ergänzt Abderrahmane, als könne er meine Gedanken lesen. »Vielleicht sogar *gerade* hier. Denn in Mauretanien ist eine Frau den größten Teil ihres Lebens unter Frauen. Diese Frauen haben innerhalb ihrer Gruppe ein Ideal, und so wird jede Frau versuchen, dem Geist der Gruppe zu folgen. Denn natürlich möchte auch sie schön sein – wie die anderen.«

Abderrahmane drückt seine Zigarette im Sand aus und richtet sich auf. »Aber damit sind wir bei der wirklichen Frage, beim Kern der

Sache: Worauf bezieht sich die Frau? Ist es ihre eigene Liebe zu ihrem Körper, oder ist es die Liebe der anderen zu ihrem Körper? Dieser Konflikt ist sehr heikel. Er hat einen Bezug zu allem, worüber wir hier sprechen. Ich frage dich: Was liebst du an deinem Körper, abgesehen von dem, was dein Partner liebt? Wie wünschst du dir deinen Körper? Liebst du ihn unabhängig vom Blick des anderen, so oder so, eckig oder rund? Oder liebst du ihn, weil du nach dem suchst, was der Mann an deinem Körper liebt, was andere an ihm lieben? Es ist tricky. Diese Frage ist sehr wichtig, und es ist wichtig, dass die Frauen sie sich stellen.«

»Und die Antwort auf diese Frage liegt in mir selbst?«, frage ich. Klingt anstrengend.

»Die Antwort liegt in dir selbst«, bestätigt Abderrahmane. »Noch einmal: Du musst entscheiden, ob es dein Körper ist oder der Körper von anderen. Im Innern dieses Körpers gibt es eine Seele, die ›die Frau‹ heißt. Die Seele liebt eine dicke oder dünne Form, aber ihr Körper gehört ihr vielleicht gar nicht, er gehört anderen, die ihn ansehen; einer Gesellschaft, die ein Ideal entwirft, dem ich folgen muss, dem die Seele folgen muss. Der Körper folgt dem Ideal, und die Seele muss sich dem Körper anpassen.«

Ich nicke. Genauso kommt es mir oft vor.

»Das aber«, fährt Abderrahmane fort, »ist die verkehrte Welt, denn unser Körper ist nicht alles. Er ist nichts. Die Seele ist wichtig. Wenn du eins mit deiner Seele bist, dann fließt der ganze Rest. Dann wird es kein körperliches Hindernis geben, kein Hindernis des Schön- oder Hässlichseins. Weil der Körper wie ein Kleid ist, wie ein Sack, in dem etwas transportiert wird. Nicht mehr und nicht weniger. Richtig wäre also vielmehr, dass dein Körper sich an deine Seele anpasst. Sonst zerreißt es dich. Ich weiß, der Konflikt ist groß«, wiederholt Abderrahmane.

Ich habe das Gefühl, dass er soeben den Nagel auf den Kopf getroffen hat. »Aber wie kann ich diesen Konflikt lösen?«, frage ich.

»Ich habe es dir schon gesagt«, sagt Abderrahmane: »Du musst ehrlich sein. Wenn du deinen Körper liebst, dann musst du diese Liebe verteidigen. Dann musst du Vergnügen finden in deinem Körper, so wie er ist. Dann darfst du deinen Körper nicht danach bauen, dass der andere ihn liebt. Das ist alles.«

»Ich habe das ja verstanden«, antworte ich ein wenig verzweifelt. »Aber man braucht so viel Kraft, um das auch zu leben!«

»Du hast recht«, stimmt Abderrahmane mir zu. »Das braucht viel Anstrengung. Viel Reflexion. Aber du hast diese Möglichkeit zur Reflexion. Wenn du dich zum Beispiel vor den Spiegel setzt und beginnst, dich zu schminken, dann ist das eine Gelegenheit zur Reflexion. Es ist ein Anlass zur Suche. Zur Suche nach jener Form oder jenem Bild, das du finden willst oder das der andere bei dir finden soll. Es ist ein Moment zum Nachdenken. Wenn du allein in deinem Zimmer bist, ist das ein Moment zum Nachdenken, wenn du ein Bad nimmst, ist das ein Moment zum Nachdenken. Selbst vor dem Liebesakt, das ist ein Moment zum Nachdenken«, fährt Abderrahmane fort. »Aber nicht alle Frauen nutzen diese Momente. Nicht alle Frauen schlagen daraus Kapital. Eine Frau, die keine großen intellektuellen Fähigkeiten hat, wird vielleicht nicht viel daraus lernen. Aber eine Frau wie du, die du mit deinen vielen Fragen in unser Land kommst – du wirst deine Antworten finden. Und du wirst sie auch leben können.« Als er meinen zweifelnden Blick sieht, lächelt Abderrahmane amüsiert. »Klar: Wenn du das jeden Tag als Hindernis siehst, wird es hart sein. Aber sobald du verstehst, dass du in einer großen globalen Familie bist und dass die, die um dich sind, nicht alle sind, sondern nur ein klitzekleines Beispiel von Abermillionen Menschen auf der Welt, dann wird es einfacher. Du musst die Grenzen deiner Kultur überschreiten, die Grenzen deiner Geographie. Es ist nicht an sich schwierig, seine Antworten zu leben. Diese Schwierigkeit hängt immer nur von dem Kontext ab, in dem man lebt.«

»Ich glaube übrigens«, ergänzt Abderrahmane nach einer weiteren kleinen Pause, »dass viele Frauen ihre Antwort schon gefunden haben. Aber sie können sie noch nicht zum Ausdruck bringen. Sie haben noch zu wenig Vertrauen in sich selbst und ihre Fähigkeiten. Aber was sucht denn der Mann? Er sucht die Frau. Und was sucht der Mann in der Frau? Mit Sicherheit kein einheitliches Modell. Ihr Frauen habt doch diese Kraft! Ihr wisst, dass der Mann sowieso auf euch zugehen wird. Dass er euch Frauen liebt. Aus dieser Liebe des Mannes müsst ihr Kapital schlagen und laut sagen, wie ihr euch entschieden habt. Ihr habt es schon in eurem Inneren. Ihr müsst es nur noch laut herausbringen.«

»Sollten die Männer nicht auch ihren Teil dazu leisten?«, werfe ich ein.

»Ja, natürlich. Das sollten sie. Betrachten wir zum Beispiel einen Mann, der bewusst eine dünne, der gesellschaftlichen Meinung nach schöne Frau mitnimmt zu einem Geschäftstermin. Er nimmt sie nicht als Frau mit, sondern als Investitionsobjekt. Er nimmt sie mit, weil er weiß, dass die anderen die Frau an seiner Seite bewundern werden und er deshalb in der Achtung der anderen steigt. Was es ihm wiederum leichter machen wird, sein Geschäft abzuschließen. Diese Idee der Benutzung der Frau als kommerzielles Werkzeug ist die Basis von allem – sei es in der Mode, in den Medien oder in Form der Frau selbst. Nun muss die Frau deutlich machen, dass sie kein Objekt ist und kein Mittel zum Geldverdienen oder um Projekte an Land zu ziehen. Das tut sie, indem sie ehrlich ist und laut sagt: *So* will ich meinen Körper. Und *so* will ich meine Schönheit haben. Du, ›Monsieur Mann‹, kannst entscheiden, ob du das akzeptierst oder nicht. Das ist es, was ich mit Ehrlichkeit meine.«

Abderrahmane hebt die Hand, macht sozusagen einen Haken hinter das, was er gerade gesagt hat.

»Andererseits muss aber auch der Mann genau so ehrlich sein. Und er ist nur dann ehrlich, wenn er dich als Frau nicht in erster Linie als Partnerin der Gesellschaft und ihrer Spielregeln sieht, sondern als *seine* ganz individuelle Partnerin. Die Männer müssen lernen, ihre Liebe für eine Frau nicht mit zweierlei Maß zu messen. Sie suchen ihre Partnerinnen zu sehr danach aus, was die Gesellschaft für gut befindet, und nicht danach, was sie selbst wollen. Diese Aufrichtigkeit fehlt vielen Männern. Viele Männer halten Frauen noch immer für einen persönlichen Gegenstand, den sie ausstellen können.«

»Und das hat ebenfalls viel mit Selbstbewusstsein zu tun«, stelle ich fest. »Es geht also nicht nur um das Selbstbewusstsein der Frauen, sondern auch um das der Männer.«

Abderrahmane nickt. »Das Problem der Männer ist, dass sie die Frau an ihrer Seite als identitätsstiftendes Moment brauchen. Der Mann braucht die Frau, um sich als vollwertiges Mitglied in der Gesellschaft zu behaupten. Nur mit einer Frau an seiner Seite kann er der Reichste, der Stärkste oder der Erfolgreichste sein. Und diese

Frau soll, so will es jede Gesellschaft in ihrem eigenen Kontext, schön sein. Wenn ihr Frauen aber eure Grenzen, was ihr für diese Schönheit in Kauf zu nehmen und zu tun bereit seid, selber setzt, dann wird den Männern nichts anderes übrigbleiben, als dies langfristig zu akzeptieren. Das ist es, was ich meine, wenn ich sage: Ihr Frauen seid die Stärkeren. Ihr habt Kraft, ihr habt Macht, und diese müsst ihr nutzen. Aber es ist eine kollektive Arbeit, die da stattfinden muss, um etwas zu ändern.«

Abderrahmane weist auf mein Notizbuch. »Das ist zum Beispiel die Arbeit des Schreibens. Romane, Gedichte, Geschichten und Berichte dürfen nicht mehr stellvertretend *für* die Frau geschrieben werden. Die Frau muss sich selbst beschreiben. Zweitens muss man aufhören, nur ein einziges Schönheitsmodell der Frau nach Art des Mannequins zu propagieren. Und drittens müssen Frauen weltweit mehr Plattformen des Austauschs untereinander finden. Trotz der kulturellen Unterschiede zwischen Europa und Afrika sind die Frauen in Europa doch wie die Frauen in Afrika und wie die Frauen in der arabischen Welt. Sie teilen so unglaublich viele Dinge! Die Frau in Deutschland, in Brasilien oder anderswo sollte sehen, wie ihre Freundin in der mauretanischen oder tunesischen Wüste oder im Wald von Guinea oder Senegal lebt. Und andersherum.«

»Wie kann ich die Kraft finden, um diese kollektive Arbeit anzugehen? Über meine eigenen, ganz persönlichen kleinen Problemchen und Schwierigkeiten hinaus?«

Wieder lächelt Abderrahmane verschmitzt. »Du hast sie doch längst«, sagt er. »Die ganze Kraft, diese Stärke ist da. Sie ist in dir. Du musst sie nur kennenlernen. Und zwar durch das, was du bereits tust: Reflexion. Ich habe es dir schon gesagt: Setz dich hin und denk nach. Nachdenken ist pure Energie für deine innere Kraft!«

Wir schweigen einen Moment.

»Wir hier in der Wüste, wir sind eine Gesellschaft, die von der Weite des Raums erzogen wurde, von der Leere«, fährt Abderrahmane schließlich fort. »Wenn der Mensch spürt, dass er klein ist, wenn er auf das Meer blickt oder auf die Wüste, dann ist das die größte Schule. Du spürst, dass du nichts bist. Gleichzeitig spürst du, dass all das dir gehört: dieser große Ozean, diese große Wüste. Du begreifst deine Proportionen in Bezug auf diesen Raum. Und spürst, dass du trotzdem nützlich bist. Dass es deine Herausforderung ist, diese Leere zu füllen, mit diesem riesigen Raum zu kommunizieren. Das ist die Stärke der Menschen in der Wüste, und diese Stärke hast du auch. Deine Stärke ist wie eine kleine Blume: Sie ist schön, aber wenn du ihr kein Wasser gibst, wenn du dich nicht um sie kümmerst, dann wächst sie nicht, und sie bleibt ein mickriges Etwas in der Wüste. Wenn du dich ihr aber hingibst, indem du nachdenkst, dann kann sie neue Triebe entwickeln, ihre Wurzeln ausstrecken, und ihre Blüte kann mehr Sonne aufnehmen, weil sie sich weit öffnet. All das nur mit Hilfe deiner inneren Hingabe. Diese innere Hingabe ist die Basis von allem.«

Uff. Ich verstehe jetzt voll und ganz, weshalb man Mauretanien auch das »Land der tausend Dichter« nennt.

Samstag, 22. Januar 2011

Mohamedoun versetzt mich immer wieder in Erstaunen. Er brauche dringend auch noch ein paar von den kleinen Kosmetika, hat er mir gestern Abend nach der Entgegennahme seines täglichen Trinkgeldes erklärt, weil er seine »Madame« besuchen fahre. Geduldig habe ich ihm welche nach vorn gereicht und auch jeweils erläutert, wie sie anzuwenden seien.

Die, auf der »slim & shape« stand, hat er mir zurückgegeben, nachdem ich ihm sagte, dass man sich damit eincreme, um eine straffe, feste Haut zu bekommen und vielleicht sogar ein paar Millimeter zu verlieren. Wenn man denn dran glaube. »Nein, nein«, hat Mohamedoun daraufhin gesagt und erschrocken getan, »das braucht meine Madame nicht. Das ist nichts für die Frauen hier«, und dazu hat er verschlagen gegrinst.

Ich finde, das war ein bisschen zu viel des Guten. Der Monsieur scheint mir etwas zu sicher zu sein, worauf wir aus sind und was wir – seiner Meinung nach – hören wollen. So einer als Informant für schlecht recherchierende ausländische Reporter, denke ich, und man braucht sich über reißerische und oberflächliche Berichterstattung nicht mehr zu wundern.

Beim Nachdenken über das Gespräch mit Abderrahmane ist mir später in meinem Apartment eine kleine Ungereimtheit aufgefallen, nämlich in Bezug auf seine Aussage, dass die mauretanischen Frauen von der westlichen Mode und ihren Einschränkungen enttäuscht worden seien. Wie geht das einher mit der Tatsache, dass sie doch sowieso alle die Malhafa tragen, frage ich mich? Bis auf ein paar junge schwarzafrikanische Mädchen in Tops habe ich noch immer keine einzige einheimische Frau in »westlicher« Kleidung gesehen.

Auch darüber hinaus hat mir ordentlich der Kopf geschwirrt, und deshalb passte es gut, dass unser einziger weiterer Termin gestern Abend die Einladung zu einem Grillfest in der deutschen Botschaft war. Netterweise wurden wir sogar in unserer Auberge abgeholt.

In der Sicherheitsschleuse der Botschaft hat man den Untergrund des Wagens mit Spiegeln kontrolliert, aber wir durften sitzen bleiben und wurden nicht persönlich gefilzt. Auf der Terrasse tummelten sich auch zahlreiche Einheimische; es war eine entspannte internationale kleine Gemeinschaft, die sich dort kennenlernte und angeregt miteinander diskutierte, und wir hatten eine Menge Spaß. Vor allem mit Herrn Albers, der in der Botschaft für die Bearbeitung von Visumsanträgen zuständig ist, und so ging das Fest schließlich in seiner Wohnung weiter.

Auf dem kurzen Fußweg dorthin – Herr Albers lebt in einer der älteren Unterkünfte des abgeriegelten Botschaftsgeländes – stellte ich amüsiert fest, dass die Fußwege zwischen den einzelnen Gebäuden gar lustige Namen haben: »Rue des Difficultés« (»Straße der Schwierigkeiten«) stand da auf schmucken kleinen Schildern, oder »Place des Tortures« (»Platz der Torturen«). Obwohl – halt. Da fehlte doch ein »r«? »Place des Tortues«, das hieße vielmehr »Platz der Schildkröten«, und Herr Albers hat mir daraufhin erklärt, dass sich diese Namensgebung tatsächlich auf zwei Clans teils uralter Schildkröten zurückführen lässt, die bis vor einiger Zeit hier gelebt hätten, bis sie im Zuge der Bauarbeiten auf dem Gelände umgesiedelt worden seien.

Durch Herrn Albers haben wir noch dazu erfahren, dass nicht nur unser Besuch an sich längst Stadtgespräch ist, sondern auch über die Einzelheiten unseres Aufenthaltes jeder hier Bescheid weiß: »Ich bin am Sonntagabend aus Spanien zurückgekehrt«, berichtete er uns. »Das Allererste, was ich erfahren habe – und zwar nicht von den Kollegen! –, war, dass ihr in Arafat mit Steinen beworfen worden seid. Glaubt mir, Nouakchott ist ein Dorf.«

Leider geht es René seit heute Morgen gesundheitlich ziemlich schlecht. Ihm ist irgendetwas mächtig auf den Magen geschlagen, so dass wir alle weiteren Pläne für diesen Tag aufgeben müssen. Ich nutze die Zeit, um auszuruhen, meine Notizen durchzuarbeiten und mit Wafa noch ein bisschen das Malhafa-Tragen zu üben. Es läuft immer besser, und sie hat gesagt, morgen könne ich versuchen, die Malhafa auch in der Öffentlichkeit zu tragen.

Die Deutsche Welle berichtet, der mauretanische Präsident habe aus Angst vor Unruhen eine Lebensmittelpreissenkung um 30 Prozent angeordnet. Das ist die gute Nachricht. Die schlechte Nachricht ist, dass gewaltsame Proteste von Tunesien aus seit gestern auch auf Algerien überschwappen. Algerien liegt nun wirklich direkt nebenan. Und der Mann, der sich vor dem Präsidentenpalast selbst angezündet hat, ist jetzt doch ganz offiziell an seinen Verbrennungen gestorben.

Sonntag, 23. Januar 2011

Wir nehmen den Direktor des Kommunikationsministeriums und sein Angebot, uns bei unseren Recherchen behilflich zu sein, beim Wort und bitten ihn bei einem erneuten Besuch, einen Kontakt für uns herzustellen: Wir würden gern das mauretanische Staatsfernsehen besuchen, dort nach den Spots aus der Anti-Übergewicht-Kampagne fragen und versuchen, mauretanische Moderationskolleginnen kennenzulernen. Kein Problem, binnen kürzester Zeit haben wir für Montag, 11.30 Uhr einen Termin. Außerdem möchte Wafa nach den Erlebnissen im Stadion gern eine zusätzliche, von offizieller Seite beglaubigte Bestätigung, dass sie uns bei unseren Dreharbeiten als Übersetzerin begleitet, und nur wenig später halten wir auch diese in Händen.

Ich frage mich wirklich, warum es immer heißt, in Afrika würde alles viel langsamer gehen als bei uns in Europa. In Deutschland hätten wir auf einen Termin bei den vielbeschäftigten Kollegen vom Fernsehen Wochen warten müssen, und die gewünschte Bestätigung hätte man uns erst nach langem Hin und Her und dutzendfachem Nachhaken irgendwann per Post nachgeschickt. Überhaupt geht hier vieles so fix, dass wir kaum hinterherkommen – ganz abgesehen vom Buschfunk, der sowieso schneller ist als jede Internetverbindung.

Vielleicht aber ist uns bei unseren Bitten auch die Tatsache behilflich, dass ich heute zum ersten Mal eine Malhafa trage. Schon im Vorzimmer ist die Freude groß; die Mitarbeiterinnen des Directeurs sagen mir immer wieder, wie schön ich sei. Es ist mir fast unangenehm, denn ich bin es nicht gewöhnt, von einer ganzen Gruppe von Frauen so viele Komplimente auf einmal zu erhalten. Deutsche Frauen sind mit Komplimenten sparsamer, ihnen liegt die Kritik hinter vorgehaltener Hand eher auf der Zunge als ein offenes Lob; das ist jedenfalls meine Erfahrung. Neid ist das Stichwort, das mich daraufhin beschäftigt, und die Frage danach, wie die mauretanischen Frauen mit Neid umgehen. Ob es den Neid auf eine andere, vermeintlich schönere Frau hier überhaupt gibt und wie er sich äußert? Ich werde Wafa danach fragen müssen.

Natürlich wollen die Vorzimmerdamen des Directeurs auch prompt wissen, ob ich verheiratet sei. Und weil ich mittlerweile dazugelernt habe und sonst langsam die Übersicht verliere über die vielen Heiratskandidaten, beeile ich mich zu sagen, dass ich in Deutschland so gut wie verlobt bin.

Auch der Directeur überschlägt sich fast vor Begeisterung, als ich in meiner Malhafa vor ihm stehe, und wie üblich schließt sich an die eigentlichen Gründe unseres Besuchs noch ein gemütlicher Plausch an. Im Hintergrund läuft der Fernseher, und auch diesmal taucht Dimi Mint Abba auf dem Bildschirm auf. Das mauretanische Fernsehprogramm scheint fast ausschließlich aus ihr und ihren Gesängen zu bestehen, und als wir den Directeur darauf ansprechen, ist Dimi Mint Abbas Mann – natürlich – Journalist bei ebenjenem Fernsehen, das wir bald besuchen werden, der wiederum ist ein guter Freund vom Directeur, und deshalb sagt uns der Directeur zu, dass er bestimmt auch eine Verabredung mit Dimi für uns treffen kann.

»Pas de problème«, lächelt er mit weit ausgebreiteten Armen, »pas de problème!« Dann fragt er mich, was ich bisher erfahren hätte zu meinem Thema während meiner ersten Zeit in Nouakchott.

»Oh«, sage ich, »ich habe erfahren, was eine mauretanische Frau schön macht. Die Malhafa zu tragen zum Beispiel.«

»Das ist gut«, nickt der Directeur. »Und was noch?«

»Hm«, überlege ich und suche in meinem Gehirn nach etwas, das ich auch mit meinem noch immer nicht für komplexe Themen ausreichenden Französisch formulieren kann. Und das unverfänglich genug ist – die Gavage will ich hier lieber nicht ansprechen. »Dass eine mauretanische Frau langsam geht«, fällt mir schließlich ein.

»Und hat man Ihnen auch erzählt, warum die Frauen so langsam gehen? Welche Tradition dahinter steckt?«

»Man hat mir erklärt, dass sie sich dadurch von den Männern unterscheiden«, entgegne ich. »Dass sie es nicht nötig haben, Eile zu zeigen und sich abzuhetzen. Dass die Eile eher ein Kennzeichen der Männer sei.«

»Das ist richtig«, nickt der Directeur. »Aber woher kommt diese Gewohnheit? Ich kann es Ihnen sagen: Früher haben die Frauen um ihre Fesseln sehr schwere Ringe getragen, aus Kupfer, und diese haben die Gewohnheit des langsamen Gehens begünstigt. Auch ihr Schmuck ist für eine mauretanische Frau sehr bedeutsam und macht sie erst schön. Schmuck ist sehr wichtig. Deshalb brauchen Sie dringend noch Schmuck, wenn Sie eine schöne Mauretanierin sein wollen.«

Wieder was gelernt! Ich bedanke mich für den Hinweis, und wir erkundigen uns noch, ob derzeit weitere ausländische Fernsehteams im Land seien. Ja, sagt der Directeur, es gebe noch ein Team aus Japan, das über die alten Wüstenstädte wie Chinguetti berichte und deshalb in der Region Adrar unterwegs sei. In Nouakchott sind wir derzeit die Einzigen.

Als wir zu Mohamedoun zurückkehren, ist dieser wieder mal mucksch. Heute hat er Zahnweh und braucht dringend Schmerztabletten, die wir ihm nach einem Zwischenstopp in der Auberge wie gewünscht in die Hand drücken. Er dankt es uns, indem er uns erzählt, wie sehr alle in seiner Familie die Freundschaftspins lieben und dass die Schwester seiner Frau zwei davon sogar als Ohrstecker trägt. So viel zum Thema Schmuck.

Den Nachmittag verbringen wir am Strand. Auf dem Weg dorthin gibt es erneut eine kleine Aufregung, weil wir schon wieder tanken müssen, obwohl wir seit der letzten Tankfüllung kaum Kilometer zurückgelegt haben. Mohamedoun hält uns scheinbar für komplett bescheuert, aber wir beschließen, uns den Tag davon nicht verderben zu lassen. Gibt es halt heute kein Trinkgeld.

Es ist verhältnismäßig kühl am Strand. Und sehr stürmisch, weshalb Irina und René ihr Vorhaben, das Gespräch zwischen Wafa und mir zu drehen, schnell aufgeben. Man würde es nicht verstehen können, so stark peitscht der Wind um den Mikrophonpuschel. Die beiden ziehen deshalb ab, um ein paar Landschaftsaufnahmen zu machen, und so sitzen Wafa und ich schließlich am Wasser und haben Zeit für uns.

»Ich zeige dir, wie eine mauretanische Frau auf dem Kanapee liegt«, sagt Wafa, und wenig später liege ich bequem auf der Seite, die Malhafa so ausladend um mich herumdrapiert, wie der Wind es zulässt, den Kopf auf einen Arm gestützt. Wafa ist zufrieden mit mir. »Siehst du«, erklärt sie, »das ist die typische Liegeposition für eine mauretanische Frau. Du wirst viele alte Bilder sehen, auf denen die Frauen genau so liegen. Denn so kommen ihre Kurven am besten zur Geltung.«

Viel mehr sprechen wir über »unser Thema« heute Nachmittag aber nicht, denn es tut sehr gut, mal über andere Dinge zu reden, uns einfach besser kennenzulernen. Wir lassen uns treiben, schauen aufs Meer und quatschen. Ich baue eine kleine Sandburg, und Wafa bastelt kleine Kamele aus Muscheln und Ästen, die sie darum herum aufbaut. Irgendwann beginnen wir damit herumzualbern, und schließlich kichern wir wie die Teenager, halten uns die Bäuche vor Lachen und kugeln uns durch den Sand. Es ist schön.

Als wir an der Auberge aussteigen, stelle ich fest, dass sich in der unteren Schicht meiner Malhafa der Knoten auf der rechten Schulter gelöst hat. »Hiiiiii!«, macht Wafa und klatscht in die Hände. »Wirklich? Lass mich schauen«, und sie zieht mich ins Innere des Hauses, um unbeobachtet nachsehen zu können. »Oh mein Gott«, sagt sie freudig, als sie feststellt, dass mein Gefühl mich nicht getrogen hat. »Das ist gut«, murmelt sie, während sie auf Zehenspitzen den Knoten wieder befestigt, und dazu strahlt sie ihr typisches Wafa-Strahlen.

»Wieso?«, frage ich verwirrt. »Was bedeutet denn das?«

»Wenn sich der rechte Knoten löst«, sagt Wafa und zwinkert mir zu, »bedeutet das, dass die Männer über dich reden. Und zwar nur Gutes.«

»Und wenn sich der linke Knoten löst?«, will ich wissen. »Was bedeutet das?«

»Tz, tz, tz«, schnalzt Wafa und schüttelt den Kopf, »das ist nicht so gut. Das bedeutet, dass die Frauen über dich reden. Aber dann weiß man nie, ob es etwas Gutes ist.«

Montag, 24. Januar 2011

Die Anspannung der ersten Tage fällt langsam von uns ab. Die Diskussionen und Auseinandersetzungen über unsere filmische, journalistische und ganz praktische Vorgehensweise werden kürzer, dafür lachen wir wieder mehr. Läuft doch alles! Beim Frühstück war Irina ganz beseelt, weil sie, wie sie sagte, so einen schönen erotischen Traum gehabt habe. Wir stellen daraufhin fest, dass die hiesige Art und Weise der Verhüllung, sowohl bei den Frauen durch ihre Malhafas als auch bei den Männern durch ihre Boubous, durchaus unser aller Phantasie anregt und etwas Erotisierendes hat. Nur bei René läuft da was verquer; er hat nämlich geträumt, er habe die Nacht mit Helmut Kohl in einem Bett verbringen müssen, und wird daraufhin von uns Mädchen entsprechend bedauert.

Wafa ist mit einer traurigen Nachricht zu uns gestoßen: Es hat einen weiteren Selbstmord in der Stadt gegeben, diesmal von einem zweiundzwanzigjährigen jungen Mann, Sohn eines Angehörigen des senegalesischen Konsulats, der sich im Stadion (in »unserem« Stadion!) erhängt hat. Man erzählt sich, er sei verzweifelt gewesen, nachdem er zum dritten Mal sein Abitur nicht geschafft und auch das USA-Visum nicht erhalten habe, auf das er so gehofft hatte. Wafa ist erschüttert über diese Neuigkeit, aber wie immer hat sie auch eine ganz klare Meinung dazu: »Zu viele gebildete Leute wollen Mauretanien verlassen«, sagt sie. »Aber wir brauchen diese gebildeten Leute. Man sollte nicht sein Glück woanders suchen, wenn man es zu Hause noch nicht einmal versucht hat.«

Die Begebenheit erinnert mich an unseren gestrigen Nachmittag am Strand, als ich Wafa gefragt habe, ob es etwas in ihrem Leben gebe, das sie bereue. »Eigentlich«, hat sie geantwortet, »bereue ich nichts, denn alle Erfahrungen, die ich gemacht habe, haben mich bislang weitergebracht. Sie haben mich etwas gelehrt. Auch die schlechten. Aber ich hätte so gern die Schule weiter besucht. Dass ich mich in jungen Jahren nicht ausreichend gebildet habe – ja, das bereue ich.«

»Aber das war doch nicht dein Fehler«, habe ich eingewandt. »Du musstest dich um deine kranke Mutter kümmern und um deine Brüder. Du hast stattdessen deine Brüder großgezogen! Kann man nicht nur dann etwas bereuen, wenn man etwas falsch gemacht hat? Wenn man einen Fehler gemacht hat?«

»Vielleicht«, hat Wafa daraufhin lapidar erklärt und mit den Schultern gezuckt. »Vielleicht ist das so. Aber ich bereue das. Und deshalb war es vielleicht auch mein Fehler.«

Am Nachmittag sind wir zu Besuch beim mauretanischen Staatsfernsehen – und dürfen nicht drehen. »Pas du tout!«, hat man auf unsere freundliche Anfrage hin resolut geantwortet: »Auf gar keinen Fall.« Ein wenig absurd ist das schon, aber nichtsdestotrotz empfängt uns Amar Ould Bouhoubeini, der stellvertretende Directeur Général, freundlich in seinem Büro. Monsieur Bouhoubeini sagt uns zu, er werde gleich den Leiter des Archivs bitten, nach den Kampagnenspots zu suchen, für die wir uns interessieren, und werde auch gern ein paar Moderatorinnen ansprechen, um einen Gesprächstermin mit ihnen zu ermöglichen. Zunächst sieht es so aus, als wolle er uns mit dieser Zusage gleich wieder loswerden. Er hat viel zu tun, seine drei Telefone klingeln in einer Tour, und immer wieder tauchen in der Bürotür Männer und Frauen auf, die ihn sprechen wollen. Aber schließlich nimmt er sich doch Zeit für uns.

»Das mauretanische Fernsehen«, erklärt er, »hat vor allem eine Bildungsaufgabe gegenüber allen Schichten. Das Thema ›Übergewicht bei Frauen‹ ist deshalb nur ein Thema neben vielen anderen, das uns wichtig ist. Wir haben uns zum Beispiel auch der Aufklärung über die Beschneidung angenommen. Diese Themen treffen manchmal gar nicht auf alle Bevölkerungsgruppen zu, deshalb müssen wir behutsam dabei sein. Das Thema, das Sie interessiert, ist hauptsächlich für die arabische Bevölkerung relevant. Bei den Schwarzafrikanern arbeiten die meisten Frauen sehr hart und sehr viel, weshalb sie seltener so dick sind wie arabische Frauen. Aber nicht nur deshalb müssen wir vorsichtig sein. Dazu kommt, dass wir in einer Gesellschaft leben, in der es – nun«, Herr Bouhoubeini zögert kurz, »in der es schwierig ist, manche Dinge geradeheraus zu sagen. Deshalb müssen wir Umwege gehen. Seit etwa Mitte der neunziger Jahre versuchen wir auf vielerlei Art, die mauretanischen Frauen auf die Gefahren von hohem Übergewicht hinzuweisen. Dazu gehören Talkrunden mit Ernährungsspezialisten, mit Kardiologen und Gynäkologen, Reportagen und Interviews. Aber auch die von Ihnen erwähnte Kampagne ist ein Teil davon. Diese arbeitet satirisch, über Sketche, indem man zum Beispiel eine Frau zeigt, die versucht wegzurennen, weil es brennt, und dies nicht schafft. Weil sie zu dick ist, um sich zu bewegen. Wir sprechen aber mit der Kampagne auch die Männer an, nicht nur die Frauen. Wir sagen den Männern: Vermeidet die dicke Frau! Dann werden auch die dicken Frauen versuchen, nicht mehr dick zu sein.«

»Würden Sie sagen, dass diese Kampagne erfolgreich war?«.

»Schon. Wenn wir die Zustände heute mit den Zuständen von vor zwanzig Jahren vergleichen, dann hat sich eine Menge getan. Natürlich ist das nicht nur unserer Kampagne zu verdanken; es hat viele andere Einflüsse gegeben, die dies unterstützt haben. Ich muss aber auch zugeben, dass es uns noch nicht gelungen ist, Männer und Frauen mehrheitlich zu der Meinung zu bringen, dass es nicht gut ist, wenn eine Frau viel zu viel wiegt. Die ›Message‹ ist sozusagen noch nicht ganz angekommen.«

»Was genau ist denn die ›Message‹?«, möchte ich wissen.

»Es ist so«, erklärt Herr Bouhoubeini: »In Deutschland soll die Frau kleiner, leichter sein als der Mann. Wenn ein Mann in Deutschland 75 Kilo wiegt, dann soll seine Frau am besten 55 Kilo haben.«

Ich staune. Und trotzdem bleibt mir nichts anderes übrig als zu nicken, denn irgendwie hat er ja recht.

»In Mauretanien ist es andersherum: Wenn hier ein Mann 75 Kilo wiegt, soll seine Frau am besten 95 Kilo haben. Und dieses Verhältnis versuchen wir umzukehren.«

»Aber führt das nicht zu einer großen Verwirrung?«

»Das ist eine Frage der Entwicklung«, sagt Herr Bouhoubeini. »Es ist eine Frage der Evolution. Es braucht Zeit, bis sich eine solche neue Meinung durchsetzt. Aber wir arbeiten daran.«

»Nehmen wir einmal an, es kommen eine dicke und eine dünne Frau in Ihr Büro und bewerben sich um eine Stelle als Moderatorin. Beide sind gleich qualifiziert. Welche stellen Sie ein?«

»Das kann ich Ihnen ganz klar beantworten«, verkündet Herr Bouhoubeini ohne mit der Wimper zu zucken. »Heute würde ich die dünne Frau einstellen. Früher hat sich die dünne Frau geschämt«, ergänzt er, »eines Tages wird sich die Dicke schämen.«

Das ist hart, denke ich. Ist es wirklich so, dass man, wenn man eine Sache durchsetzen will, ihr Gegenteil zum Erreichen dieses Ziels immer gleich diskriminieren muss? Ich hole tief Luft und frage rundheraus, was mir auf der Seele brennt: »Ist denn diese Diskriminierung wirklich ein Ziel der Kampagne?«

»Natürlich nicht«, antwortet Herr Bouhoubeini. »Wir veranstalten eine solche Kampagne nicht, damit man dahin kommt, dass man sagt: Dicke Frauen sind hässlich und nicht begehrenswert.« Na bitte, denke ich.

»Aber eines Tages werden wir dort sein«, fügt Herr Bouhoubeini hinzu.

»Aber das ist ja schrecklich!«, entfährt es mir.

»Ja«, nickt Herr Bouhoubeini zustimmend, »das ist es. Aber so ist die Entwicklung. So ist sie in Deutschland ja schon längst. Es ist nun mal die Entwicklung der Welt. Die Globalisierung eliminiert die Unterschiede zwischen den einzelnen Gesellschaften. Das ändert aber nichts daran«, sagt er zwinkernd, »dass, wenn Männer Sie auf der Straße sehen, Sie sehr attraktiv finden werden und sich aufgrund Ihrer Formen weiterhin zu Ihnen hingezogen fühlen werden.«

Es ist zwar nett, dass Herr Bouhoubeini das sagt, aber momentan bin ich dafür nicht sehr zugänglich. »Aber Sie nehmen doch durch die Satire trotzdem in Kauf, dass Sie die betroffenen Frauen verletzen«, wende ich also ein.

»Das ist okay«, sagt Herr Bouhoubeini. »Ein bisschen pieksen muss man immer. Und es ist immer noch eine sanfte Kampagne. Wir müssen auch dafür sorgen, dass die Menschen darüber reden. Wissen Sie, hier kann man einen Spot machen, und nach einem Jahr hat ihn noch immer nicht jeder gesehen. Es gibt immer noch sehr viele Orte, die das Fernsehen nicht erreicht. Wenn wir also die Menschen erreichen wollen, dann müssen wir dafür sorgen, dass darüber geredet wird, was manche von ihnen gesehen haben.«

Jetzt äußert auch Wafa ihre Meinung, allerdings raunt sie mir diese auf Deutsch ins Ohr. »Aber die mauretanischen Frauen hören das nicht«, erklärt sie. »Sie sehen sich das an, lachen sich tot und amüsieren sich darüber. Aber sie nehmen es nicht ernst.«

»Es ist in der Tat so«, greift Herr Bouhoubeini den Faden wieder auf, »wir schauen jetzt für die Positionen vor der Kamera gezielt nach schlankeren Frauen. Sie müssen wissen, dass es hier auch um andere Interessen geht als nur um die Geschmäcker der Menschen. Die Regierung, das Gesundheitsministerium, alle arbeiten an diesen Kampagnen mit. Es gibt auch einen finanziellen Hintergrund, denn es geht darum, die Produktivität des Staates zu steigern. Und in Mauretanien sehen viele das Schlanksein mittlerweile als Zeichen von Bildung. Genau wie in Europa«, schließt Herr Bouhoudeini.

Ich werde das bedrückende Gefühl nicht los, dass es hier im Kern der Sache vor allem um eines geht: um das verzweifelte Bemühen eines Staates, endlich an den vermeintlich besseren Rest der Welt anzuschließen. Darum, mitzuhalten und sich dem Rhythmus der »anderen« anzupassen. Und zwar auch um den Preis, die eigene Bevölkerung und ihre Traditionen vor den Kopf zu stoßen.

Wafa wird mir in einem späteren Gespräch noch erklären, dass die Kampagne insofern doppelt »unverschämt« gewesen sei, und genau dieses Wort verwendet sie, als dass es im Islam nicht erlaubt sei, die eigene Mutter auszulachen – genau hierauf aber hätten viele der Spots abgezielt.

Einen meiner Gedanken kann ich damit wohl zu Grabe tragen: Die schöne Vorstellung, dass sich die mauretanische Gesellschaft derzeit, was ihre Schönheitsideale betrifft, in einer Art Idealzustand befindet, in dem sich »dick« und »dünn« die Waage halten. In dem beide Formen mit all ihren jeweiligen Vor- und Nachteilen akzeptiert werden und es kaum gesellschaftlich verankerte Sanktionen gegen das jeweils andere gibt. Aber wenn ich Herrn Bouhoubeini Glauben schenke, dann befindet sich dieser Idealzustand just in diesem Moment an seinem Scheidepunkt: Das Diktat »schlank« ist auf dem Vormarsch, und das Fernsehen marschiert stramm vorweg.

Das macht mich irgendwie traurig. Und deshalb fühle ich auch, dass ich bei meinen Recherchen an einem wichtigen Wendepunkt angelangt bin. Denn wo ich zuvor herausfinden wollte, was die mauretanischen Frauen so selbstbewusst macht, lautet die Frage jetzt, ob sie in der Lage sein werden, sich dieses Selbstbewusstsein zukünftig zu erhalten.

Nouakchott/Atar
Dienstag, 25. Januar 2011

In der Malhafa fühle ich mich mittlerweile halbwegs wohl, aber ich kriege es noch immer nicht gebacken, sie allein so anzuziehen, dass ihr Sitz vor Wafas strengem Blick bestehen würde. Wafa und ich verbringen deshalb seit dem gestrigen Tag morgens immer eine gemeinsame »Mädchenzeit«: Sie hilft mir beim Ankleiden, und ich habe währenddessen Gelegenheit, all die Fragen loszuwerden, die mir unter den Nägeln brennen. Davon gibt es jeden Morgen eine Menge, denn ich verarbeite über Nacht, was uns am Tag zuvor widerfahren ist, und wache mit Dutzenden von Fragezeichen im Gesicht auf. Und die gemeinsame, intime Zeit bringt uns einander noch näher.

Heute Morgen habe ich das Neidthema auf den Tisch gebracht und Wafa gefragt, wie das denn hier sei mit dem Neid unter Frauen in Verbindung mit der Schönheit.

Ja, den gebe es zwar, sagt Wafa, aber dabei gehe es nicht um die Schönheit an sich, sondern eher um materielle Dinge: Wenn die eine sich Kosmetika leisten könne, die für eine andere unerschwinglich seien, zum Beispiel. »Es ist ein Neid«, erklärt sie mir, »der dadurch hervorgerufen wird, dass eine andere die Ressourcen und die Möglichkeiten hat, das Beste aus sich herauszuholen. Aber es ist kein Neid auf die eigentliche Schönheit der anderen. Auf ihre Formen oder ihr hübsches Gesicht. Und vor allem kein Neid aufgrund eigener Unzufriedenheit. Deshalb würden mauretanische Frauen sich auch niemals einer Schönheitsoperation unterziehen. Natürlich schminken sie sich und pflegen ihre Körper. Aber sie werden nicht ihre Substanz ändern, also das, was sie sind.« Wieder einmal haut mich die Stärke, die Wafa sich selbst und ihren mauretanischen Geschlechtsgenossinnen damit unbewusst attestiert, geradezu um.

»Nimm zum Beispiel die Zeit, wenn der Mann einer Frau auf Reisen ist«, fährt Wafa fort. »In dieser Zeit darf seine Frau sich nicht besonders schön machen. Dann wird sie manchmal neidisch darauf sein, dass ihre Freundin sich in der gleichen Zeit herausputzen darf. Aber die Frau, der dies gerade verwehrt ist, weiß, dass diese Zeit vorübergehen wird. Und darauf freut sie sich und gibt sich dann, wenn ihr Mann zurückkehrt, besonders viel Mühe.«

»Bei uns ist das anders«, sage ich. »Ich glaube, bei uns sind viele Frauen neidisch auf die körperlichen Vorzüge einer anderen. Auf ihre langen Beine, ihre kleine Nase, ihre schönen Haare. Woher, glaubst du, kommt dieser Unterschied?«

Wafa überlegt. »Ich denke«, antwortet sie dann nachdenklich, »dass da auch die Religion ins Spiel kommt. Weißt du, bei uns im Islam akzeptiert man einfach, wie man geschaffen wurde. Und man sagt, dass jede Frau in ihrem Leben ein Geschenk bekommt. Die Chance, glücklich zu sein. Die eine wird gesunde Kinder haben, die andere einen guten Mann, und die dritte ist vielleicht besonders schön. Aber Schönheit vergeht. Und deshalb haben viele Frauen Angst, dass ihr Geschenk damit, wenn sie schön sind, schon aufgebraucht sein könnte. Deshalb bitten die mauretanischen Frauen, wenn sie sehr schön sind, in ihren Gebeten manchmal sogar darum, die gleichen Chancen zu bekommen wie eine Frau, die nicht schön ist. Damit mit ihrer Schönheit ihre ganz persönliche Chance nicht schon vertan ist.« Wow.

»Außerdem ist Schönheit manchmal auch gar nicht so erstrebenswert«, fährt Wafa fort, »denn es gibt Frauen, die nicht damit umgehen können. Sie werden dann hochmütig. Sie verhalten sich nicht mehr wie ein Mensch, sondern wie ein Bild, und sie haben Angst, dass sie dieses Bild zerstören, wenn sie sich bewegen oder lachen. Weil sie erkannt haben, dass sie eigentlich nur noch verlieren können: Jede Veränderung wird das perfekte Bild zerstören. Dann ist die Schönheit wie ein Gefängnis. Die Frau wird unnatürlich, sie ist überhaupt nicht mehr entspannt, und das wird auch die Männer nicht anziehen. Denn die Männer heiraten immer noch die Person, nicht ihre Schönheit.«

Gegen Mittag brechen wir nach Atar auf. Endlich kommen meine Wüstenbotten zum Einsatz! Ich habe sie in weiser Voraussicht schon angezogen und jetzt schicke Elefantenfüße. Bei Saharamedia habe ich gegen ein kleines Entgelt, das vom Guthaben meiner Telefonkarte abgebucht wurde, einen SMS-Nachrichtendienst bestellt; es kann nicht schaden, auch in Atar auf dem Laufenden gehalten zu werden. Justus holt uns wie versprochen persönlich ab. Er sieht genauso aus, wie ich mir einen echten Aussteiger vorstelle: braungebrannt, mit von der Sonne gebleichtem, etwas schütterem Haar und einem zerfurchten Gesicht, das er zu einem extrabreiten schelmischen Grinsen verziehen kann. Und er spricht mit einem drolligen holländischen Akzent.

Geduldig verlädt er unsere Massen an Gepäck auf das Dach seines Wagens. Youba hat uns sogar Sandwiches für die Fahrt gemacht, und so rumpeln wir schließlich nach einem kleinen Zwischenstopp bei der deutschen Botschaft, wo wir vorsichtshalber eine Festplatte mit dem bisher gedrehten Material abgeben, aus der Stadt hinaus. Wafa, Irina und ich sitzen auf der Rückbank; René sitzt vorn und hat die Kamera im Anschlag.

Wafa freut sich wie ein Kind über die gemeinsame Reise. Sie ist seit Jahren nicht mehr aus Nouakchott herausgekommen, und während wir so über Land fahren, wird deutlich, wie sehr sie ihre Heimat liebt. Sie macht mehr Fotos als wir alle zusammen und zeigt immer wieder aufgeregt plappernd auf alles, was sich bewegt oder auch nicht. Ich lächele derweil still in mich hinein und bin wieder mal ganz verliebt, während ich sie in ihrer aufgeregten Freude beobachte.

Wir fahren zwar über eine der wenigen Teerstraßen des Landes, für unsere Wirbelsäulen ist diese dennoch eine Herausforderung. Ein Schlagloch jagt das nächste. Die Landschaft ist während der ersten zwei, drei Stunden auch eher langweilig: Sand, flache Büsche, hier und da ein Skelett am Wegesrand oder eine kleine Siedlung. Die einzige Abwechslung sind immer wieder die Kontrollposten der Gendarmerie, an denen wir haltmachen und unsere »Fiches« abgeben: Vorbereitete Listen mit unseren Namen, Passnummern, der Fahrgestellnummer des Wagens und dem Reiseziel der Gruppe. Insgesamt sind es sechs Posten, an denen wir vorbeikommen, und überall werden wir freundlich gegrüßt; mit dem ein oder anderen hält Justus einen kleinen Plausch, man kennt sich.

Diese Kontrollposten, erklärt uns Justus, sind weniger da, um uns zu kontrollieren, denn um uns zu beschützen: Der eine Posten wird den an der Strecke als nächster gelegenen sofort über unsere baldige Durchfahrt informieren, und wenn wir da nicht in angemessener Zeit auftauchen würden – dann, ja dann, sagt Justus, würde wohl bald ein ganzes Armeeaufgebot samt Hubschraubern losgejagt werden, um uns zu suchen, denn es könne viel passieren, aber das wüssten wir ja sicherlich.

Ich frage Just auch danach, weshalb man uns Deutschen so extrem zuvorkommend begegne und weshalb unsere Freundschaftspins so ein Hit seien, über die sich in der Zwischenzeit viele weitere Mauretanier außerordentlich und zweifellos sehr ehrlich gefreut haben.

»Das ist nicht schwer zu erklären«, sagt Justus. »Die Deutschen kamen immer weitestgehend ohne tiefere Interessen hierher. Ihnen ging es anders als zum Beispiel Frankreich nicht um Macht und auch weniger um Ressourcen. Stattdessen helfen sie.«

Wie auf Kommando piept in diesem Moment mein Telefon. Saharamedia informiert mich prompt darüber, dass Deutschland Mauretanien mit siebzehn Millionen Euro unterstützen wird, und mal wieder macht es mich völlig fertig, wie gut alles zusammenpasst. Als hätten wir ein Drehbuch geschrieben, denke ich. Und wenn wir eines *nicht* haben, dann das.

So langweilig wie die Landschaft begonnen hat, so aufregend wird sie jetzt, als wir unserem Ziel immer näher kommen. Plötzlich ragen beeindruckende Felsenriffs in die Höhe, deren einzelne Gesteinsschichten man wie mit dem Lineal gezogen erkennen kann. Regelrechte Schluchten tun sich auf. Ausgetrocknete Flussbetten geben ihre Geheimnisse preis, und gleichzeitig sehen wir unerwartet viel Grün. Justus bemerkt unser Erstaunen und lächelt.

»Geologen«, sagt er, »lieben dieses Land. Mauretanien, so sagen sie, sei für sie ein offenes Buch.«

Auch unsere ersten Kamele sehen wir. Und dennoch scheint die Gegend ausgestorben. »Hier in der Region ist es um diese Jahreszeit einsam«, bestätigt Just. »Die Menschen kommen erst zur Dattelernte her.« Recht einsam sei es momentan auch in seiner Auberge: Um 85 Prozent, sagt er, sei die Auslastung seit den Terrorwarnungen zurückgegangen.

Trotzdem sind wir in »Bab Sahara« nicht die einzigen Gäste. Bei der Ankunft falle ich Christine um den Hals, die mir lachend entgegenwinkt. »Erste!«, ruft sie grinsend, und es gibt ein großes Hallo. Es ist völlig verrückt, aber es ist so: Da sind wir, bei Justus in Atar, Mauretanien. Wie verabredet.

Eine wilde Truppe britischer Motorradfahrer ist soeben von ihrem Wüstenausflug zurückgekehrt und springt um einen Haufen Motorräder herum. Wir lernen Justus' Frau Cora kennen, eine langhaarige Ex-Berlinerin, ein bisschen crazy, wenn ich das so sagen darf, und Susanne, eine weitere Deutsche, im Rentenalter, aber zweifelsohne jung geblieben. Sie kommt regelmäßig her, um zu überwintern. Das Areal der Unterkunft liegt gut geschützt unter Bäumen. Zur Verfügung stehen neben einfachen Zelten, in denen der Trupp aus Großbritannien übernachtet, auch Wohnwagen. René kommt in einem von ihnen unter, und Wafa, Irina und ich beziehen kleine runde Steinhütten – die Luxusabteilung, sozusagen. Sie sind dunkel, aber urgemütlich, und auch wenn ich in meiner Steinhütte allein nächtige, wird es mir nicht einsam werden; im offenen Mauerwerk wohnen kleine Echsen und anderes Getier. Der Ventilator und auch die Klimaanlage funktionieren, stelle ich erleichtert fest. Ich habe das Gefühl, es ist hier heißer als in Nouakchott. Und überall Sand!

Meine Wüstenbotten, das merke ich schon während des kurzen Gangs zu den einfachen Sanitäranlagen, sind der Renner. Ein reibungslos funktionierendes Abwassersystem gibt es auch hier nicht, weshalb kein Klopapier in die einzige vorhandene Sitztoilette geworfen werden darf – es wird in einem Eimer gesammelt. Das ist zwar nicht schön, aber ich gewöhne mich im Laufe der Tage daran.

Das Abendessen nehmen wir gemeinsam mit den anderen an einer großen Tafel unter freiem Himmel ein; Christines Freund Sven hat gekocht. Es schmeckt ausgezeichnet, es ist lauschig, und weil Cora die eine oder andere Flasche Rotwein hervorzaubert, wird es irgendwann auch ein bisschen lauter.

»Stört die Nachbarn das nicht, wenn wir hier so herumlärmen?«, frage ich Justus, und er lacht. »Nein, nein«, sagt er vergnügt, »keine Sorge. Es ist die Freiheit, die der Mauretanier höchstes Gut ist. Sie sind Nomaden. Und zu ihrer eigenen Freiheit gehört auch, dass sie anderen ihre persönlichen Freiheiten lassen. Du wirst es hier nicht erleben, dass sich jemand an der Lautstärke stört oder sich gar deshalb beschwert. Eher wird er einfach rüberkommen und sich ohne großes Tamtam unter die Leute mischen.«

Vor dem Zubettgehen lese ich noch zwei Saharamedia-Meldungen: Die Regierung verurteilt den Vergleich der Situationen in Tunesien und Mauretanien. Die Opposition hingegen propagiert, dass die Zeit für eine Volksbewegung gekommen sei. Denn all die Gründe, die dort zum Sturz des diktatorischen Regimes geführt hätten, die gebe es auch hier.

Atar
Mittwoch, 26. Januar 2011

Geweckt werde ich durch das Krähen von Justs und Coras frechem Hahn, durch Hundegebell, laute Stimmen, hitzige Diskussionen und aufheulende Motoren. In der Hütte muss ein tolles Klima herrschen, ich fühle mich wie neugeboren, und als ich nach draußen trete, stelle ich fest, dass es in der Nacht geregnet hat. Zwar sind keine Pfützen zu sehen, und wirklich nass ist es auch nicht, aber die Luft riecht anders, sie riecht eindeutig nach Regen. »Du hast recht, es hat geregnet. Und in Nouakchott gießt es richtig!«, bestätigt mir Just, als ich ihn auf dem Weg zum Duschen treffe. »Ihr seid genau zum richtigen Zeitpunkt von dort weggekommen.« Da ist es wieder, denke ich. Das Drehbuch.

Bei unserer heutigen Mädchenzeit dreht Wafa den Spieß um und fragt mich, weshalb Boris und ich noch nicht verheiratet seien, während sie flink feine Streifen vom Stoff meiner nächsten Malhafa reißt, um daraus mit Hilfe von Knoten die Schulterträger zu fertigen. In der Zwischenzeit tauschen wir sogar untereinander, und für mich ist es eine ganz neue Erfahrung, die Kleidung einer Freundin tragen zu können. Ich genieße sie sehr.

»Ich wollte eigentlich nie heiraten«, antworte ich, »schon als kleines Mädchen nicht. Ich kann dir noch nicht einmal genau sagen, warum. Mit Boris kann ich mir das mittlerweile zwar vorstellen, aber eilig haben wir es trotzdem nicht.«

»Aber warum denn nicht?«, wundert sich Wafa. »Du sagst, du liebst ihn, und er liebt dich. Warum willst du noch warten? Ich an deiner Stelle würde nicht mehr warten wollen. Wenn ich einen Mann hätte, den ich liebe und der mich liebt – ich würde ihn sofort heiraten wollen.«

»Aber du müsstest ihn ja auch heiraten, um mit ihm allein sein zu können«, wende ich ein. »Um ihn überhaupt genauer kennenzulernen. Das ist bei uns nicht der Fall. Wir leben ja schon zusammen. So als *wären* wir längst verheiratet.«

Wafa legt die Stirn in Falten. »Aber der Mann sollte dich *ganz* nehmen«, insistiert sie. »Er muss sich *ganz* zu dir bekennen. Weißt du, viele Männer hier in Mauretanien wollen das mittlerweile auch: die Frau kennenlernen, bevor sie sie heiraten. Aber wenn man das zulässt, dann nutzen sie das oft nur aus. Sie meinen es gar nicht ernst mit dir oder stellen fest, dass sie dich vielleicht doch nicht so toll finden, wie sie dachten. Und heiraten dann nicht dich, sondern eine andere. Von der sie wissen, dass sie noch nicht mit anderen Männern zusammen war.«

»Das ist dann eine Doppelmoral«, stelle ich fest, und Wafa nickt. »Genau. Der Ruf der Frau ist dahin, und der Mann ist weg. Und eine Garantie, dass die Ehe hält, ist es auch dann nicht, wenn man sich vorher kennenlernt.«

Wafas Logik leuchtet mir völlig ein. Eigentlich hat sie recht, denke ich verwirrt. Worauf warte ich eigentlich noch?

»Und warum hast du keine Kinder?«, setzt Wafa noch einen drauf. »Ich weiß nicht«, sage ich kläglich, und sie macht »tz, tz, tz«, während sie an einem der Knoten rüttelt, um zu überprüfen, ob er auch hält, was er verspricht. »Hast du es versucht?«, fragt sie, und als ich verneine, schüttelt sie verständnislos den Kopf.

»Warum nicht?«, fragt sie erneut. »Ich verstehe das nicht. Oder kann Boris vielleicht keine Kinder bekommen?«

Ich lache. »Nein«, sage ich, »daran liegt es wohl nicht. Ich nehme doch die Pille. Da kann er sich anstrengen, wie er will.«

Wafa kneift skeptisch die Augen zusammen.

»Aber dazu habe ich noch eine Frage«, fahre ich fort. »Ich weiß ja mittlerweile, wie wichtig es für die Frauen hier ist, Kinder zu haben. Auch wegen ihrer Zukunft, damit im Alter jemand da ist, der für sie sorgt und sich um sie kümmert. Ich weiß, dass es sehr schlimm ist für eine Frau, wenn sie keine Kinder bekommen kann, und dass das auch für ihren Mann sehr schlimm ist und es jeder versteht, wenn ihr Mann sie deshalb verlässt. Oder wenn er sich eine weitere Frau nimmt, um mit ihr Kinder zu zeugen. Aber was ist, wenn es der Mann ist, der keine Kinder zeugen kann? Was passiert dann?«

Wafa seufzt traurig. »Oh, das ist schlimm«, sagt sie. »Das ist eine

Tragödie. Denn wenn sie erst einmal weiß oder auch nur vermutet, dass es an ihm liegt, dann wird die Frau sehr wahrscheinlich ihren Mann verlassen. Auch wenn sie ihn sehr liebt. Die Frau trennt sich dann blutenden Herzens und versucht es mit einem anderen.«

»So wichtig ist das mit den Kindern?«

»Ja«, nickt Wafa. »So wichtig ist das«, und wie immer, wenn wir über dieses Thema sprechen, merke ich ihr den ganzen Schmerz an, den sie in sich trägt, weil sie selbst keine Kinder hat.

Unser Tagesziel heute ist eine kleine Oase in der Nähe der Auberge. Hamza, ein junger, sympathischer und sehr um unser Wohlergehen bemühter Mitarbeiter von Justus, fährt uns hin. Wir wollen ein kleines Picknick machen, und Wafa wird uns in die Geheimnisse der Teezeremonie einweihen. Während der Fahrt fällt mir auf, wie klein all die runden Hütten und vor allem ihre Eingänge sind, an denen wir vorbeikommen, und das bringt mich auf ein ganz praktisches Problem.

»Duhuuu, Wafa«, sage ich, »mal eine ganz blöde Frage, wenn ich mir diese Hütten angucke und dann überlege, dass da dicke Frauen drin wohnen sollen – wie geht denn das? Ich meine, wie kommen die da überhaupt rein?«

Und Wafa lacht. »Tz, tz, tz«, macht sie. »Nein, Tine, die Frauen wohnen nicht in diesen Hütten. Sie wohnen in den Zelten *davor*. Jetzt siehst du nicht viele Zelte, weil es nicht die richtige Jahreszeit ist. Zur Zeit der Dattelernte ist das anders. Aber wenn du ein Zelt siehst, da vorn zum Beispiel«, sie zeigt auf eine kleine Siedlung, in der ein paar provisorische Aufbauten zu sehen sind, »dann wirst du auch merken, dass die Malhafa nicht nur zum Anziehen da ist.« Ich schau genauer hin, und Wafa hat recht: Ausgemusterte Malhafas werden in und außerhalb der Hütten und Zelte auch als Windschutz und Dekoration verwendet.

Der Platz, zu dem Hamza uns führt, ist wunderschön. Er ist weitläufig, um uns herum nur flache Dünen aus rotem Sand mit ein paar Sträuchern und flachen Bodengewächsen, und er ist sehr still. Zum ersten Mal hören wir um uns herum nichts. Nichts als die Wüste.

Ich denke an Abderrahmane und an das, was er uns über die Wüste erzählt hat: Dass sie einem zeigt, wie klein und unbedeutend man ist. Schweigend stehen wir da. Es ist so unglaublich still, dass wir das Gefühl haben, die Erde habe sich soeben aufgehört zu drehen. Als Irina sich mit ihrem Tonequipment aufmacht, um ein wenig Wind und Atmosphäre einzufangen, kann sie uns noch Hunderte Meter weiter weg bestens verstehen, obwohl wir ganz leise reden, ja fast flüstern – als würden unsere Stimmen durch die Dünen um uns herum wie durch einen Trichter verstärkt. So still ist es.

Ganz automatisch beginnen Wafa und ich angesichts der Ewigkeit um uns herum auch über das Älterwerden zu sprechen, über die Zeit, die Langsamkeit und den Tod.

»Das ist auch ein Grund, weshalb der Tee von Frauen anders schmeckt als der von Männern«, sagt Wafa, während sie sich mit Hingabe der Teezeremonie widmet. Immer wieder schüttet sie den Tee von einem kleinen Glas in das andere um, bis sich Schaum bildet. »Die Männer machen alles schnellschnell. Wir Frauen nehmen uns Zeit. Da kann eine Teezeremonie drei bis vier Stunden dauern.« Als wir Wafas Tee zum ersten Mal kosten dürfen, ist er sehr heiß, und ich verbrenne mir prompt die Schnute. Wafa kichert. »Es gibt ein mauretanisches Sprichwort. Man sagt: Wenn das Essen einer Frau kalt ist, dann ist sie ganz und gar nicht eifersüchtig. Wenn es aber sehr heiß ist, dann ist sie sehr eifersüchtig. *Sehr.* Also. Wisst ihr Bescheid.« Wafa lacht. Überhaupt ist ihr Vorrat an Weisheiten unerschöpflich. Als ich sie noch einmal nach den Männern frage und danach, wie die mauretanischen Frauen es schaffen würden, bei ihnen ihre Wünsche und ihren Willen durchzusetzen, erklärt sie mir: »Wir kritisieren unsere Männer nicht laut, wenn sie in unseren Augen etwas nicht richtig gemacht haben. Damit würden wir uns nur selbst schaden, denn dann machen sie vielleicht eines Tages gar nichts mehr. Wir brechen aber auch nicht sofort in Begeisterungsstürme aus, wenn sie etwas besonders Schönes für uns getan haben. Wir mauretanischen Frauen bleiben immer ein bisschen undurchsichtig. Das spornt die Männer an, immer besser zu werden, um uns glücklich zu sehen.«

Auf meine Frage, ob sie bezüglich ihres Äußeren Angst vor dem Alter habe, reagiert Wafa überrascht. »Leute, die Zeit haben, darüber nachzudenken, die haben nicht genug zu tun!«, sagt sie bestimmt. »Man hat im Alter doch schon genug Probleme. Man bekommt Knochenschmerzen, die Augen werden schlechter, man wird schwerhörig, hat mit der Kälte zu kämpfen ... da ist die Schönheit doch das geringste Problem! Warum sollte ich mir darüber auch noch Sorgen machen?«

»Das stimmt eigentlich«, nicke ich, »aber bei uns haben trotzdem viele Leute Angst vor dem Älterwerden. Und davor, dann nicht mehr attraktiv genug zu sein. Das fängt bei manchen schon an, wenn sie dreißig werden.«

Wafa seufzt. »Warum machen sie sich das Leben so schwer?«, fragt sie. »Jede Zeit hat doch ihre Regeln. Außerdem – wenn ich schön bin, wird das meinen Todeszeitpunkt auch nicht hinauszögern, denn diesen Zeitpunkt bestimmt Gott. Das ist übrigens noch ein Grund«, fällt ihr ein, »weshalb diese Kampagne nicht so gut funktioniert hat. Denn die Frauen hier sagen sich: Gesundheitsrisiken hin oder her – ich kann es eh nicht beeinflussen, wann ich sterben werde. Ob ich dick oder dünn bin, wird nichts daran ändern, wann dieser Zeitpunkt kommt. Denn Allah allein bestimmt ihn.«

»Es ist also Schicksal, wann man stirbt, und Schicksal, ob man schön ist oder nicht«, schlussfolgere ich.

»Ja«, nickt Wafa, »und dieses Schicksal akzeptieren wir. Auch weil schön zu sein nicht so wichtig ist, um glücklich zu werden. Es gibt andere Sachen, die viel wichtiger sind.«

An dieser Stelle schaltet sich Irina ein und sagt etwas sehr Schlaues. Sie bringt nämlich die Tatsache ins Spiel, dass es in Deutschland die Begriffe der »inneren« und der »äußeren« Schönheit gebe, und fragt, ob das hier auch der Fall sei. Wafa verneint. »Den Begriff der ›inneren Schönheit‹ gibt es bei uns nicht. ›Schön‹ ist immer das, was ›außen‹ ist. Was ›innen‹ ist, bezeichnen wir nicht mit ›schön‹. Dafür haben wir andere Worte. ›Gut‹ zum Beispiel. Oder ›lieb‹. Oder ›lustig‹.«

Ob es dieser Umstand den Mauretanierinnen vielleicht einfacher macht, die beiden Dinge von vornherein voneinander zu unterscheiden? Wundern würde es mich nicht.

»Du sagst ja, dass du dich schön so findest, wie du bist, und dass du dir keine Gedanken mehr darum machst, ob dein Körper bestimmten Erwartungen entspricht. War das eine bewusste Entscheidung? Kannst du dich an einen bestimmten Zeitpunkt erinnern, an dem du sie getroffen hast?«, frage ich Wafa, und sie schüttelt den Kopf.

»Nein«, sagt sie. »Ich war schon immer so. Was das betrifft, war ich schon immer besonders. Ich wollte noch nie, dass mir jemand vorschreibt, wie ich auszusehen habe.«

Mit ausladenden Handbewegungen unterstreicht sie, was sie als Nächstes sehr laut und sehr deutlich sagt: »Keiner soll mich machen, wie er sich mich vorstellt. Nein, niemals. Entweder die Leute nehmen mich so, wie ich bin. Und wenn nicht – dann nicht. Wenn sie mich nicht so nehmen, wie ich bin, dann brauchen sie mich nicht. Aber dann brauche *ich* sie auch nicht.«

»Was ist denn«, frage ich nachdenklich, »deiner Meinung nach die richtige Reaktion darauf, wenn jemand anders einem vorschreiben will, wie man auszusehen hat? Wenn zum Beispiel jemand sagt: Du bist zu fett?«

Wafa schnaubt verächtlich. »Weißt du, was ich zu ihm sagen würde?«, antwortet sie. »Ich würde zu ihm sagen: Pass mal auf. Wenn ich esse, dann esse ich nicht von *deinem* Teller. Das ist *meine* Sache, nicht deine. Das ist eine persönliche Sache, und es geht dich nichts an. Vielleicht *gefällt* es mir, dick zu sein! Was also hast du damit zu tun? Das ist meine Sache, ganz allein. Ich tue damit doch keinem weh. *Das* würde ich zu ihm sagen. Mein Gott. Mir würde so etwas im Traum nicht einfallen!«

Die Heftigkeit, mit der Wafa dies ausstößt, löst eine ganze Gedankenkette in mir aus.

»Moment mal«, werfe ich deshalb ein. »Also: Du sagst, du bist mit dir selbst zufrieden und findest dich gut, so wie du bist. Und gleichzeitig sagst du, es würde dir im Traum nicht einfallen, jemand anderem zu sagen, ›du bist zu dick‹, ›zu dünn‹, ›zu hässlich‹ – was auch immer. Bedeutet das im Umkehrschluss, dass all diejenigen, die so etwas zu anderen sagen, letztlich nur ein Problem mit sich selbst haben?«

»Ja natürlich!«, nickt Wafa heftig. »Wenn ich zufrieden bin mit meinem eigenen Leben, und wenn ich genug zu tun habe, das mich ausfüllt, dann habe ich doch an anderen nichts zu kritisieren, was mich nichts angeht! Das ist so.« Sollte es wirklich so einfach sein?

»Aber was die Leute an mir nicht mögen – genau das macht mich doch stark«, fährt Wafa fort. »Und das darfst auch du nie vergessen. Gerade das, was die Leute an dir nicht mögen, macht dich stark.«

Für einen Moment schweigen wir. »Wir haben ja schon mehrfach gehört, dass die mauretanischen Frauen generell sehr stark sind«, kommt es dann von René, »aber ich glaube, mit dir haben wir die stärkste von allen erwischt. Kann das sein?«

»Tz, tz, tz«, macht Wafa und hebt mahnend den Zeigefinger. »Nein, bestimmt nicht. Die mauretanischen Frauen sind *alle* stark. Sie sind – wir sagen, sie sind hart wie Stein, und doch gleichzeitig zart wie Sand. Die Frauen in Mauretanien geben niemals auf. Früher waren sie oft jahrelang auf sich allein gestellt. Bei Wind und Wetter haben sie alles selbst in die Hand genommen. Das hat sie stark gemacht und geduldig: das harte, entbehrungsreiche Leben.«

Als ich Wafa frage, was – neben einem Mann und Kindern – das Wichtigste für die mauretanischen Frauen und auch für sie selbst ist, kann sie diese Frage sofort wie aus der Pistole geschossen beantworten: »Das Allerwichtigste ist es, eine gute Gastgeberin zu sein. Denn der Gast ist dein Spiegel. Er kommt zu dir, dann geht er wieder, und er wird allen berichten, was er bei dir erlebt hat. Wie du ihn behandelt hast, ob du gut zu ihm warst. Dabei spielt es keine Rolle, ob es sich um Familienmitglieder handelt oder um völlig Fremde.«

»Aber wenn du dem, was andere über dich weitererzählen, eine so große Bedeutung zumisst, machst du dich ja *doch* wieder abhängig von der Meinung anderer Leute«, wende ich ein. Im ersten Moment erscheint mir das inkonsequent, aber Wafa widerspricht.

»Das ist etwas ganz anderes«, sagt sie bestimmt. »Das ist wie mit dem, was wir vorhin besprochen haben. *Innen* und *außen.* Wenn ich eine gute Gastgeberin bin, dann geht es um das *Innere.* Darum, wie ich wirklich bin. Wie ich mich benehme, wie ich andere behandele. Und nicht um so einen Quatsch wie dick zu sein oder dünn.« Und damit hat sie dann wieder recht.

Auf dem Rückweg fragen wir auch Hamza noch ein bisschen aus. Er ist nicht sehr glücklich mit der derzeitigen Entwicklung, was die Frauen und die Männer betrifft. Über dünne Frauen hat er nicht viel Gutes zu sagen; überhaupt hat er nur wenig Worte für sie. Als er hingegen über dicke Frauen spricht, wird seine Sprache viel ausschweifender und blumiger; hierauf weist mich Irina hin, denn Hamza spricht Arabisch, und so kann sie seinen Aussagen gut folgen.

»Es ist heute eine verkehrte Welt«, seufzt Hamza, während er den Geländewagen durch ein ausgetrocknetes Flussbett steuert und wir Mädels auf der Rückbank munter durcheinandergeschüttelt werden. »Alles hat sich geändert. Früher haben die Männer den Frauen den Hof gemacht, ihre Schönheit besungen und sie erobert. Heute sagen die Frauen, wen sie wollen, und oft entscheiden sie nach dem Geldbeutel eines Mannes. Viele – Männer und Frauen – denken heute nur noch an Geld. Früher war derjenige reich, der gesund war. Heute geht es um das Materielle. Deshalb können manche Frauen sich heutzutage sogar Männer kaufen«, berichtet er verständnislos, und als wir nachfragen, gibt Hamza uns ein Beispiel. »Ich kenne einen Mann«, erzählt er, »der hatte nicht viel Geld, aber er wollte gern reich sein. Also hat er eine reiche Frau geheiratet. Seine Familie hat das für ihn geregelt. Sie ist keine gute Frau, schön ist sie auch nicht, aber er hat sie trotzdem geheiratet. Nur wegen des Geldes.«

Als René, Irina und ich uns später treffen, um darüber zu sprechen, was wir heute alles erfahren haben, fange ich plötzlich wieder an zu weinen, und diesmal richtig. Ich kann nicht anders, denn von einem Moment auf den anderen habe ich das Gefühl, mein Leben bislang nach falschen Prioritäten gelebt zu haben. Alles scheint sich plötzlich zu verschieben, und ich weiß auf einmal nicht mehr so recht, wer ich bin. Ist es nicht seltsam?, denke ich. Da glaube ich jahrelang, ich sei frei. Frei, unabhängig und selbstbestimmt. Und dann? Reise ich in ein Land, in dem die Menschen, die Frauen vor allem, angeblich sehr viel eingeschränkter sind. Nur um festzustellen, dass sie in Wirklichkeit freier zu sein scheinen, als ich es vermutlich jemals gewesen bin. Und klüger.

Es ist beängstigend, und es verwirrt mich sehr. Dann lässt auch noch Irina die Katze aus dem Sack und gesteht uns, dass sie selbst früher große Probleme mit ihrem Körper hatte, unter Magersucht und Bulimie litt. Mittlerweile habe sie aber mit ihrem Körper Frieden geschlossen, wobei ihr ihre vielen Reisen Sicherheit verliehen hätten. Zum Beispiel durch die Erkenntnis, dass vermeintlich körperliche Schwächen – in Irinas Fall ihre gefühlt zu dicken Waden – woanders durchaus Stärken sein können.

Ich sag es ja: Wer schön sein will, muss reisen.

Donnerstag, 27. Januar 2011

In der Nacht haben wir schlecht geschlafen; Wafa sagt, das liege an dem vielen Tee vom Vortag. Wir lassen es deshalb langsam angehen und stöbern in Justs und Coras kleiner Bibliothek, wo wir auch ein paar Bildbände über Mauretanien finden und alte Fotos anschauen. Besonders auffallend ist bei vielen der abgebildeten Frauen ihr Hennaschmuck: aufwendige, unglaublich verschachtelte rotbraune Ornamente zieren ihre Hände und Füße. Bis heute, erklärt uns Wafa, sind diese Verzierungen eines der wichtigsten Merkmale für eine schöne mauretanische Frau; zu besonderen Anlässen gehören sie unbedingt dazu. Vor allem zur Hochzeit: Am Tag davor würden die Bräute, aber auch die weiblichen Hochzeitsgäste Stunden dafür aufwenden, Hände und Füße in wahre Kunstwerke zu verwandeln. Umgekehrt sei das erste Henna auf der Haut einer Frau nach ihrer Scheidung ein Zeichen dafür, dass sie wieder frei ist: Für einen Mann, der sich für sie interessiert, ist dies ein Signal, dass er beginnen kann, um sie zu werben.

Cora berichtet uns, dass es in der direkten Nachbarschaft zur Auberge eine Frau gebe, die dieses kunstvolle Handwerk prächtig beherrsche, und so ist es wenig später beschlossene Sache: Schon morgen werden Wafa und ich uns mit Hilfe dieser traditionellen Technik in ganz besonders schöne mauretanische Frauen verwandeln lassen.

Nachmittags machen wir einen Spaziergang in den Ort. Atar ist nicht groß, und wir fallen auf. Ich spüre die Blicke der Männer auf mir, aber das verunsichert mich nicht mehr. Ich gehe ganz besonders aufrecht, während Wafa und ich auf den Markt zusteuern, wo wir noch ein paar Malhafas erstehen, und Wafa feilscht wie eine Weltmeisterin. Erneut fällt mir auf, dass viele der Frauen im Vergleich zu ihrer Körperfülle auffallend schmale Finger haben. Die Marktfrauen fordern mich auf, meine Handgelenke zu zeigen, und als ich ihnen sage, dass ich meine Handgelenke lieber bedecke, schütteln sie den Kopf und können das nicht verstehen. Auf dem Rückweg von der Stadt zur Auberge dämmert es bereits, und wir bleiben nicht allein. Es ist ganz erstaunlich: Immer wieder stoßen Männer zu uns und sprechen uns an, und wenn sie hören, weshalb wir hier sind, hat jeder von ihnen etwas dazu zu sagen und begleitet uns ein Stück, bevor er von dem oder den Nächsten abgelöst wird. Sie sind ausnahmslos freundlich, humorvoll und diskussionsfreudig; sogar untereinander geraten sie ins Argumentieren, während sie uns ihre Sicht der Dinge auseinandersetzen. Ein junger Mann von achtundzwanzig Jahren erklärt uns, dass es nur die Frauen seien, die schlank sein wollten; die Männer hingegen wollten dies nicht, und er habe kürzlich erst in der Zeitung gelesen, dass nur die dicken Frauen für die mauretanischen Männer gute Frauen seien.

»Das ist zwar richtig«, wirft ein älterer Mann ein, »aber sie sollte nicht so rund sein, dass es ihren Alltag und ihre Bewegungsmöglichkeiten einschränkt.«

Wafa, Irina und René verabschieden sich nach dem Abendessen früh. Ich hingegen quatsche mich mit Just und Cora fest. Lange sprechen wir über Mauretanien und die Zukunft des Landes, und ich erwähne dabei auch mein Erstaunen darüber, dass Medien wie Handys und iPads so weit verbreitet seien – immerhin musste ich nach Mauretanien kommen, um mein erstes iPad »live« zu sehen! Auch Wafa ist mit ihrem Telefon online, wo es geht, um die aktuellsten Nachrichten zu erfahren, und beim Abendessen bei Lemine haben wir gehört, dass viele Mauretanier den Großteil ihres Geldes für ihr Handy ausgeben. »Für viele«, hat Abdel Latif erklärt, »ist das mittlerweile sogar wichtiger als Essen.«

»Das Schwierige daran ist«, sagt Just, »die Mauretanier sind direkt von der Düne an den Computer katapultiert worden. Aber die Schritte des Begreifens fehlen. Und eine genaue Auseinandersetzung damit, was dies bedeutet.«

Als Cora erfährt, dass wir in Nouakchott noch einen Arzt suchen, den wir zu unserem Thema befragen können, hat sie einen heißen Tipp: Sie empfiehlt uns, nach Habib Djigo zu suchen, einem Kardiologen, der sogar Deutsch spreche. Und Pumpernickel liebe, seit er diese Art von Brot in Deutschland kennengelernt habe, aber davon hätten wir ja sicherlich keins dabei. Oder? »Und ob wir das haben!«, entgegne ich vergnügt. Endlich weiß ich, weshalb ich auf den letzten Drücker zwei Pakete davon in meinen Koffer gesteckt habe.

Freitag, 28. Januar 2011

Die Hennafärberin Mbaka und ihre Familie heißen uns auf das Herzlichste willkommen. Ein ganzer Haufen Kinder wuselt um uns herum. Da sind Do Do, Mbakas Älteste, die in die Fußstapfen ihrer Mutter tritt und von ihr das Hennakunstwerk erlernt, und Té Tuo, ebenfalls im Teenageralter. Zeina, Zeinebou und Kacha heißen die drei kleineren Mädchen. Und dann gibt es noch Dah und Achmed, zwei Jungs, die sich vorzugsweise mit einem uralten, eigentlich defekten Cassettenrekorder beschäftigen, dem sie auf abenteuerliche Art und Weise doch noch Töne entlocken.

Mbaka beginnt unverzüglich mit der Arbeit, und ich strecke ihr so gut und so unbewegt, wie es geht, meine rechte Handinnenfläche entgegen. Geduldig setzt sie auf meiner Haut immer wieder Klebeband und Rasierklinge an, um ein Negativbild von jenem filigranen Muster zu erschaffen, das die Hennapaste schließlich auf den vom Klebeband unbedeckten Stellen hinterlassen wird.

Zu Beginn zucke ich jedes Mal regelrecht zusammen, wenn ich die Rasierklinge auf meiner Haut spüre, aber mit der Zeit entspanne ich mich und glaube einfach daran, dass Mbaka schon weiß, was sie tut. Ihre Handgriffe sind ruhig und gleichzeitig rhythmisch, mit immer wieder den gleichen Bewegungen. Es ist eine wahre Sisyphus-Arbeit. Bis Mbaka mit der Abdeckung meiner ersten Hand fertig ist, vergehen knapp zwei Stunden, und es fällt mir schwer, so lange stillzuhalten, so dass ich mir immer wieder ihren Unmut zuziehe. Dieser wird nicht weniger, als sie feststellt, dass ich nach dem Auftragen der Hennapaste auf der ersten Hand immer wieder meine Finger bewege, auch wenn ich es wirklich zu vermeiden versuche. Kurzentschlossen baut Mbaka mir zusätzlich zu dem Schutz aus Taschentüchern und einer Plastiktüte, der dafür sorgen soll, dass das Henna gut einziehen kann, seufzend auch noch eine Schiene aus Pappe, so dass ich meine Finger zwangsläufig gerade halten muss. Bevor sie sich hingebungsvoll an die zweite Hand macht, bedeutet sie mir, ich solle mich lieber hinlegen. Ich folge ihrem Rat, und tatsächlich macht uns das die kommenden Stunden und die Arbeit an meiner zweiten Hand ein wenig leichter.

Mbakas Tochter Do Do arbeitet derweil nicht minder konzentriert an der Schmückung von Wafas Händen. Sie wendet eine modernere Variante an, bei der die Hennapaste aus einer Art Spritztülle, die Do Do mit Hilfe eines kleinen Plastikbeutels gebastelt hat, auf die Haut aufgetragen wird. Während auf meiner Hand ein eher graphisches, geradliniges Muster entsteht, malt Do Do mit einer Engelsgeduld kleine Blüten auf Wafas Finger. Feststehende Regeln, erfahre ich, gibt es dabei nicht. Natürlich gebe es auch traditionelle Muster, aber letztendlich bleibe die genaue Form der Phantasie jeder Hennakünstlerin oder den Wünschen der Frau, die sie tragen wird, überlassen.

Mbakas Söhne und Töchter geben sich derweil alle Mühe, uns zu unterhalten. Sie sind unglaublich süß. Wir strahlen mit ihnen um die Wette, während sie für uns tanzen und sogar ein kleines Theaterstück vorführen. Nachdem Mbaka erfahren hat, weshalb wir ihr Land besuchen, hat sie außerdem eine ganz besondere Idee, die sie mit ihren Kindern teilt, und wenig später singen sie und ihre Töchter uns gemeinsam ein Lied vor. Es handelt von der modernen Gavage, und es warnt vor jenen gefährlichen Medikamenten, die umgangssprachlich »Dregg-dregg« genannt werden und eigentlich für Tiere gedacht sind.

Zwischendurch bekommen alle Hunger, nur mir bleibt das Essen verwehrt, denn mittlerweile sind meine beiden Hände dick mit Hennapaste eingeschmiert, stabil verschient und gut verpackt. Aber Do Do hilft mir in meinem Dilemma und schiebt mir immer wieder fürsorglich ein Couscous-Kügelchen in den Mund.

Der Tag ist weit fortgeschritten, als endlich der große Moment gekommen ist, Mbaka die Tüten von meiner Hand löst und die getrocknete Hennapaste entfernt. Zum Vorschein kommt ein aufwändiges, wunderschönes, fragiles Muster – Millimeterarbeit. Meine Haut hat das Henna gut angenommen, und das ist jetzt Anlass für ein kleines Fest. Die kleinen Mädchen tanzen um mich herum, und Wafa, Do Do und Té Tuo staffieren mich mit allem aus, was eine schöne Mauretanierin braucht.

Liebevoll bemalen sie meine Augen mit schwarzem Kajal und umwickeln mich mit einer besonders schönen, dem Anlass angemessenen Malhafa. Meine sonst immer wieder hervorfallenden Haarsträhnen stecken sie sorgfältig darunter fest und reichen mir anschließend Armbänder, die ich bereitwillig überstreife. Die Krönung der Zeremonie ist ein Kopfschmuck mit goldfarbenen Plättchen, den sie feierlich über meine Stirn legen. Mbakas Söhne belagern derweil René und lassen sich über die Grenzen aller Sprachschwierigkeiten hinweg von ihm die Kamera erklären, und Dah ist stolz wie Oskar, als er sie schließlich sogar halten und mit Renés Hilfe ein paar Bilder drehen darf. Der Zauber, der dieser Szenerie innewohnt, überwältigt mich.

»Jetzt bist du eine schöne Mauretanierin«, sagt Wafa stolz, während sie mich lächelnd betrachtet.

Als wir uns auf den Rückweg zur Auberge machen, neigt der Tag sich seinem Ende entgegen. »Ich glaube«, sage ich zu Wafa, »ich weiß jetzt, woher die mauretanischen Frauen ihre Geduld haben.« Wafa lacht ihr glockenhelles Lachen. »Das war noch gar nichts«, behauptet sie. »Wenn du heiratest, dann wird von vier Frauen an deinen Händen und Füßen gleichzeitig gearbeitet. *Dann* lernst du, geduldig zu sein.«

Mbakas Töchter begleiten uns noch ein Stück des Weges. Wir halten uns an den Händen, und bis wir an der Auberge angekommen sind, ist unsere entzückende Eskorte auf wundersame Art und Weise bis auf Schulklassengröße gewachsen.

Zurück in »Bab Sahara« erwarten uns schlechte Nachrichten: Aus den in der Zwischenzeit auch in Ägypten stattfindenden Demonstrationen sind schwere Kämpfe geworden, die heftiger und heftiger werden. Heute hat eine Hiobsbotschaft die nächste gejagt. Um acht sendet Saharamedia die Mitteilung, dass auch die Einwohner Nouakchotts demonstrieren, um ihre Solidarität mit der ägyptischen Bevölkerung kundzutun. Beunruhigt rufen wir Abdel Mounime an.

In der Hauptstadt ist man in großer Sorge, und selbst der besonnene Abdel Mounime ist sich nicht mehr so sicher, dass sein Heimatland langfristig außen vor bleiben wird. Irina, René und ich sehen uns betreten an. Und sind gleichzeitig sehr froh darüber, dass wir unsere Reise wie geplant angetreten haben. Wer weiß, ob diese zu einem späteren Zeitpunkt überhaupt noch möglich gewesen wäre! Es ist doch total verrückt: Da reisen wir ausgerechnet an jenen Ort in Nordafrika, von dem das Auswärtige Amt abrät, und fühlen uns sicher wie in Mutters Schoß – während in jenen Ländern, an denen sonst die Touristen massenweise am Strand herumliegen, die Hölle los ist. Wir sind hier. Und um uns herum bricht die arabische Welt auseinander.

Samstag, 29. Januar 2011

Zum Frühstück bekommen wir die Nachricht serviert, dass es in Ägypten vierzig Tote gegeben hat und die Internetverbindungen im Land gekappt wurden. Wenig später ist die Zahl der Toten bereits auf siebzig angestiegen.

Mein Henna hat ordentlich nachgedunkelt; aus dem dunklen Rot ist über Nacht ein tiefes Braun geworden. Wafa freut sich darüber. »Das ist gut«, nickt sie. »Weißt du, was man sagt? Man sagt: Je dunkler das Hochzeitshenna einer Frau, desto mehr liebt sie ihren zukünftigen Mann. Manche Frauen verbringen deshalb die Nacht vor der Hochzeit, wenn das Henna noch frisch ist, damit, ihre Hände zu schrubben, damit es nicht zu dunkel wird. Denn sie wollen nicht, dass jeder sehen kann, wie verliebt sie sind.«

Nach dem Frühstück brechen wir mit Hamza auf zu einem Tagesausflug nach Chinguetti. Wir wollen die alten Manuskripte sehen, die hier in zwölf Bibliotheken aufbewahrt werden. Unterwegs machen wir an einem der Kontrollposten eine unangenehme Bekanntschaft: Der Wachhabende tatscht mich an. Wie selbstverständlich lässt er sich auf dem Fahrersitz nieder, nachdem er Hamza bedeutet hat, auszusteigen, und greift sich ohne Umschweife die Getränkedose aus der Mittelkonsole, die Irina Hamza kurz zuvor nach vorn gereicht hatte. Dann dreht er sich zu uns Frauen auf der Rückbank um – und fasst mich an. Wafa und Irina schreien sofort los wie am Spieß und beschimpfen ihn gekonnt, was ihn letztendlich in die Flucht schlägt – mitsamt der Getränkedose verlässt er den Wagen und lässt uns weiterfahren.

Auch Chinguetti selbst ist eher eine Enttäuschung. Der Fremdenführer, der uns in Empfang nimmt, spult routiniert sein Programm ab, und viel zu sehen bekommen wir nicht. Im Innenhof einer der Bibliotheken sind traditionelle mauretanische Werkzeuge ausgestellt, und er präsentiert uns eine der Holzzangen, die benutzt wurden, um während der Gavage die Mädchen zu kneifen. »*Wurden*«, sagt er, und überhaupt spricht er von der Praxis der Gavage ausschließlich in der Vergangenheit. Als ich ihn rundheraus frage, ob es die Gavage heute noch gebe, weicht er aus. »Vielleicht«, murmelt er in sich hinein, »vielleicht.« Fremdenführer haben hier ihre Ansagen, denke ich mal.

Später stelle ich fest, dass es der gleiche Fremdenführer war wie derjenige, der schon in dem Al-Jazeera-Beitrag darauf bestanden hatte, dass die Gavage längst der Vergangenheit angehöre.

Ich bitte Wafa, die Zange an mir auszuprobieren, und sie tut es. Zwar sehr sanft, aber es zwickt ganz ordentlich. »Als Schwiegertochter hättest du hier schlechte Karten«, sagt Wafa daraufhin zu mir, und als ich frage, warum, erklärt sie, dass manche Schwiegermutter ihre potentiellen Schwiegertöchter früher nicht nur dadurch auf die Probe gestellt hätte, indem sie sich auf sie drauflegte, sondern auch, indem sie zum Beispiel die Ellbogen in ihre Oberschenkel bohrte. »Dadurch hat sie die Belastbarkeit der Frau überprüft. Und um zu sehen, was ihren Sohn erwartet.«

Als wir aus dem Innenhof zurück auf die Straße treten, sind wir sofort von einem Haufen Frauen umringt, die uns Schmuck verkaufen wollen. Wir entkommen der Belagerung nur mit Hilfe einer Investition in ein paar Armreifen und Ketten, aber mir kommt das gar nicht ungelegen, so habe ich immerhin ein paar Mitbringsel. Außerdem: Wenn schon Touri-Programm, dann richtig. Und deshalb steht auf ebenselbigem für den Nachmittag auch Kamelreiten. Ganze zwanzig Minuten dauert der Spaß, dann kann ich nicht mehr, denn ich habe mich dummerweise für die Variante »ohne Sattel« entschieden. Unsere Führer haben mich daraufhin mit einem alten Pulli auf dem Höcker festgeschnallt, hinter dem eigentlichen Sattel. Was das für die Region zwischen meinen Beinen bedeutet hat, brauche ich nicht weiter auszuführen.

Sonntag, 30. Januar 2011

Die Schmerzen zwischen meinen Beinen lassen langsam nach, aber irgendwie hänge ich durch. Wir hängen alle durch. Nicht nur körperlich: Auch emotional sind wir ziemlich am Limit.

Just ist gestern Abend noch regelrecht ausgeflippt, als er von unserer Begegnung mit dem Kontrollposten erfahren hat. »Der kann was erleben!«, braust er auf. »Ich kenne den Spinner. Der ist die längste Zeit Kontrollposten gewesen!« Auch Wafa bedrückt das Ereignis weiterhin. Sie lächelt erst wieder, als ich ihr versichere, dass wir diese Begebenheit bestimmt nicht als entscheidendes Erlebnis mit nach Hause nehmen, sondern uns eher an die schönen Dinge erinnern werden.

In Kairo regiert mittlerweile das absolute Chaos. Es herrschen Ausnahmezustand und Ausgangssperre. Das Militär schießt von den Dächern auf alles, was sich trotzdem bewegt.

Und zu allem Überfluss hat die mauretanische Armee heute vormittag auch noch Großalarm ausgelöst. Im Osten des Landes, bei Nema, sind mehrere Wagen durch einen Kontrollposten gebrochen, von denen vermutet wird, dass es sich um Fahrzeuge der Al-Qaida handelt. Wenn da nicht jemand versucht, die allgemeine Unruhe auszunutzen! Im Zuge der Verfolgung dieser Fahrzeuge wurde geschossen, und das wird es auch weiterhin. Im Laufe des Tages stirbt in den Gefechten angeblich ein Mann, der seinen kranken Jungen nach Nouakchott ins Krankenhaus bringen wollte.

Wir versuchen, den schlechten Nachrichten zu entfliehen, indem wir nach Terjit fahren, in eine malerische Oase, in der der Terror weit weg zu sein scheint. Wir sitzen an einem kleinen Bach, der von dem Gestein rundherum tropfendes, glasklares Wasser führt, das man sogar trinken kann. Uns gegenüber sitzt eine dunkelhäutige Frau, stillt ihr Baby und lächelt immer wieder zu uns herüber.

Ob es dieser Anblick ist, die angespannte Situation in ihrem Heimatland oder der Umstand, dass wir an diesem Nachmittag viel über Wafas geplatzte Träume sprechen – wir wissen es nicht. Aber Tatsache ist, dass Wafa irgendwann zu weinen beginnt. Wafa, unsere starke, kleine, tapfere, Wafa, weint. Vor uns beiden Frauen, Irina und mir. Und vor René.

Auf der Rückfahrt werden wir von den Kontrollposten zu unserer Sicherheit zum ersten Mal ausdrücklich um unser aller Handynummern gebeten.

Atar/Nouakchott
Montag, 31. Janaur 2011

Zurück in Nouakchott. Die Rückfahrt ist ohne weitere Zwischenfälle verlaufen. Als ich die immer schlimmer kreischende Tür zu meinem Apartment öffne, schlägt mir ein seltsamer Geruch entgegen: Der Kühlschrank leckt und hat alles unter Wasser gesetzt. Youba nimmt die Dinge dankenswerterweise sofort in die Hand.

Nouakchott
Dienstag, 1. Februar 2011

Wir gönnen uns einen freien Tag. Ich kümmere mich um mein Tagebuch, meinen verlotterten Körper und darum, Informationen zu verifizieren.

Das vermeintliche Kamel, auf dem ich geritten bin, war ein Dromedar. Es gibt weitere Schießereien im Land, ein verdächtiger Malier ist festgenommen worden. Die Miss-Germany-Finalistinnen werden aus Ägypten ausgeflogen, wo sie vor exotischer Kulisse für Fotos posieren sollten. In Mauretanien gibt es so etwas wie Schönheitswettbewerbe übrigens nicht.

Überfliege noch einmal Mauretanias Reisehoroskop. Stolpere über die Zeile »Aufreizendes Outfit könnte Männer ermutigen, Grenzen zu überschreiten«, denke an den tatschenden Kontrollposten und wundere mich. Hoffentlich stimmt alles andere, was Mauretania angemerkt hat, nicht auch. Denn dann stehen uns keine einfachen Tage bevor. So oder so: Irgendetwas stimmt nicht mit mir. Es geht mir nicht gut. Ich habe Schluckbeschwerden, und mir ist heiß.

Mittwoch, 2. Februar 2011

Ich bin krank. Selbstdiagnose: Mandelentzündung vom Feinsten. Oder Scharlach. Oder Malaria. Oder was weiß ich. Ich habe große Schmerzen, und wir blasen alle Termine für heute ab. Als ich Wafa anrufe, um sie krächzend davon zu unterrichten, fragt sie mich: »Hast du von der Explosion gehört?«

»Welche Explosion?«, frage ich zurück, und Wafa erzählt mir, dass eines der Autos, das durch die Militärposten bei Nema gebrochen war, gestern Nacht am Stadtrand von Nouakchott in die Luft gejagt worden sei. Das Gleiche sei mit einem Wagen weiter außerhalb der Stadt geschehen; weitere Autos würden verfolgt. Ich versuche sofort, online zu gehen, aber die Internetverbindung ist unterbrochen, und so bin ich auf Saharamedia angewiesen, während ich mich im Bett vergrabe und die Decke bis über die Nasenspitze ziehe. Der Nachrichtendienst schweigt zunächst beharrlich, aber gegen Abend kommt Bewegung in die Sache, und ab halb sechs piept mein Telefon ohne Unterlass. Folgende Nachrichten erreichen mich, vermutlich direkt von einer Pressekonferenz:

17.33 Uhr. Der Verteidigungminister teilt mit, dass das außer Gefecht gesetzte Auto der Terroristen bei Nouakchott über eine Tonne Sprengstoff geladen hatte.

17.38 Uhr. Der Verteidigungsminister teilt mit, dass im Zuge der gezielten Sprengung des Wagens die drei an Bord befindlichen Terroristen getötet sowie acht Soldaten verletzt worden seien.

17.46 Uhr. Der Verteidigungsminister bestätigt, dass man seit Samstag die Bewegungen weiterer verdächtiger Fahrzeuge beobachte.

17.51 Uhr. Der Verteidigungsminister teilt mit, dass das am Stadtrand von Nouakchott gesprengte Fahrzeug auf dem Weg zur französischen Botschaft, ein weiteres auf dem Weg in eine Kaserne gewesen sei.

17.55 Uhr. Der Verteidigungsminister teilt mit, dass man mit Hochdruck nach den aus dem zweiten Fahrzeug geflohenen Terroristen suche und dass ihre Identität bekannt sei.

17.59 Uhr. Der Verteidigungsminister teilt mit, dass man die bislang unter Beobachtung stehenden weiteren verdächtigen Fahrzeuge aus den Augen verloren habe.

Scheiße, denke ich, die französische Botschaft ist ebenso wie die deutsche Botschaft nur einen Steinwurf von unserer Unterkunft entfernt. Scheiße, denke ich, eine Tonne Sprengstoff, hätte die bis zu uns rübergereicht? Scheiße, denke ich, und jetzt sind von diesen Autos noch mehr unterwegs. Scheiße, denke ich: Ich will nach Hause.

Beunruhigt wälze ich mich hin und her, bis ich endlich wieder einschlafe. In der Nacht höre ich ein Feuerwerk. Im ersten Moment denke ich, es wären Schüsse, aber dann klingt es doch sehr wie zu Silvester in Hamburg. Um 0.20 Uhr teilt Saharamedia mit, das Neujahrsfeuerwerk der chinesischen Botschaft habe unter den Anwohnern Panik verursacht.

Donnerstag, 3. Februar 2011

Es geht mir besser. Ich hatte eine unruhige Nacht, aber ab etwa vier Uhr in der Früh konnte ich regelrecht spüren, wie die Antibiotika aus der Reiseapotheke mir von Minute zu Minute wieder auf die Beine halfen. Irina, René und ich beschließen deshalb, dass wir das geplante Interview mit Aminetou am Nachmittag wahrnehmen werden. Wir wollen sie noch einmal zu einem ganz persönlichen Gespräch treffen, um mehr über sie zu erfahren.

Ich rufe Wafa an. Sie ist in heller Aufregung wegen des Lärms in der Nacht und macht sich große Sorgen. Sie habe kaum geschlafen, sagt sie, und sie habe Angst. »Aber das war doch nur das chinesische Neujahrsfeuerwerk«, beruhige ich sie. Wafa sagt darauf nichts mehr.

Um drei treffen Irina, René und ich uns im Hof der Auberge und machen uns kurz danach auf den Weg zu Aminetou. Als wir vor ihrem Haus stehen, einem großen Wohnblock in der Innenstadt, und sie nicht wie besprochen auftaucht, rufen wir sie an. Warum auch immer: Sie verschiebt unseren Termin und bittet uns, um 18 Uhr wiederzukommen; so ziehen wir unverrichteter Dinge wieder ab und halten bei Olivier in der Saftbar eine kleine Siesta.

Ich halte das für eine gute Gelegenheit, mit Irina noch einmal über unser Teamgespräch in Atar zu reden. Darüber, dass sie da so mir nichts, dir nichts in einem Nebensatz einfach mal ausgepackt hat, selbst unter Magersucht und Bulimie gelitten zu haben. Wir unterhalten uns auch über Komplexe und darüber, was wir Frauen manchmal alles so tun, um sie zu verbergen. Währenddessen sagt René plötzlich völlig unerwartet: »Ich hatte so was auch mal. Ich hab früher immer meinen Unterkiefer vorgeschoben, weil ich so wenig Kinn habe, und dachte tatsächlich, das sieht besser aus.« Spricht's und führt's uns vor, und Irina und ich prusten los, denn es sieht natürlich nicht besser, sondern im Gegenteil total gaga aus.

Irina und René gehen anschließend noch einmal nach oben; ich trinke bei Olivier einen weiteren Saft.

Ach, es ist so ruhig und hübsch in diesem kleinen Hof! Eine der Katzen streicht mir um die Beine; Olivier döst wie immer so ganz ohne Daseinsberechtigung vor sich hin; die jetzt nicht mehr ganz so stechende Sonne macht alles weich. Es könnte alles so schön sein! Aber die Ruhe trügt. Ab Viertel vor vier hält mich Saharamedia wieder ordentlich auf Trab. Ich habe kaum eine Nachricht übersetzt, da kommt schon die nächste.

15.46 Uhr. Kämpfe in Gorgol zwischen der Gendarmerie und mutmaßlichen Al-Qaida-Mitgliedern.

Gorgol. Wo um Himmels willen ist Gorgol? Ich frage Olivier, aber der hat natürlich mal wieder keine Ahnung.

15.57 Uhr. Korrektur: Die Kämpfe finden in diesem Moment in Trarza statt.

Trarza. Und wo ist Trarza? – Olivier zuckt mit den Schultern. Was macht der hier eigentlich den lieben langen Tag?!

16.04 Uhr. Zwei Tote unter den AQMI-Angehörigen; ein Gendarm tot.

Das klingt nicht gut. Hoffentlich ist das nicht ausgerechnet im Süden. Da wollen wir schließlich hin. Morgen, zur Gavage – mit Aminetou.

16.22 Uhr. In Trarza werden auf der Jagd nach AQMI-Mitgliedern Militärflugzeuge eingesetzt.

Herrgott nochmal. Wo ist Trarza? Ich habe diesen Namen im Zusammenhang mit einem Ort in Mauretanien noch nie gehört. Obwohl ich zu behaupten wage, dass ich zumindest die größeren Siedlungen und Städte mittlerweile auf dem Kasten habe. Als hätt' ich's bestellt, kommt in diesem Moment einer der bei Olivia im Hinterhof campierenden Gäste mit einer Karte von Mauretanien in der Hand vorbei, und ich bitte ihn, einen Blick darauf werfen zu dürfen.

Trarza ist keine Stadt, sondern eine Verwaltungsregion. Wie Adrar. Und Gorgol. Und diese Verwaltungsregion streckt sich von Nouakchott bis hinunter zur senegalesischen Grenze. Der Ort, an den wir morgen fahren wollen, liegt somit mittendrin.

»Ich glaube, wir müssen unsere Pläne ändern«, sage ich zu René, der just in diesem Moment wieder auf den Plan tritt, mit der Kamera im Anschlag, und nach einer kurzen Beratung schultert er sein Arbeitsgerät und filmt mich, während ich bei der deutschen Botschaft anrufe.

Das Telefonat macht keinen Spaß, denn Frau Stechmann rät uns eindringlich davon ab, an unseren Plänen festzuhalten. Ich verstehe das Ganze so: dass das Problem dabei weniger wäre, dass man uns persönlich an den Kragen will, sondern dass die Gefahr, ins Kreuzfeuer zu geraten, schlicht zu groß sei. Oder, anders ausgedrückt: Es wird gerade mal ohne Rücksicht auf Verluste losgeballert, und auch zivile Opfer werden dabei in Kauf genommen, was die Sprengung des ersten AQMI-Autos mit Hilfe einer Panzerfaust schon ausreichend bewiesen hat.

Außerdem, betont Frau Stechmann, hätten wir – erst recht, wenn wir just zu diesem Moment ausgerechnet mit Aminetou unterwegs seien – keine Unterstützung der Gendarmerie oder des Militärs zu erwarten: »Geleitschutz fällt da weg«, sagt Frau Stechmann nachdrücklich, und das ist doch ziemlich deutlich. So deutlich, dass an dieser Stelle für einen Sekundenbruchteil ein weiterer Gedanke still, aber eindringlich durch mich hindurchhuscht: Könnte eine solche Situation nicht sogar genutzt werden, um jemanden so Unbequemes wie Aminetou »aus Versehen« loszuwerden – auch auf die Gefahr hin, dass es dabei dummerweise auch noch drei deutsche Journalisten und eine weitere Einheimische trifft?

»Hier in der Stadt ist aber alles so weit in Ordnung, oder?«, frage ich dann noch. »Ich meine, das gestern Nacht war ja tatsächlich nur das Neujahrsfeuerwerk der Chinesen, oder?«

»Na ja«, sagt Frau Stechmann dazu nur zögerlich, und das genügt mir als Info schon. Deshalb also hat Wafa sich am Morgen solche Sorgen gemacht und auf meine Anmerkung bezüglich des Feuerwerkes nichts mehr erwidert. Sie bestätigt mir später, dass es sich bei der wilden Knallerei eben nicht nur um ein Feuerwerk, sondern gleichzeitig um eine handfeste Schießerei zwischen AQMI-Verdächtigen und Armee gehandelt habe. »Tja, Frau Wittler«, sagt Frau Stechmann abschließend, »es tut mir leid. Es wäre natürlich schön, wenn ich zu Ihnen sagen könnte: Fahren Sie mal, gerade jetzt ist es ungefährlich, weil die AQMI ja ihr Pulver soeben verschossen hat – aber dem ist leider gar nicht so.«

Aminetous Wohnverhältnisse sind bescheiden. In ihrer Wohnung treffen wir zunächst auf ihren Bruder und auf ihre Tochter Aisha, und wir nutzen die Zeit bis zur Ankunft Aminetous, um auch ihr ein paar Fragen zu stellen, bevor Aminetous Bruder auf dumme Gedanken kommt und mich fragt, ob ich ihn heiraten will, was sich erst in freundlichem Geplänkel, dann unter großem Gelächter schnell andeutet.

Aisha erzählt uns, dass sie sechs war, als ihre Großmutter väterlicherseits begonnen hat, sie gegen den Willen ihrer Mutter zwangszufüttern. Ihr Höchstgewicht lag bei 110 Kilo, mittlerweile habe sie durch Sport und Diät abgenommen, aber so vernünftig seien nicht alle Frauen: Erst kürzlich habe sie eine ihrer Freundinnen mit den »Dregg-dregg«-Tabletten erwischt. Als wir sie nach ihrer Mutter fragen, sagt Aisha, dass sie sehr, sehr stolz auf sie sei. Auch wenn sie große Angst um sie habe. Aisha erwähnt auch, dass ihr Vater, Aminetous geschiedener Mann, zwölf Jahre lang für die Deutsche Welle als Journalist gearbeitet habe. Wir wissen zu diesem Zeitpunkt noch nicht, dass wir ihn schon bald kennenlernen werden.

Als Aminetou zu uns stößt, fragen wir sie als Erstes, ob wir unseren morgigen Besuch bei der Gaveuse im Süden angesichts der momentanen Entwicklungen überhaupt planmäßig durchführen können. Aminetou überlegt und stimmt uns zu, dass es vielleicht tatsächlich besser wäre, unter den gegebenen Umständen nicht an jenen Ort zu fahren, den sie eigentlich vorgesehen hatte. Sie kümmere sich um eine Alternative, sagt sie uns zu, und wir verabreden uns für den kommenden Tag, halb elf. Dann ist sie bereit, uns ein paar ganz persönliche Fragen zu beantworten.

Obwohl ich mich erinnere, dass sie mich in unserem ersten Gespräch hin und wieder geduzt hat – wir sprechen auch diesmal Französisch miteinander –, sorgen Aminetous natürliche Autorität und mein immenser Respekt ihr gegenüber dafür, dass ich ganz automatisch beim »Sie« bleibe, ohne groß darüber nachzudenken. Als Erstes frage ich sie, wie ihr Kampf begonnen hat, und Aminetou beginnt zu erzählen.

»Ich war noch sehr jung, als ich angefangen habe, mich für Menschenrechte zu interessieren. Ich bin in einer sehr traditionellen Familie aufgewachsen, in einer Familie von Stammeskriegern, für die Tradition und Sitten sehr wichtig waren. Auch in meiner Familie gab es die Sklaverei, und es gab die Gavage. In meiner Familie habe ich Frauen gesehen, die an ihrem Übergewicht gestorben, ja regelrecht explodiert sind. Auch mich wollte man zwangsfüttern, als ich neun war. Aber ich bin weggelaufen. Ich habe mich versteckt, eine Woche lang.«

»Wie war die Reaktion Ihrer Eltern darauf?«, frage ich.

»Für meine Eltern war es sehr hart. Aber ich war so dickköpfig und so rebellisch, dass sie letztendlich keine andere Wahl hatten. Es sei denn, sie wollten mich ganz verlieren.«

»Woher hatten Sie diese große Dickköpfigkeit?«

»Von meiner Großmutter, bei der ich aufgewachsen bin. Es ist hier üblich, dass die erste Tochter bei der Mutter ihres Vaters aufwächst. Meine Großmutter hat eine ihrer Töchter bei der Gavage verloren, ihre zweite ist davon krank geworden. Deshalb hat sie meinen Widerstand akzeptiert, das hat mir sehr geholfen. Das, was ich selbst erlebt hatte, habe ich dann damit verglichen, was ich von anderen Jugendlichen mitbekam. Die jungen Leute haben damals begonnen, Forderungen zu stellen gegen Diskriminierung und Ausgrenzung. Für Gleichheit, einen Rechtsstaat – für Veränderung. Ich setzte mich einfach dazu, wenn sie diskutierten, auch wenn ich viel jünger war als die meisten von ihnen. Ich habe viel über diese Dinge nachgedacht. Dann gründeten wir die ›Vereinigung der demokratischen mauretanischen Frauen‹. Ich war die Jüngste, ich war dreizehn. Und saß schon im Vorstand.«

»Das wird Ihnen Probleme bereitet haben unter dem damaligen Regime«, vermute ich.

»Große Probleme«, bestätigt Aminetou. »Riesige Probleme! Natürlich hatte ich Probleme mit meinen Eltern. Mit vierzehn habe ich geheiratet, um diesen Problemen zu entfliehen. Ich wurde von der Schule gejagt, weil ich eine Schülerbewegung angeführt hatte. Ich wurde verhaftet, habe schon als Mädchen im Gefängnis gesessen, ich wurde schwer misshandelt und gefoltert. Ich war jahrelang arbeitslos, weil das Regime nicht wollte, dass ich Geld verdiene. Ich wusste kaum, wie ich meine Kinder und mich durchbringen sollte.«

»Haben Sie denn nie daran gedacht, aufzugeben?«

»Nein«, sagt Aminetou fest, »niemals. All jene Frauen, die damals mit mir angefangen haben, die etwas älter waren – keine dieser Frauen ist heute noch dabei. Ich habe weitergemacht. Ich besitze nichts. Ich habe kein Haus, kein Auto. Aber ich habe den Willen zu kämpfen.«

Außerhalb ihres eigenen Landes, sagt Aminetou, habe ihre Arbeit große Anerkennung erfahren: 2006 erhielt sie den französischen Preis für Menschenrechte. 2009 fand sich ihr Name in einer Studie der US-amerikanischen Georgetown University unter den ersten zehn der fünfhundert bedeutendsten Muslime der Welt, als eine von wenigen Frauen. Weitere Auszeichnungen erhielt sie 2009 von Hillary Clinton, 2010 von Nicolas Sarkozy überreicht. Und im eigenen Land?

»Kürzlich wurde ich von meinem Volk zur kämpferischsten Frau Mauretaniens gewählt. Es gibt viele, die mich sehr respektieren. Aber ebenso viele Menschen hassen mich. Sie wollen mich nicht sehen, und sie wollen mich nicht hören. Weil ich die Wahrheit sage. Sie beleidigen mich. Aber wer mich beleidigt, den beleidige ich auch. Und wer mich angreift, den greife ich ebenfalls an. Ich antworte. Ich habe keine Angst vor meinem Gegenüber, egal wie viel Macht dieses Gegenüber hat. Auch wenn man mir mit dem Tode droht. Gerade vor ein paar Tagen hat man mir wieder angekündigt, mich umzubringen, wisst ihr davon?«

»Ja«, nicke ich, »davon haben wir gehört. Haben Sie keine Angst?«

»Nein, ich habe keine Angst. Niemals. Es war ja nicht die erste Drohung. Ich weiß, dass ich durch diese nicht sterben werde. Außer wenn meine Zeit gekommen ist. Und wenn die Zeit zu sterben ist, dann kann ich es eh nicht verhindern; es ist der Wille Gottes.«

Ich frage Aminetou, worin ihrer Meinung nach die besondere Kraft der Frauen weltweit besteht. Und ob es etwas gibt, das besonders die mauretanischen Frauen auszeichne.

»Die Stärke der Frauen«, sagt Aminetou nachdenklich, »besteht generell darin, dass sie sie aus jenen Situationen schöpfen können, die sie jeden Tag erleben: Diskriminierung, Unterdrückung, Gewalt. Nur aus der Unterdrückung wird die Freiheit geboren. Die mauretanische Frau hat noch dazu ganz spezielle Charakteristika, die aus ihren unterschiedlichen Wurzeln entstehen. Daraus, dass sie alle hier unterschiedliche Gebräuche, Praktiken und Sitten haben – und trotzdem letztendlich das gleiche Problem. Das eint sie, und das macht sie stark.«

Ich bitte Aminetou um ein Beispiel.

»Was die schwarzafrikanische Frau betrifft, so arbeitet sie sehr hart und sehr viel innerhalb des Hauses, oft für andere«, erklärt sie mir. »Viele dieser Frauen leben in einer Form der modernen Sklaverei. Wenn eine Frau als Tochter einer Sklavin geboren wird, dann ist auch sie automatisch eine Sklavin. Sie gehört ihrem Herrn. Ihr Herr kann sie schlagen, er kann mit ihr schlafen, er kann sie verkaufen oder vermieten. Sie ist wie ein Gepäckstück, ein Opfer von Ausbeutung.«

Aminetou bietet uns Tee an, und wir nehmen ein Gläschen, bevor sie weiterspricht.

»Wir maurisch-arabischen Frauen haben von vornherein mehr Möglichkeiten. Wir werden von unserem Mann geachtet, wir werden nicht geschlagen, und wir erfahren Respekt. Die maurischen Familien haben oft Angestellte, die den Frauen die Haushaltsarbeit abnehmen, so dass sie ihre Energie in andere Tätigkeiten stecken können. Die Wirtschaft dieses Landes stützt sich heute sehr auf Frauenkooperativen; in der Wirtschaft besetzen Frauen viele Schlüsselpositionen. Trotzdem bleiben auch sie, obwohl sie so selbständig sind, vor dem Gesetz diskriminiert, weil sie ebenso wie ihre negroafrikanischen Schwestern als ein Gegenstand des Hauses gelten. Wie eine Matratze, die man füllen muss, damit der Mann auf ihr schlafen kann. Mein Sohn zum Beispiel ist mein Vormund, denn ich als Frau kann mich nicht selbst vertreten. Natürlich wird er mir nicht vorschreiben, was ich zu tun und zu lassen habe. Aber vor dem Gesetz entscheidet er für mich. Und über mich. Diesen Umstand haben alle Frauen, egal in welche Bevölkerungsgruppe dieses Landes sie hineingeboren wurden, gemein, und er hat ihre Kraft wachsen lassen. Deshalb ist die mauretanische Frau sehr mutig, und sie hat eine große Willensstärke.«

»Haben Sie einen Rat für sie, damit sie ihre Stärke zukünftig noch besser nutzen können?«

»Ich würde ihnen gleich drei Ratschläge geben«, erklärt Aminetou. »Der erste lautet: Bildet euch. Ihr müsst lernen, und ihr müsst mit anderen Frauen Erfahrungen austauschen. Der zweite Ratschlag lautet: Macht euch von den Männern wirtschaftlich unabhängig, denn nur dann könnt ihr etwas verändern. Dafür braucht ihr Kapital, ihr müsst eigene Güter erlangen. Und der dritte: Die mauretanischen Frauen müssen sich zusammenschließen und eine neue, umfassende Frauenbewegung bilden.«

Zum Schluss stelle ich Aminetou noch eine Frage, die mich schon umtreibt, seit wir ihr das erste Mal begegnet sind: Was sie denkt, wenn eine Frau wie ich aus einem Land, in dem sie vor dem Gesetz längst gleichberechtigt ist, in dem es keine Sklaverei gibt und auch keine Zwangsheirat – die also all jene Dinge, um die Aminetou noch nach Kräften und bis zur Selbstaufgabe kämpft, längst hat –, stattdessen das Problem hat zu glauben, sie sei nicht schön genug.

»Vielleicht sind mein und ihr Verständnis von Schönheit unterschiedlich«, antwortet Aminetou nachdenklich. »Denn für sie betrifft die Schönheit von Frauen den äußerlichen Aspekt. Ihren Umfang, ihren Körper, das Gesicht. Für mich ist die Schönheit der Frau in ihrem Inneren. Die Schönheit einer Frau, das ist ihr Blick auf die Welt. Ihre Fähigkeit, zu analysieren. Ihre Ideen. Ihre Fähigkeit, die Welt zu verändern. Das ist für mich die Schönheit der Frauen. Nicht die Schönheit, die eines Tages verschwinden wird, während die Frau bleibt. Sondern die Schönheit, die erst mit der Frau stirbt.«

Später erzählt uns Aminetou noch, sie habe seit Jahren nicht mehr in einen Spiegel geschaut. Aminetou weiß auch so, wer sie ist.

Freitag, 4. Februar 2011

Auch heute Morgen, als Wafa zu mir ins Apartment kam, war sie sehr niedergeschlagen. Was in ihrem Land geschieht, bedrückt sie sehr, und die Nachrichten werden leider auch nicht besser. In der Nacht hat es bei den Verfolgungsjagden im Süden vier weitere tote Militärs gegeben. Trotzdem machen wir uns wie geplant pünktlich um kurz vor halb elf auf den Weg zu Aminetou, um sie abzuholen. Gavage-Tag!

Wenig später sitzen wir im Halbdunkel rund um Aminetous Schreibtisch, und Aminetou bläst unseren Ausflug ab. Sie hat Angst. Die Frau, die noch vor ein paar Stunden im Interview zu mir gesagt hat, sie habe niemals, niemals Angst!, hat – Angst. Sie teilt uns mit, dass die Kämpfe sich ausgeweitet hätten und dass wir schlicht nicht fahren sollten, weder in Richtung Süden noch sonst irgendwohin.

Ich bin erleichtert und enttäuscht zugleich. Erleichtert, weil ein planmäßiges Aufbrechen vor allem eines gewesen wäre: ein unkalkulierbares Risiko, welches einzugehen vielleicht jenes Quäntchen an Schicksalsherausforderung zu viel gewesen wäre, das uns letztendlich zum Verhängnis hätte werden können. Und enttäuscht, weil dieser Tag ein entscheidender Tag für meine Recherchen werden sollte. Ich will es nicht wahrhaben, also löchere ich Aminetou mit Fragen, um nach einer Möglichkeit zu suchen, uns doch noch auf den Weg machen zu können. Aber Aminetou erklärt uns, dass auch die Wetterbedingungen nicht auf unserer Seite seien. Denn rund um Nouakchott herrschten heute starke Sandstürme, das bedeute schlechte Sicht. Und schlechte Sicht wiederum bedeute ein größeres Risiko, Schüssen und Angriffen ausgesetzt zu sein – weil man nicht oder zu spät als harmlos erkannt werde, durch Blindgänger und Querschläger zusätzlich gefährdet sei.

Als Wafa erkennt, dass wir unseren Plan nicht einfach aufgeben wollen, schaltet sie sich ein. Laut und deutlich.

»Ich fahre nicht«, sagt sie klipp und klar. »Ihr könnt machen, was ihr wollt, aber wenn ihr fahrt – ich komme nicht mit. Und ihr solltet auch nicht fahren. Die Gefahr ist zu groß. Dabei geht es nicht nur um die Kämpfe an sich. Es geht auch um die Leute«, fügt Wafa bestimmt hinzu, und dann erklärt sie uns, dass es gerade in solchen Situationen wie jetzt auch immer Menschen gebe, die genau daraus Profit schlagen wollten. Dass wir Gefahr laufen könnten, von Dorfbewohnern an die AQMI verraten zu werden. Und dann, sozusagen zu guter Letzt, doch noch als Entführungsopfer zu enden.

»Es ist schlimm, aber es ist so!«, schließt Wafa ernst. Sie sieht sehr unglücklich aus.

»Das ist schlimm für dich, was hier passiert, oder?«, fragt René mitfühlend, unser emotionaler René! Und Wafa antwortet entrüstet: »Natürlich ist das schlimm! Es ist schrecklich.«

René will es mal wieder ganz genau wissen. »Wie ist denn das mit dem Glauben in dem Zusammenhang?«, fragt er. »Immerhin stellen sich ja die Urheber diese Aktionen als besonders gläubige Menschen dar. Ist das, was sie tun, tatsächlich durch den Glauben gerechtfertigt?«

»Glauben?«, fragt Wafa mit ihrer hellen, sich jetzt vor Aufregung leicht überschlagenden Stimme aufgebracht zurück und schnaubt. »Glauben? Das hat gar nichts mit dem Glauben zu tun! Es ist nicht der islamische Glaube, dass man Menschen töten darf. Gläubige Leute – die würden das Geld nehmen und damit etwas Gutes tun, statt es in die Luft zu jagen!« Wafa schüttelt erzürnt den Kopf.

Was sollen wir denn jetzt tun? Aufgeben und den Gavage-Tag ohne Gavage dahinziehen lassen? Schließlich frage ich Aminetou ins Blaue hinein, ob es nicht auch innerhalb der Stadtgrenzen eine Gaveuse gebe, die wir aufsuchen könnten, und nach einigem Hin und Her macht Aminetou kurzen Prozess und greift zum Telefon. Wenige Minuten später brechen wir auf. Wir wissen zwar nicht genau, wohin, aber erst einmal haben wir sowieso einen Zwischenstopp vor uns: den Supermarkt. Wir brauchen Essen, sagt Aminetou. Und zwar eine Menge.

Wenig später stehe ich mit zehn Litern Kamelmilch, einem Haufen recht kümmerlichen Obstes, Joghurt, weiteren Getränken und Reis an der Supermarktkasse. Das Obst, der Joghurt und die Getränke sind nicht für meine Gavage gedacht, sondern Gastgeschenke. Ich zahle deshalb die Kamelmilch getrennt, um zu schauen, was der Spaß dieser einen Tagesration kostet, nämlich 6600 Ouguiya. Das sind knapp achtzehn Euro. Eine Menge Holz, wenn man bedenkt, dass ein Lehrer in Nouakchott nicht mehr als 230 Euro im Monat verdient.

Der Ort, zu dem wir dann fahren, liegt zwar am Rand Nouakchotts, aber noch innerhalb der Stadtgrenze, denn wir passieren keinen Kontrollposten. Auf der einen Seite gut, denke ich: So erfährt niemand von den Offiziellen, dass wir mit Aminetou unterwegs sind. Gleichzeitig wird auf der anderen Seite aber auch niemand wissen, wo wir stecken, falls doch noch etwas schieflaufen sollte.

Unser Ziel ist ein kleines Wohnhaus in einer Siedlung: Wie üblich ein flacher Bau, der sich farblich kaum von den Sandbergen um ihn herum unterscheidet. Überraschend ist an der Wohnung, die sich darin befindet, aber die Vorratskammer – deren Fülle mich erstaunt, als ich sie gleich nach dem Eintreten neugierig (aber eigentlich unbeabsichtigt, denn sie hat keine Tür) inspiziere: Hier stapeln sich Lebensmittel noch und nöcher. Ich wundere mich. Wir erfahren, dass es sich um die Wohnung von Tete handelt, und ich wundere mich erneut. Denn Aminetou ist immerhin Tetes Chefin, und doch sind Aminetous Wohnverhältnisse ungleich bescheidener als jene, in die wir soeben eingetreten sind.

Tete begrüßt uns freundlich und bittet uns, auf dem Boden Platz zu nehmen. Aminetou sinkt ebenfalls auf den Teppich, klappt ihren Laptop auf und beginnt ohne Umschweife zu arbeiten. Weitere Informationen dazu, was jetzt passieren wird, lässt sie uns nicht zukommen, und so setzen Irina, René und ich uns ebenfalls hin und warten einfach nur ab. Da Freitag ist, somit Wochenende und Hauptbesuchszeit, ist Tete nicht allein. Um uns herum gehen zwei Hausangestellte ihren Tätigkeiten nach, und wieder wundere ich mich. In Aminetous Haushalt gab es kein Personal. Eine der beiden Frauen trägt ihr schlafendes Kind auf dem Rücken mit sich herum, während sie ihre Arbeit verrichtet. Sie nimmt das Obst, den Joghurt und die Getränke, schaufelt sie auf riesengroße Tabletts und stellt diese in die Mitte des Teppichs. Überall im Raum verteilt sitzen weitere Frauen, aber die Fluktuation ist hoch: Mal verlässt eine ohne große Erklärung oder Verabschiedung den Raum; dann kommt wenig später eine andere hinein und setzt sich mit ebenso wenig Aufsehen hinzu – es ist den ganzen Tag über viel Verkehr und somit kaum möglich, sich auf ein Gespräch zu konzentrieren. Das Geschnatter in der Runde ist immens, wobei es sich niemals um nur ein, sondern immer um mehrere Gespräche gleichzeitig handelt, und René hat die Arschkarte gezogen. Denn unter den Frauen sind einige, die nicht gefilmt werden wollen, andere wiederum, die gefilmt werden dürfen. Und alle purzeln wild durcheinander, verlassen immer mal wieder ihre angestammten Plätze, setzen sich woandershin und dann wieder zurück – der arme René schwitzt Blut und Wasser, weil er auf diese Art und Weise nie ein Bild finden wird.

Hinzu kommt, dass die Gaveuse, die man uns soeben präsentiert, auf den ersten Blick doch etwas windig erscheint. Die Dame sieht weitaus älter aus, als sie angeblich ist, nämlich 65. Zähne hat sie kaum noch in ihrem tiefschwarzen, faltigen Gesicht, dafür geht ein interessanter Geruch von ihr aus. Sie heißt Roukaiy und verhält sich – nun ja – etwas seltsam.

Denn Roukaiy ist ob unseres wundersamen Anliegens, das ihr reichlich verrückt erscheinen muss (eine Europäerin, die die Gavage persönlich erfahren will? Nein, das hat man noch nie erlebt, wie uns die umsitzenden Frauen bereits mitteilten), ziemlich verwirrt und kichert ohne Unterlass. Sie weiß offenbar selbst nicht so recht, wie ihr geschieht, und ich kann es ihr nicht verübeln. Wir wissen nicht, was Aminetou oder Tete ihr gesagt haben, als sie Roukaiy herbestellten. War ihr überhaupt klar, dass hier eine Kamera auf sie wartet samt einer angeblich hungrigen, aber doch schon ausreichend runden Europäerin, die von ihr gefüttert werden will? Und natürlich, das kommt noch hinzu, dürfte auch Roukaiy sehr klar sein, dass sie sich selbst in Gefahr brächte, wenn sie vor unserer Kamera die ernsthafte, quälende, strenge – die wahre? – Gaveuse gäbe. Denn eine Gaveuse wird mittlerweile von den Behörden durchaus verfolgt, wenn jemand sie verpfeift.

Unter diesen Umständen ist es zwar im Nachhinein verständlich, dass »unsere« Gaveuse sich dieser ungewöhnlichen und völlig unerwarteten Aufgabe erst einmal nicht mit der von uns erhofften Ernsthaftigkeit widmet; zunächst aber entbrennt zwischen Wafa, Irina, René und mir eine lautstarke Diskussion. Als sie unsere Zweifel bemerkt, schaltet sich schließlich Aminetou ein und macht uns unmissverständlich klar, dass sie sicherlich anderes zu tun hätte, als uns hier hinters Licht zu führen. Ich glaube Aminetou das. Und ich glaube auch Roukaiy, dass sie, wie sie sagt, in ihrer Laufbahn als Gaveuse etwa dreißig Mädchen gemästet habe. Auch ihre eigenen Töchter. Und jetzt bin ich dran.

Schon steht eine riesige Schüssel mit Kamelmilch vor mir; knapp zwei Liter passen hinein. Roukaiy sitzt neben mir. Sie hat sogar schon die Holzstöcke in der Hand, mit denen sie mich, das haben wir ihr schon gesagt, durchaus piesacken darf, wenn ich aufgeben will. Und ich setze die Schüssel an und trinke die ersten Schlucke.

Die Kamelmilch schmeckt; sie ist kühl und frisch, der Geschmack unterscheidet sich nicht allzu sehr von Kuhmilch. Und entgegen allen Vermutungen hat sie auch keinen höheren Fettgehalt als ebensolche, sondern einen ganz ähnlichen – »oder sogar weniger«, wie Roukaiy mir erklärt, »weshalb die Mädchen, wenn sie mit Kamelmilch gemästet werden, ganz besonders schön werden. Dann geht es nämlich langsam mit dem Dickwerden, Schritt für Schritt, und das Fett verteilt sich besonders gleichmäßig am ganzen Körper.«

Ob es noch andere Mittel und Wege gebe bei der Gavage, damit ich besonders schön rund werde?, will ich wissen, und statt einer Antwort beginnt Roukaiy meine Fesseln zu massieren. Es sind mal knetende, mal rollende Handbewegungen, die sie macht, und sie haben etwas Beruhigendes. Und das macht es mir ab einem bestimmten Punkt leichter weiterzutrinken, obwohl ich eigentlich schon nicht mehr mag. Nach den ersten eineinhalb Litern Milch geht mein Eifer ein wenig verloren, aber Roukaiy akzeptiert das – natürlich – nicht. Auch wenn sie sich ein wenig albern dabei vorkommt und man ihr genau das auch ansieht, fordert sie mich immer wieder auf: »Bois! Bois!« – »Trink! Trink!« Das sind für eine Weile die einzigen Worte, die sie immer wieder ausstößt, und ich gebe weiter mein Bestes und trinke und trinke.

Gegen Ende der ersten Schüssel mache ich hier und da ein, Entschuldigung, Bäuerchen, und ich könnte auch aufhören mit dem Trinken. Aber das kommt natürlich nicht in die Tüte, und Roukaiy setzt zum ersten Mal ihre Stöckchen an meinen nackten Zehen an und zwickt zu. Nicht sehr stark; natürlich hat sie Angst, mir wehzutun. Trotzdem schreie ich beim ersten Zwicken leise auf, und Roukaiy lacht nach diesem »Initiationsschrei«, der, wie ich erfahre, »normal« ist und nur bedeutet, dass es jetzt richtig losgeht, zufrieden nickend in sich hinein. Kaum habe ich die erste Schüssel geleert, geht es auch schon mit der zweiten weiter.

Langsam bekomme ich Probleme mit dem Sitzen. Egal, in welche

Position ich mich zu bringen versuche, mein allzu voller Magen ist im Weg und stört, auch beim Atmen. Tiefes Einatmen ist nicht mehr drin; ab und an schnappe ich etwas nach Luft. Ich trinke weiter, aber es geht nun langsamer, mühsamer voran, während Roukaiy immer wieder »Bois! Bois!« ruft und ihre Stöckchen ansetzt. Heiß ist mir auch. Aber gut. Ich wollte das alles so. N'est-ce pas?

Irgendwann muss ich endlich mal zur Toilette, das hat aber gedauert!, und ächzend erhebe ich mich und gehe mit steifen Knochen um das Haus herum auf das Stehklo. Leider habe ich überhaupt nicht das Gefühl, erleichtert zu sein, als ich von dort zurückkehre. Im Gegenteil, ich fühle mich wie genudelt und bitte nach den nächsten Schlucken um eine kleine Pause. Kurz: Madame kann nicht mehr und hängt nach gut drei Litern Kamelmilch in ziemlich kurzer Zeit apathisch in den Seilen, während Tetes Mitarbeiterinnen das Mittagessen servieren. Himmel hilf!

Aber meine Rettung naht, und sie heißt, wie so oft, Wafa. Denn Wafa verbietet mir rigoros mitzuessen, weil es sich um Fisch mit Reis handele – und Fisch mit Kamelmilch, sagt sie, das vertrage sich nicht. Davon würde mir nur richtig schlecht werden, und ich wäre die nächsten Tage krank. Also bekomme ich eine ganz »legale« Nahrungsaufnahmepause, die ich gern annehme. Und damit nur mein offenkundiges Versagen unterstreiche, denn mit meinen schäbigen drei Litern bewege ich mich noch nicht einmal im unteren Mittelfeld eines normalen Gavage-Tages: Zwischen zehn und zwanzig Liter, haben uns die anwesenden Frauen bestätigt, seien die normale Tagesration eines Mädchens zu Zeiten des »Leblouh«. Aber ich bin eine erwachsene Frau, verdammt noch mal! Und kann mich jetzt schon kaum mehr bewegen.

Als ich erfahre, dass viele Mädchen tatsächlich ihr eigenes Erbrochenes essen müssen, wenn sie nicht mehr an sich halten können, haben die anderen zum Glück bereits zu Ende gegessen, und Roukaiy sagt streng zu mir, dass wir jetzt aber weitermachen müssen. Ich stöhne auf. Nicht schon wieder Kamelmilch! Ich versuche Trick siebzehn und bitte darum, ob ich nicht vielleicht etwas anderes bekommen könne. Ein kleines Schüsselchen Couscous zum Beispiel, wegen des anderen Geschmacks. Einfach nur Couscous, ohne alles.

Aber natürlich habe ich, was das »ohne alles« betrifft, meine Rechnung ohne die mauretanische Gastgeberin gemacht, die daraufhin in der Küche richtig auffahren lässt. Etwa drei Stunden später präsentiert man mir stolz eine wagenradgroße Schüssel Couscous mit einem kompletten Schafskopf darauf! Und daneben liegt der wabbelige graue Pansen des Tieres. Yaaark!

Immerhin geht es mittlerweile auf halb fünf zu, so hatte ich Zeit, die Milch zu verdauen; trotzdem bringe ich es einfach nicht über mich, meine Hände in der Couscous-Masse und im Schafskopf zu versenken. Zum Glück erkennt Tete meinen Konflikt und gibt mir einen Löffel. Ich grabe damit zögerlich um den Schafskopf herum, der – irks! – sogar noch Augen hat. Eine der Frauen holt sie irgendwann aus ihren Höhlen heraus und verzehrt sie genüsslich. Tete ist ziemlich traurig, dass ich das gute Fleisch nicht anrühre, das ja nur mir zu Ehren zubereitet wurde. Aber was nicht geht, geht nicht. Es tut mir leid. Ich fühle mich noch immer wie genudelt von der Kamelmilch, und als wir später aufbrechen, habe ich erneut Schwierigkeiten, mich zu bewegen. Ich schleppe mich eher zum Auto, als dass ich gehe, und die holprige Piste auf der Rückfahrt zur Auberge schüttelt meinen Mageninhalt dermaßen durch, dass ich froh bin, letztendlich nur ein paar kleine Rülpser von mir zu geben.

Am Abend wird im ganzen Land »Alarmstufe Rot« ausgerufen: »Alerte maximum sur l'ensemble du territoire«, schreibt Saharamedia.

Samstag, 5. Februar 2011

»Alerte maximum«, erklärt uns Wafa am Morgen, das bedeute, das Militär sei in höchster Alarmbereitschaft und dürfe jederzeit schießen. Wir verbringen den Tag lieber in der Auberge, denn die Nachrichten überschlagen sich mittlerweile, und sie kommen nicht mehr nur aus dem Süden des Landes: Die Staatssicherheit hat in der Zwischenzeit auch einen Terrorverdächtigen aus unserem Viertel festgenommen. Am Nachmittag werden zwei weitere bewaffnete Al-Qaida-Mitglieder verhaftet. Außerdem seien weitere verdächtige Fahrzeuge gesichtet worden.

In Algerien ist am Mittwoch eine italienische Touristin entführt worden, eine Sechsundfünfzigjährige, die keineswegs auf eigene

Faust, sondern im Rahmen einer geführten Reise im Land unterwegs war, begleitet von drei Einheimischen. Es ist die erste Entführung in Algerien seit 2003.

Wir fühlen uns ziemlich hilflos. Um etwas zu meiner Beruhigung zu tun, schreibe ich eine Mail an die nette Dame bei der Air France, um sie zu fragen, ob man unsere gebuchten Rückflüge vorverlegen könne, falls die Situation sich weiter verschlimmert. Im Gespräch mit Wafa wirft Irina die Frage auf, ob wir für sie – und für all die anderen, mit denen wir zu tun hätten – mittlerweile nicht eine große Belastung seien. »Ich meine nicht nur aufgrund der Sorge um unser Wohlergehen«, erklärt Irina. »Sondern auch, weil man euch vielleicht Komplizenschaft vorwerfen könnte, sollte uns tatsächlich etwas passieren. Hast du keine Angst davor?«

Wafa schüttelt den Kopf. »Nein, davor nicht«, sagt sie. »Jedenfalls nicht, solange wir hierbleiben«, fügt sie hinzu.

Den Nachmittag nutzen wir, um unsere Liste mit Gesprächspartnern auf den aktuellen Stand zu bringen. Ich füge Habib Djigo hinzu, den Arzt, den Cora erwähnt hat, und Irina geht wiederholt dem Directeur im Informationsministerium auf die Nerven, um zu fragen, ob er bezüglich Dimi Mint Abba etwas für uns erreichen konnte. Das konnte er leider nicht und bittet uns, es auf anderem Wege zu versuchen; im Moment sei er sehr beschäftigt. Wir glauben ihm das angesichts der derzeitigen Geschehnisse sofort und beeilen uns, ihm zu versichern, dass das kein Problem sei. Aber Dimi Mint Abba ist in Mauretanien ein Superstar, und deshalb erleben wir jetzt auch Wafa zum ersten Mal ratlos. Dimi Mint Abba zu fassen zu bekommen wird nicht einfach werden.

Im Laufe des Tages entzieht sich ein weiterer Al-Qaida-Kämpfer dem Zugriff durch die Sicherheitskräfte, indem er sich in die Luft sprengt. Hoffentlich sind Christine und Sven gut durchgekommen, denke ich. Und nicht nur ich, sondern auch das mauretanische Nachrichtenportal Cridem stellt sich mittlerweile die Frage, wie die zahlreichen Fahrzeuge der Al-Qaida, die das Land sternförmig überrollt zu haben scheinen, trotz der vielen Kontrollposten überhaupt so weit kommen konnten.

Sonntag, 6. Februar 2011

Wir haben uns heute wieder nach draußen gewagt und die Stoffefärberinnen aufgesucht, um unseren Damast abzugeben und uns eine Farbe und ein Stempelmuster für die Festtagsmalhafas auszusuchen, die Wafa und ich zu unserem Abschiedsfest tragen wollen. Ich habe mich für ein helles Flieder und eine Art Rankendruck entschieden. Wafa ist mittlerweile sehr stolz auf mich, denn ich trage meine Malhafas mit Würde. Zwar schaffe ich es noch immer nicht, sie ganz allein anzulegen, aber ich bewege mich in ihr nicht nur sicher, sondern fühle mich auch sehr wohl darin, und das, sagt Wafa, könne man sehen.

Ich nehme dieses Lob zum Anlass, Wafa zu fragen, wie das überhaupt sei mit Komplimenten in ihrem Land. »Ich glaube, ich habe in meinem ganzen Leben nicht so viele Komplimente bekommen wie in den paar Wochen hier«, erkläre ich. »Ist das normal?«

»Ja, natürlich«, lacht Wafa. »Wir machen immer viele Komplimente. Dir machen die Menschen auch deshalb ganz besonders viele, weil sie sehen, dass du die Malhafa trägst. Das freut sie sehr, denn ich schwöre dir, sie haben noch nie eine europäische Frau gesehen, die das tut.« Ich rufe mir unseren Abend in der Botschaft in Erinnerung, und es stimmt: Alle europäischen Frauen dort waren auch europäisch gekleidet. Eine Malhafa hat keine von ihnen getragen, und keine von ihnen hatte ihr Haar bedeckt. Für die Einheimischen, habe ich an jenem Abend erfahren, ist es ganz normal, dass die Europäer sich auch in Mauretanien so kleiden, wie sie es gewohnt sind. Sofort fällt mir die »Kopftuch«- und Integrationsdebatte in Deutschland ein. Hm, denke ich. Zweierlei Maß –?

»Unter Frauen sind Komplimente auch immer ehrlich gemeint«, ergänzt Wafa. »Du kannst dich darauf verlassen, dass, wenn eine Frau dir sagt, du bist schön, sie das auch wirklich findet.«

»Und wenn ein Mann mir das sagt?«

»Da musst du dich immer fragen, was er mit seinem Kompliment vielleicht erreichen will«, grinst Wafa.

»Aber freuen darf ich mich trotzdem über ein Kompliment von einem Mann, oder? Ich meine, weil du gesagt hast, dass die mauretanischen Frauen nur selten ihre Gefühle zeigen. Darf ich es denn zeigen, wenn ich mich über ein Kompliment freue?«

»Natürlich *darfst* du das«, entgegnet Wafa, »und die jungen Frauen heutzutage tun das auch oft. Sie schmelzen dann dahin, wie man so schön sagt. Aber die älteren Frauen sind nicht so. Sie befürchten, dass der Mann zu viel Macht über sie erlangt. Weil sie vielleicht davon abhängig wird, dass er ihr nette Sachen sagt. Diese Frauen zeigen auch sehr deutlich, von wem sie Komplimente bekommen möchten und von wem nicht.«

»Was ist mit lästern?«, will ich wissen. »Also schlecht über eine andere Frau zu reden, über ihr Äußeres?«

»Du meinst, wenn sie nicht dabei ist?«, fragt Wafa zurück, und ich nicke.

»Tz, tz, tz«, macht Wafa. »Nein, das ist nicht salonfähig. Wenn, dann erledigen die Frauen das, während sie sich gegenüberstehen. Und die Mauretanierinnen haben eine scharfe Zunge. Weißt du, was sie zum Beispiel erwidern, wenn ihre Freundin ihr Äußeres kritisiert?«

»Na?«

»Sie erwidern dann: ›Wenn das so ist, dann brauchst du mir deinen Bruder ja nicht zu schicken, damit er mich heiratet.‹« Wafa kichert. »Und damit ist Ruhe.«

»Aber die Männer reden doch sicherlich, wenn sie unter sich sind, auch über das Äußere von Frauen, oder? Sonst könnten sie ja auch nicht sagen, dass sie eine Frau schön finden.«

»Also Erstens«, sagt Wafa resolut, »ist eine Frau *immer* schön. Es reicht, dass sie eine Frau ist. Allein das macht sie schön. Das weiß jeder.«

»Wenn überhaupt, dann geht es also darum, dass eine Frau *besonders* schön ist«, fährt Wafa fort. »Aber an sich ist die Frau erst einmal genau richtig und vollkommen so, wie sie ist. Das gilt auch für Gespräche unter Männern. Dass der eine zum anderen sagt: ›Warum hast du denn die und die geheiratet, die sieht doch nicht gut aus?‹, das ist im Islam gar nicht erlaubt.«

Ich wage es nicht, Wafa zu widersprechen und sie darauf hinzuweisen, dass zumindest Hamza sich in unserem Gespräch nicht an diesen Umstand gehalten hat. Aber nichtsdestotrotz begreife ich jetzt, weshalb die Gesundheit so häufig und so dankbar als Argument genutzt wird, wenn es darum geht, den schlankeren Körper einer Frau für besser zu befinden: Die ausschweifende öffentliche Debatte, was »schöner« ist, geziemt sich einfach nicht, denn sie ist weder besonders erwünscht, noch stellt sich die Frage des »Schöneren« überhaupt mit jener Dringlichkeit, wie wir sie kennen. Und ich begreife auch, dass darin im Vergleich zu dem, was wir in Europa tagtäglich erleben, ein entscheidender Vorteil liegen könnte. Eine besonders schöne Frau wird hier zwar durchaus bewundert – aber die nicht so schöne lässt man trotzdem sein, wie sie ist. Und zwar ohne ihr die Schönheit an sich gleich ganz abzusprechen.

Dieser Gedanke bringt mich auf meinem langen Weg der Erkenntnis ein gutes Stück nach vorn, und das wiederum versöhnt mich mit dem unschönen Gefühl, aufgrund der prekären Sicherheitslage und des selbstauferlegten Hausarrestes wertvolle Zeit verloren zu haben.

Die hiesigen Sicherheitskräfte waren heute ebenfalls erfolgreich: Es hagelt Verhaftungen. Nicht nur auf mauretanischem, sondern auch auf algerischem Boden, und nicht wie bislang lediglich von Frontkämpfern, sondern auch von hierarchisch höher gestellten Mitgliedern der Al-Qaida im Maghreb. Es sieht so aus, als habe die Entführung der Italienerin eine Menge in Bewegung gesetzt.

Die Krönung unseres Tages aber ist der Anruf einer Moderationskollegin des Staatsfernsehens. Der gemeinsame Gesprächstermin mit ihren Kolleginnen sei noch in der Mache, erklärt sie uns, aber sie habe eine Einladung für uns: Morgen werde sich die mauretanische Journalistinnengewerkschaft zu ihrer Jahrestagung treffen, und das sei doch bestimmt interessant für uns. Endlich sehen wir wieder nach vorn.

Montag, 7. Februar 2011

Als wir uns morgens auf den Weg zu dem Hotel machen, in dem die Tagung der Journalistinnenunion stattfinden wird, habe ich eine explizite Frage im Gepäck: Wie entscheidend ist die Rolle der Medien für das Bild und das Selbstbild der mauretanischen Frauen?

Ich bin baff, als mir schon der Banner, der die Veranstaltung außerhab des Hotels ankündigt, Antworten auf diese Frage verheißt. Denn darauf steht das Thema der Tagung wie folgt: »Das Bild der

Frauen in den Medien – Gegenwärtiger Stand und Perspektiven«. Das gibt's doch nicht, denke ich. Wer hat denn da wieder am Rad gedreht? Als ich auch noch höre, dass die Journalistinnenunion erst vor einem halben Jahr gegründet wurde, glaube ich mal wieder an Schicksal. Und deshalb kann es mich auch nicht mehr wundern, dass wir im Verlauf des Tages einen männlichen Journalisten kennenlernen, der für die NBC arbeitet und, na klar!, ein Ziehsohn von Dimi Mint Abba ist. Er tütet umgehend ein Treffen mit ihr ein.

Der Anblick von über hundert Frauen in ihren bunten Malhafas ist beeindruckend. Wir sind nicht das einzige Kamerateam; neben uns bewegen sich zwei einheimische Teams durch den Saal. Als die Diskussion beginnt, bin ich erstaunt darüber, wie sehr sich die Probleme deutscher und mauretanischer Journalistinnen im Berufsalltag trotz aller Unterschiede ähneln.

Denn zunächst geht es um die fehlende Quotenregelung und darum, dass es zwar viele Frauen gebe, die in den Medien rangniedere Stellen bekleiden, aber viel zu wenige in Führungspositionen. Dazu komme, dass von Frauen gemachte Veröffentlichungen und Programme oft ein Schattendasein führten. Im Fernsehen werden sie erst zu später Stunde gezeigt. Im Printbereich haben die Frauen Probleme, Druckereien zu finden, die ihre Werke veröffentlichen. Auch würden ihnen häufig die weniger brisanten Ressorts zugeteilt; nur selten bekämen Journalistinnen die Chance, bei entscheidenden politischen oder wirtschaftlichen Themen mitzumischen.

Ein grundlegenderes Problem aber, höre ich dann, liegt noch woanders. Und zwar nicht bei jenen Medien, denen die mauretanischen Journalistinnen zuarbeiten, sondern bei jenen, die Mauretanien mangels des Angebotes im eigenen Land von außerhalb überfluten: das Internet, ausländische Zeitschriften und vor allem ausländisches Fernsehen. Das mauretanische Staatsfernsehen, erfahre ich, werde in den meisten Familien kaum gesehen: Man nutze es zwar in Krisensituationen, in Notfällen, wenn man auf Information angewiesen sei, aber nicht, um sich unterhalten zu lassen. Und sich unterhalten zu lassen, das sei nun mal der Hauptgrund, für den man den Fernseher überhaupt einschalte.

Die Gründe dafür kann mir die Präsidentin der Journalistinnenunion auf meine Nachfrage hin klar benennen: Da seien zum einen die Qualität und das technische Niveau des mauretanischen Staatsfernsehens. Beide seien nicht hoch, auf dem Stand der achtziger Jahre vielleicht, was vornehmlich finanzielle Gründe habe. Und zum anderen sei es schlichtweg so, dass es im Staatsfernsehen kaum Unterhaltung zu sehen gebe. Serien, Filme, Fußball – all das könne man nur über andere, ausländische Sender empfangen.

»Diese wiederum vermitteln aber ein ganz anderes Bild der Frau. Das gilt übrigens nicht nur für die europäischen, sondern auch für die vielen arabischen Sender, die hier zu empfangen sind, denn du hast vielleicht schon gehört, dass die Mauretanierinnen sich von anderen arabischen Frauen sehr unterscheiden. Und das macht es der mauretanischen Frau zunehmend schwer, sich zu identifizieren. Zu wissen, wer sie ist. Sie bekommt in den Medien nicht die mauretanische, sondern eine völlig fremde Frau gezeigt. Wir hier haben es noch nicht gelernt, mit den modernen Medien umzugehen, weil wir sie in dieser Form noch nicht so lange kennen. Deshalb fällt es vielen ganz besonders schwer, zwischen Fiktion und Realität zu unterscheiden. Die Männer betrifft das natürlich genauso, und daraus erwachsen dann wiederum weitere Probleme, auch zwischen den Geschlechtern.«

Mich befällt mit diesem neuen Wissen umgehend ein tiefer Pessimismus. Aber die Reden und Diskussionen, denen wir an diesem Tag zuhören dürfen, machen eines sehr deutlich: Die mauretanischen Kolleginnen sind sich dieses Problems nicht nur bewusst und können es sehr deutlich formulieren, sondern entwickeln auch ganz gezielte Strategien, um ihm zu begegnen.

Dass sie keine Sprechpuppen seien, sagt eine von ihnen und ruft ihre Kolleginnen laut dazu auf, für ihre eigenen Themen zu kämpfen und sich nicht nur als Vorleserin benutzen zu lassen.

Die Hauptaufgabe einer Fernsehmoderatorin sei es nicht, sich zu schminken und ihre äußerlichen Vorzüge in den Vordergrund zu stellen, sagt eine andere und bittet ihre Kolleginnen, immer daran zu denken. »Denkt auch daran, wenn ihr selbst Medien konsumiert«, mahnt sie, »und eine Zeitschrift aufschlagt, in der es fast nur Werbung für Mode oder Kosmetika gibt. Als würden die Interessen einer Frau aus nichts anderem bestehen! Als wäre sie kein Mensch, sondern ein Bild. Aber das ist sie nicht. Vergesst das nicht.«

»Es ist wichtig, dass wir uns als Mauretanierinnen zeigen, nicht als Kopien anderer Frauen. Damit wir Mauretanierinnen bleiben«, sagt die Dritte und fordert ihre Kolleginnen explizit auf, sich der eigenen Tradition weiterhin bewusst zu bleiben.

Aber wie genau soll das gehen?

Als wir am Abend in die Auberge zurückkehren, spüre ich dennoch deutlich, dass die Dringlichkeit meiner vielen Fragen langsam abnimmt. Ich habe schon so viele Antworten gefunden, und Schritt für Schritt gelingt es mir, sie zueinander in Beziehung zu setzen und eine abschließende Erkenntnis daraus zu formen. Und wie schon nach unserem Termin beim Staatsfernsehen spüre ich erneut: Über die anfängliche Fragestellung, auf die ich mich mit dieser Reise begeben habe, bin ich weit hinaus.

Es geht längst nicht mehr nur darum, nach etwas zu suchen, das die eigene Erkenntnis fördert. Es ist an der Zeit, noch etwas anderes zu finden. Etwas, das die Hoffnung nährt, die mauretanischen Frauen mögen ihre wunderbare Stärke und ihr Selbstbewusstsein auch zukünftig behalten, obwohl so vieles bereits dagegen spricht. Etwas, das optimistisch zu stimmen vermag, dass sie nicht schon in wenigen Jahren genauso sein werden wie wir westeuropäischen Frauen – bei ihrem Äußeren so bedacht darauf, fremden Ansprüchen zu genügen, dass sie Gefahr laufen, darüber ihr Inneres, ihre wahre Identität und ihre eigentlichen Prioritäten zu vergessen.

Ich habe nur mehr eine Woche, um dieses Etwas zu finden.

Dienstag, 8. Februar 2011

Haben gestern Abend in den Spätnachrichten sogar noch den Beitrag eines der Kollegenteams über die Journalistinnentagung sehen können. Zwar mussten wir Youba erst um eine Zimmerantenne bemühen, um das Staatsfernsehen im Gemeinschaftsraum der Auberge überhaupt empfangen zu können, aber letztendlich hat es geklappt. Wir haben sogar uns selbst auf dem Bildschirm erspäht! Mir ist dabei erneut aufgefallen, dass die Moderatorinnen hier allesamt sehr ernst in die Röhre blicken: Nur selten huscht der Ansatz eines Lächelns über ihr Gesicht. Ansonsten haben die Kolleginnen ihre Gesichtszüge extremst unter Kontrolle und legen eine dermaßen festbetonierte Mimik an den Tag, dass man an eine Überdosis Botox glauben könnte, wenn man es nicht besser wüsste.

»Das ist normal«, erklärt mir Wafa, »sie schauen deshalb so ernst, weil sie ja auch wollen, dass man sie ernst *nimmt*. Außerdem, ich habe es dir doch gesagt: Die mauretanischen Frauen zeigen ihre Gefühle nicht.« Ob das auch der Grund dafür ist, dass sie und die hiesigen Frauen so oft den Mund hinter ihrer Hand verstecken, wenn sie lachen – besonders wenn es um Themen geht, die das Miteinander von Männern und Frauen betreffen?

Zwar hat der Präsident aufgrund der vermehrten Festnahmen Morddrohungen vonseiten der AQMI erhalten, aber davon abgesehen gibt es derzeit keine großen Aufregungen mehr. Nouakchott kehrt langsam in seinen Alltagstrott zurück, auch im Süden des Landes hat sich die Lage wieder beruhigt, und endlich hat sich Christine gemeldet und uns mitgeteilt, dass es Sven und ihr gutgehe.

Wir waren heute bei den Stoffefärberinnen und haben die Festtagsmalhafas für unsere Abschiedsfeier abgeholt. Leider ist ausgerechnet bei meiner was schiefgelaufen. Statt fliederfarben ist sie schweinchenrosa geworden – eine Farbe, die ich eigentlich vermeide, seit mir aufgefallen ist, wie viele Menschen sie ganz automatisch mit mir assoziieren, weil ich ab und an mit ein paar rosafarbenen Wohnaccessoires oder gar in einer pinkfarbenen Tunika zu sehen war. Und die mir natürlich nicht sympathischer geworden ist, seit ich des Öfteren lesen musste, ich sähe aus wie ein fettes Schwein.

Noch dazu prangen auf der Malhafa statt der von mir gewählten Ranken große, runde Kreise, und das geht natürlich *gar* nicht. Denn ich habe gelernt, dass eine Frau, die eh schon rund ist, dies nicht auch noch durch weitere überflüssige Rundungen, die sie am Körper trägt, betonen sollte. Sei's drum, denke ich schließlich und betrachte die Malhafa als das, was sie vielleicht auch sein soll: Eine Herausforderung, solche selbst- und fremdauferlegten Einschränkungen endlich über Bord zu werfen.

Mittwoch, 9. Februar 2011

Es ist vollbracht: Heute Morgen habe ich zum ersten Mal meine Malhafa ganz allein angezogen. Ich platze vor Stolz, als wir losziehen, um Habib Djigo zu besuchen, den Kardiologen. Erst ist ihm unsere Kamera unheimlich, denn er zweifelt daran, dass sein Deutsch für ein Interview gut genug sei, aber in Wirklichkeit ist es ganz wunderbar, und mit Hilfe des Pumpernickels und vielen Grüßen von Cora taut er auf. Wir fragen ihn, ob er in seinem ärztlichen Alltag viel mit Frauen zu tun habe, die die Praxis der Gavage noch erlebt haben.

»Ja«, nickt Monsieur Djigo. »Viele Frauen, die zu uns kommen, haben Bluthochdruck, ihre Cholesterinwerte sind schlecht, sie haben Diabetes. Wir fragen sie dann, ob es bei ihnen die Gavage gab, und das ist meistens der Fall. Wir fordern diese Frauen vor allem erst einmal dazu auf, sich mehr zu bewegen. Sie brauchen nicht zu joggen, aber sie sollten jeden Tag mindestens dreißig, vierzig Minuten gehen.«

Ich frage Monsieur Djigo, ob er bei einer Patientin, die die traditionelle Gavage durchgemacht hat, jemals Folgen von Misshandlung, zum Beispiel durch die Holzzangen oder -stöcke, gesehen habe, aber er verneint dies. Er habe zwar gehört, dass es das gebe, selbst aber noch keinen solchen Fall zu Gesicht bekommen. Wir sprechen ihn auf die »Dregg-dregg«-Medikamente an.

»Diese sind umso gefährlicher, da sie meistens ungekühlt aufbewahrt und verkauft werden«, erklärt Monsieur Djigo. »Das macht sie erst recht zu Gift. Ich habe sogar eine Bekannte, die diese Tabletten genommen hat.«

»Haben Sie sie darauf angesprochen?«

»Selbstverständlich. Ich habe sie über die Risiken aufgeklärt, und zum Glück hat sie dann damit aufgehört. Heute hat sie zwei Kinder und keine Probleme mehr in ihrem Leben. Die ›Dregg-dregg‹-Medikamente sind aber nicht die einzige Schwierigkeit. Sie wissen vielleicht schon, dass diese eigentlich für Tiere gedacht sind«, und ich nicke. »Es sind also sehr große Tabletten«, fährt Monsieur Djigo fort. »Somit sind sie auch sehr schwer zu schlucken. Wir haben deshalb zusätzlich damit zu kämpfen, dass andere Medikamente, deren Nebenwirkungen auch die Gewichtszunahme enthalten, missbraucht werden. Kortikoide zum Beispiel. Sie sind bekannt dafür, dass man durch ihre Einnahme sehr schnell sehr viel zunehmen kann.«

»Können Sie uns einen Richtwert nennen, wie viel das sein kann?«, erkundige ich mich.

»In einem Monat fünfzehn bis zwanzig Kilo sind keine Seltenheit«, sagt Monsieur Djigo. »Die Folge ist oft eine Herzinsuffizienz, denn das Herz kann dieser schnellen Gewichtszunahme nicht mehr folgen. Das ist auch bei der traditionellen Gavage eine Gefahr.«

»Aber es gibt kein Gesetz dagegen, oder?«

»Nein, ein Gesetz gegen die traditionelle Gavage gibt es nicht. Aber es gibt zum Glück viele Frauen, die ihren Töchtern die Gavage ganz bewusst nicht mehr zumuten wollen. Wir beobachten hier eine ähnliche Entwicklung wie bei der Beschneidung der Mädchen. Natürlich gibt es immer noch Fälle, in denen sowohl das eine als auch das andere weiterhin stattfinden mag. Aber es wird weniger. Es verschwindet langsam. Das ist jedenfalls meine Hoffnung.«

»Es hat ja diese Fernsehkampagne gegeben«, werfe ich ein. »Wie gut ist diese angenommen worden?«

»Hier in der Stadt hat sie bestimmt etwas gebracht. Aber wo es keine Fernseher gibt, da helfen auch keine Fernsehkampagnen. Auf dem Land hilft nur die persönliche Ansprache, die Aufklärung von Angesicht zu Angesicht. Wir sind mit unserem Team deshalb schon häufiger aufs Land gereist, um dort genau diese Arbeit zu leisten.«

Ich frage nach der Rolle der Männer, und Monsieur Djigo berichtet uns eine Anekdote aus seiner Praxis. »Ich hatte einmal eine Frau hier«, berichtet er. »Sie wog um die 130 Kilo, und sie war gesundheitlich angegriffen, also habe ich ihr geraten, sie solle Sport treiben und abnehmen. Für sie war das völlig in Ordnung, sie war einverstanden. Ihr Mann aber, der mit ihr hier in der Praxis war, war ganz und gar nicht einverstanden. Er hat gesagt: ›Ich will das nicht. Ich will nicht, dass sie abnimmt. Das ist meine Frau, die ich liebe, genauso dick wie sie jetzt ist, und deshalb habe ich sie geheiratet.‹ Er hat meine Ratschläge zerrissen, sobald er aus der Praxis heraustrat.«

»Glauben Sie, dass manche Männer auch deshalb lieber eine dicke Frau wollen, damit sie vom Mann abhängig bleibt und nicht so selbständig ist?«

»Nein«, sagt Monsieur Djigo und schüttelt nachdrücklich den Kopf.

»Das ist bestimmt nicht der Grund. Dafür sind die Männer hier viel zu sehr daran gewöhnt, dass ihre Frauen eh machen, was sie wollen. Es ist einfach ihr Geschmack, jedenfalls was die Älteren betrifft. Unter den Jüngeren ist das Bild nicht mehr so einheitlich. Es gibt viele junge Männer, die eine schlankere Frau bevorzugen. Außerdem«, fügt Monsieur Djigo zu, »geht es den Frauen ja nicht nur um ihre Gesundheit. Es gibt auch modische Gründe.«

»Modische Gründe?«, hake ich nach. »Aber die mauretanischen Frauen tragen ihre Malhafas, und da spielt die Figur keine große Rolle. Im Gegenteil, man sagt doch sogar, dass die Malhafa besonders gut aussieht, wenn die Frau, die sie trägt, üppiger ist.«

»Nun«, sagt Monsieur Djigo lächelnd, »dann fehlt Ihnen noch eine wichtige Information. Denn natürlich tragen die Frauen, wenn sie aus dem Haus gehen, ihre Malhafa. Aber es gibt auch viele junge, modebewusste Frauen, die unter ihren Malhafas westliche Kleidung tragen. Röcke, Tops, schicke Blusen. Diese werden zwar nur sichtbar, wenn die Frau mit ihrem Mann allein zu Haus ist oder sie ihre Freundinnen zu Besuch hat. Aber sie spielen trotzdem eine Rolle.«

Ich kann nicht fassen, dass mir diese Information bislang durch die Lappen gegangen ist. Auch Wafa hat sie mir gegenüber mit keinem Sterbenswörtchen erwähnt. Ich dachte, es sei üblich, unter der Malhafa schlichte Unterkleider zu tragen!

»Die Mädchen heute«, fährt Monsieur Djigo fort, »sind ja längst nicht mehr nur noch unter sich. Sie treffen in der Schule französische Mädchen oder sind befreundet mit Mädchen anderer Ethnien. Und sie surfen im Internet. Da gucken sie sich natürlich eine Menge ab.«

»Sie waren ja selbst längere Zeit in Deutschland«, sage ich. »Wissen Sie, wie unzufrieden manche Frauen dort mit sich sind?«

»Ja, ich habe das erlebt. Viele haben Probleme mit ihrem Körper. Ich habe Frauen kennengelernt, die waren sehr schön, aber sie wussten nicht, dass sie schön sind. Woher das genau kommt – ich kann es Ihnen nicht sagen. Das ist alles im Kopf, denke ich.«

»Glauben Sie, dass die mauretanischen Frauen Gefahr laufen, eines Tages auch unzufrieden mit ihren Körpern zu sein?«

»Ja, diese Gefahr gibt es natürlich. Aber ich glaube nicht, dass sie sehr groß ist. Ich persönlich habe davor keine allzu große Angst. Und bis es so weit kommen kann, muss viel Zeit ins Land gehen. Das geht nicht über eine oder zwei Generationen.«

Also gibt es noch eine Gnadenfrist, denke ich zynisch.

»Und Sie wissen ja«, sagt Monsieur Djigo noch, »bei uns haben die Frauen das Wort. Langfristig werden die Frauen sowieso das durchsetzen, was *sie* wollen. Ich würde mir da mal gar keine Sorgen machen.«

Ich mache mir aber trotzdem Sorgen. Denn was ist, wenn das, was ich will und letztendlich auch kriege, doch nicht so gut für mich ist? Oder mein Wille gar nicht wirklich *mein* Wille ist, sondern nur etwas, von dem alle Welt mir lediglich *einredet*, dass es mein Wille zu sein habe? Und damit meine ich jetzt gar nicht explizit die Frage, ob ich dick oder dünn sein will. Ich meine damit ganz allgemein die Frage, ob ich so sein muss – oder will – wie alle anderen, um mein Glück zu finden. Und dafür auch das Gleiche besitzen muss wie sie.

»Ja«, bestätigt mir Wafa später, »natürlich gibt es hier auch Frauen, die sich gern westliche Kleidung kaufen. Denen Versace, Gucci und Dolce & Gabbana genauso heilig sind wie den Europäerinnen. Es gibt reiche Araberinnen, die fliegen mal kurz eben nach Paris, um sich die neueste Handtasche zu kaufen. Aber ich dachte nicht, dass das so wichtig ist. Mir ist es jedenfalls nicht wichtig. Abgesehen davon, dass ich es mir gar nicht leisten kann.«

Am Abend haben wir unseren langersehnten Termin bei der AAA, der Vereinigung deutschsprachiger Mauretanier. Ich bin sehr gespannt darauf, was die Männer zu sagen haben. Werden sie mir meine Sorge um die Zukunft ihrer Frauen vielleicht nehmen können?

Bevor wir allerdings tiefer in das Gespräch einsteigen, bekommen wir eine eindrucksvolle Präsentation der Heftigkeit, mit der eine mauretanische Ehefrau reagiert, wenn sie sich übergangen fühlt. Denn offenbar hat Said, unser Gastgeber, es versäumt, seine Frau Beibaha über unser Kommen und den Anlass unseres Besuches zu informieren. Er hat wohl auch vergessen zu erwähnen, dass wir eine Kamera mitbringen. Und so macht Beibaha nicht nur ihrem Ehemann, sondern auch den anderen Anwesenden der AAA erst einmal ordentlich die Hölle heiß.

Said und Beibaha sind, wenn ich Monsieur Bouheibi vom Staatsfernsehen Glauben schenken darf, das äußerlich bis dato perfekte mauretanische Paar: Er ist sehr schlank und drahtig, ja geradezu mager, und recht klein, während sie weitaus schwerer wiegt, und ihre weiße Malhafa unterstreicht ihre Üppigkeit geradezu majestätisch.

Schließlich stellt sie die berechtigte Forderung, dass unser Gespräch, das wir auf Deutsch führen werden, übersetzt wird, damit sie an unseren Gedanken teilhaben kann, und Wafa hat mal wieder alle Hände voll zu tun.

Anwesend sind neben Said, seiner Frau und den beiden Töchtern, sieben und dreizehn Jahre alt, auch Abdel Mounime, 39, und Mohammed Salem, 35, sowie Yadali, 61, der Exmann von Aminetou. Sie alle sprechen phantastisches Deutsch, und ihre Kunst, sich in dieser für sie fremden Sprache auszudrücken, ist hochgradig bewundernswert. Es wird viel gelacht, und mitunter erreicht die Diskussion eine Lautstärke, die die arme Irina unter ihren Kopfhörern schmerzvoll zusammenzucken lässt.

Ich frage Yadali danach, wie er während seiner Zeit in Deutschland die deutschen Frauen erlebt hat.

»Meiner Meinung nach«, sagt er bedächtig, »haben die Frauen in Deutschland zwar sehr viel erreicht, sich aber trotzdem in eine ganz bestimmte Ecke drängen lassen. Ihre Freiheit scheint nach außen hin immens zu sein, aber wenn man ein bisschen genauer hinschaut, dann sind sie hauptsächlich in sekundären Dingen frei. In Bezug auf Oberflächlichkeiten, wenn du so willst. Denn trotz allem gibt es nur wenige Frauen in den Parteien, in der Politik, in den Führungsebenen der großen Unternehmen. Das ist mir insofern ganz besonders aufgefallen, da ich natürlich in Deutschland auch oft auf meine Heimat angesprochen worden bin und auf meine Religion, mit der Vermutung, dass die Frauen bei uns so viel unfreier seien als jene in Deutschland.«

Ich frage Yadali, welche Oberflächlichkeiten er meint. »Mode zum Beispiel. Sich anziehen. Sich ausziehen.« (Großes Gelächter.) »Ausgehen, solche Dinge. Versteh mich nicht falsch: Ich sage keinesfalls, dass die Frauen allein daran schuld sind. Und doch haben sie es zugelassen, dass diese Oberflächlichkeiten ihr Leben mehr bestimmen als das Streben nach Mitbestimmung an anderer Stelle.«

»Und wie ist es hier?«, frage ich.

»Die Chancen der Teilhabe für Frauen werden zwar langsam größer«, sagt Yadali, aber Said wirft ein, dass er das größtenteils für Show und Makulatur halte. Yadali wiegt den Kopf. »Moment«, sagt er. »Das Entscheidende dabei ist doch: Ich bin mir gar nicht sicher, dass die meisten Frauen hier überhaupt *wollen*, dass sich so viel ändert. Ich spreche hier hauptsächlich über die maurisch-arabischen Frauen, ja? Und diese haben durchaus Vorteile dadurch, wie es ist. Sie können das, was sie wollen, sehr gut erreichen, ohne dass sie ein großes Mitspracherecht in der Öffentlichkeit zu fordern brauchen. Man sagt hier bei uns auch: Vieles regelt sich im Schlafzimmer. Nehmen wir mal an, eine Frau sagt zu ihrem Mann, hier, da ist mein Cousin, der braucht einen Job, sieh zu. Und siehe da – so wird es gemacht. Die mauretanischen Frauen sind in der Lage, die Gesellschaft aus ihrer Mitte heraus zu steuern …«

»… während die deutschen Frauen derweil zu sehr mit sich selbst und ihrem Körper beschäftigt sind, um die öffentlichen Chancen zu nutzen, die ihnen eigentlich zur Verfügung stehen?«, ergänze ich fragend.

»Man könnte es vielleicht auch so sagen«, formuliert Said: »Die mauretanischen Frauen ziehen die Fäden im Hintergrund. Sie präsentieren sich nicht so sehr im öffentlichen Raum, sie zeigen sich wenig, und doch haben sie die Fäden in der Hand. Bei den deutschen Frauen hingegen ist es genau andersherum: Sie präsentieren und zeigen sich, aber mitunter unter den falschen Prämissen, und so ziehen sie öfter den Kürzeren.«

»Mir ist auch aufgefallen«, ergänzt Yadali, »dass sich in Deutschland viele Frauen daran aufreiben, so zu sein wie der Mann, um sich durchzusetzen. Die Frauen hier betonen hingegen gezielt ihre Weiblichkeit. Und wickeln die Männer damit so um den Finger, dass sie alles bekommen, was sie wollen.«

»Und wir zeigen es trotzdem nicht, wenn wir zufrieden sind!«, schaltet sich Wafa lautstark ein, und unter den Männern erhebt sich zustimmendes, gleichzeitig amüsiertes Gemurmel. »Deshalb müssen die Männer immer weitermachen«, fügt Wafa kichernd hinzu, und die Männer nicken lachend.

»Mauretanien war schon immer eine Frauengesellschaft«, bestätigt Mohammed Salem. »Schon lange vor dem Islam. Hier sagt man: Wenn du etwas willst, wenn du etwas brauchst, dann geh zur Frau. Und wenn sie akzeptiert, was du willst und brauchst, dann kriegst du alles. Wenn nicht – dann kriegst du nichts.«

»Was können wir deutschen Frauen von diesen Frauen lernen?«, frage ich.

»Viele deutsche Frauen«, sagt Abdel Mounime, »versuchen Halt bei anderen zu finden. Sie fragen: Bin ich heute hübsch? Bin ich schön? Das tun die mauretanischen Frauen nicht.«

Wir fragen Beibaha danach. Die wörtliche Übersetzung ihrer Antwort geht irgendwo im Durcheinander der vielen Stimmen verloren, aber trotzdem schaffen wir es schließlich, auf des Pudels Kern zu kommen: »Habe ich das richtig verstanden«, fragt René, »wenn eine mauretanische Frau sagt, ich bin schön, dann meint sie eigentlich: Natürlich bin ich schön – *und* ich bin mir meiner Schönheit auch von vornherein bewusst? Ohne sie zu hinterfragen?«

»Genau das ist es, was sie meint«, sagt Said und strahlt dabei nicht ohne Stolz über das ganze Gesicht. »Die mauretanischen Frauen akzeptieren ihren Körper nicht nur, wie er ist, sondern sie genießen ihn. Und deshalb lassen sie sich auch von niemandem sagen, wie er sein soll.«

»Die deutsche Frau könnte also von der mauretanischen Frau lernen, selbstbewusster zu sein und sich nicht so sehr über ihr Aussehen zu definieren. Es ist wie mit diesem geflügelten Wort, das es auf Deutsch gibt: Wahre Schönheit kommt von innen«, fasse ich zusammen und ernte Zustimmung, aber irgendwie macht mich das noch nicht zufrieden. »Das ist zwar richtig«, schiebe ich also hinterher, »und dieses geflügelte Wort gibt es ja deshalb, weil natürlich viel Wahres drin steckt. Aber eigentlich ist es eine Floskel. Eigentlich *leben* die Frauen in Deutschland nicht danach. *Das* ist doch das Problem! Warum schaffen eure Frauen das, und wir schaffen es nicht?«

»Ich kann dir vielleicht noch einen der vielen Gründe nennen, warum das so sein könnte«, antwortet Yadali bedächtig. »Weißt du, bei einem deutschen Paar wird alles auf den Tisch gelegt. Probleme werden besprochen, und dabei kritisiert man sich auch heftig. In mauretanischen Familien ist das nicht so. Dort wird nicht so offen gesprochen. Der eine oder andere mag das für falsch halten, aber ich glaube, dass es auch etwas Gutes hat. Denn der mauretanische Mann besitzt die Galanterie, seiner Frau nicht zu nahe zu treten.«

Ich erinnere mich daran, was Wafa gesagt hat bezüglich der nicht offen geäußerten Kritik an den Männern, und ergänze in Gedanken: »Und die Frau wird dies im Gegenzug bei ihrem Mann auch eher selten tun.«

»Gleichzeitig schluckt der mauretanische Mann auch unglaublich viel. Er wird nicht an seiner Frau herummeckern – schon gar nicht wegen ihres Äußeren. Und das wiederum steigert das Selbstbewusstsein der Frauen. Sie fühlen sich so akzeptiert, wie sie sind, auch wenn wir Männer dafür hier und da einfach mal die Klappe halten müssen. Aber das tun wir gern, denn die mauretanischen Frauen sind extrem emotional und könnten sich selbst sonst ins Chaos stürzen. Mitsamt dem Mann.« Yadali lacht.

»Oder ihn, wenn es hart auf hart kommt, gar in einer Hauruckaktion verlassen«, ergänzt Mohammed Salem. »Kommt durchaus vor! Unsere Frauen sind sehr temperamentvoll.«

»Und deshalb«, sagt Yadali, »können die Mauretanierinnen auch durchaus etwas von den deutschen Frauen lernen: logisch zu denken. Und nicht so überstürzt zu reagieren.«

Wir fragen Beibaha und Said, wie das mit ihren Töchtern sei: ob sie an diesen feststellen könnten, dass das Thema der äußerlichen Schönheit an Bedeutung gewinne.

»Durchaus«, nickt Said. »Die Kleine beschimpft manchmal sogar schon die Große, sie sei zu dick. Das ist neu. Es hängt mit den neuen Medien zusammen: Fernsehen, Internet, DVDs. Mit den Vorbildern, die sie sich suchen, wie internationale Schauspielerinnen.«

»Und redet ihr mit euren Töchtern darüber?«

»Natürlich«, sagt Said. »Ich bin vom Herzen her ein alter Hippie, ich sage meinen Töchtern ständig, dass es wichtig ist, was im Kopf ist, und dass die Verpackung nicht zählt.«

»Aber wir können unsere Kinder nicht vom Konsum dieser Medien fernhalten«, wirft Beibaha ein. »Kinder werden immer auch von ihrer Umgebung erzogen. Nicht nur von ihren Eltern.«

»Schaut euch die ganzen Mädchen an, die plötzlich hellere Haut haben wollen«, ergänzt Yadali. »Manche von ihnen gehen nicht mehr aus dem Haus, weil sie Angst vor der Sonne haben. Sie kaufen sich diese Cremes, die sie ganz rot im Gesicht machen, bevor sie schließlich blasser werden. Und bei euch, da grillen sie sich im Solarium. Das ist doch total absurd!« Ja, das ist es.

»Aber«, ergänzt Abdel Mounime, »wir haben noch keine Schablone für Schönheit. Bei euch, da heißt es: Du als Frau, du hast so und so auszusehen. Hier ist jede Frau für sich die Verkörperung der Schönheit.«

Als ich die Frage aufwerfe, ob dies auch dauerhaft so bleiben wird, antwortet Wafa, dass sie nicht wirklich daran glauben mag, und Yadali sagt: »Ich glaube, das ist nicht die alles entscheidende Frage. Ich glaube, viel entscheidender ist es, dass die jungen Männer heutzutage es nicht mehr akzeptieren wollen, dass ihre Frauen ihnen gegenüber, wie Wafa es dir schon erklärt hat, ihre Gefühle nicht zeigen. Sie wollen, dass die Beziehungen offener werden. Dass das Miteinander ehrlicher wird.«

»Ist das gut oder schlecht?«, will ich wissen, aber statt einer Bewertung wiederholt Yadali nur: »Wie gesagt, ich glaube, das ist das, was sich ändern wird.«

Dieser Punkt muss sehr, sehr bedeutend sein, denke ich. Er muss äußerst wichtig sein – aber irgendwie verstehe ich ihn nicht. Ich kann ihn überhaupt nicht in Beziehung setzen zu dem, worüber wir zuvor gesprochen haben. Dieses »keine Gefühle zeigen« – ist das vielleicht so eine Art Code? Was ist damit wirklich gemeint, wo eine mauretanische Frau doch durchaus willens und auch in der Lage ist, ihre Gefühle zu zeigen, wie uns Beibaha zu Beginn des Abends schon bewiesen hat? Und was sollte es stattdessen sein, wenn das Temperament mit einer Mauretanierin durchgeht, was ja dermaßen legendär zu sein scheint, dass es von den Männern sogar so sorgfältig vermieden wird, wenn nicht »Gefühle zeigen«? Warum behandeln die mauretanischen Ehemänner ihre Frauen ab und an wie rohe Eier, wenn diese doch von sich behaupten, sie würden sich sowieso nichts anmerken lassen?

Übrigens nennt Beibaha uns zum guten Schluss noch ganz bereitwillig ihr Gewicht: Sie wiege um die neunzig, ihr Mann fünfundfünfzig Kilo, sagt sie. Und dass sie auch mit ihrer Fülle sehr, sehr gut arbeiten könne.

Donnerstag, 10. Februar 2011

Saharamedia teilt am Vormittag mit, dass nach einem weiteren verdächtigen Fahrzeug gefahndet werde und man in Mali einen Mann festgenommen habe, der mit siebzehn Missile-Raketen und ebenso vielen russischen Sprengkörpern unterwegs gewesen sei. Die Opposition wirft der machthabenden Partei Versagen ihres Sicherheitskonzeptes vor, und im Informationsministerium rollt der eine oder andere Kopf. Ob es zu unserem Vorteil ist, dass alle so sehr mit den aktuellen Vorkommnissen beschäftigt sind? Denn diesmal dürfen wir während unseres Besuches beim mauretanischen Fernsehen ohne weiteres drehen. Man hat uns sogar erlaubt, uns für die Gespräche mit den Moderatorinnen in eines der Studios zurückzuziehen.

Unsere Diskussionsspartnerinnen kommen aus mehreren Generationen: Da sind Mariam, 31, Moderatorin der Talkshow »Der besondere Gast«; Salwa, 32, Präsentatorin der Abendnachrichten des terrestrischen Kanals, und Moubaye, 29 Jahre alt, Präsentatorin der Abendnachrichten des Satellitenkanals, der hauptsächlich im Ausland gesehen wird. Und da ist Raky, fünfzig Jahre alt und eine wahre Koryphäe, denn sie war die erste Frau, die in Mauretanien auf einem Bildschirm erschien, und sie ist bis heute eine sehr respektierte und aktive Journalistin. Mariam, Salwa und Moubaye sind ausnahmslos rundliche Persönlichkeiten arabischer Abstammung; Raky hingegen ist Schwarzafrikanerin und nicht nur schlank, sondern sehr hager, und sie trägt einen Boubou senegalesischer Machart.

Ich frage sie nach den größten Veränderungen, die es seit ihrem Karrierebeginn beim Fernsehen gegeben hat, und Raky berichtet dazu Folgendes: »Wenn ich dir erzähle, wie ich überhaupt zum Fernsehen gekommen bin, dann sagt das schon sehr viel aus. Als das mauretanische Fernsehen am 9. Juli 1984 zum ersten Mal auf Sendung ging, fand man keine einzige Frau, die dort arbeiten wollte. Ich war damals Radiojournalistin und habe studiert; das Studium habe ich dann abgebrochen, um die Stelle beim Fernsehen anzutreten. Man hat mich, was diese betrifft, quasi indoktriniert, weil es keine andere Frau für diesen Job gab, und ich habe akzeptiert. Als ich im Sender ankam, waren eine Cutterin und ich die einzigen Frauen innerhalb des Betriebes. Wenn ich das mit der Situation heute vergleiche, dann würde ich sagen: Es ist eine Revolution. Denn wenn Sie heute in unseren Redaktionssaal kommen, dann sehen Sie mehr Frauen als Männer.«

Ich frage die Frauen, wie wichtig das Aussehen ihrer Meinung nach für ihren Job ist. »Fernsehen ist nicht Radio, und beim Fernsehen geht es nun mal um Bilder. Deshalb spielt das Äußere schon eine große Rolle«, sagt Raky. »Man muss sich Mühe geben«, nickt Moubaye. »Wir schminken uns sorgfältig, und wir achten darauf, dass wir gut angezogen sind. Es ist ja so: Die Menschen schauen einen gern an, wenn man attraktiv ist. Und weil es das Ziel sein muss, dass möglichst viele Menschen deine Sendung schauen, müssen wir uns von unserer besten Seite zeigen.«

»Die Männer hier«, erklärt Salwa augenzwinkernd, »von denen kann man behaupten, dass sie ausschließlich wegen ihres Intellekts hier sind.« Sie lacht verschmitzt. »Wir sind natürlich auch wegen unseres Intellekts hier. Aber trotzdem spielt unser Äußeres eine größere Rolle. Es geht dabei zum Glück nicht darum, nach objektiven Kriterien schön zu sein. Es geht eher darum, eine gewisse Telegenität, eine Anziehungskraft und Ausstrahlung zu besitzen. *Zusätzlich* zu dem, was man im Kopf hat.«

»Gibt es Maskenbildnerinnen?«, will ich wissen.

»Gibt es«, bestätigt Salwa, »aber sie kümmern sich hauptsächlich darum, die Männer abzupudern. Die meisten von uns Frauen schminken sich selbst. Für uns ist das ein Ritual, das wir sehr genießen, es macht uns großen Spaß. Und ich persönlich möchte diese Freude niemand anderem überlassen. Ich möchte sie selbst erleben. Es ist Zeit, die ich mit mir selbst verbringe.«

Ich erinnere mich daran, was Abderrahmane bezüglich dieser Frauenrituale gesagt hat, die er auch als »Zeit für Reflexion« bezeichnete. In Deutschland hingegen höre ich von anderen Frauen oft, wie beneidenswert es doch sei, wenn man, wie es bei mir an Drehtagen der Fall ist, jemanden habe, der sich um Haare und Make-up kümmere.

»Wir geben uns auch deshalb so viel Mühe, weil wir wissen, welch großen Einfluss wir haben«, erklärt Moubaye. »Dass wir Vorbilder sind. Wenn ich die Nachrichten moderiere, dann werden diese von vielen Mauretanierinnen im Ausland gesehen, die sich an mir orientieren. Ich habe einmal Urlaub in Marokko gemacht, und dort traf ich auf Mauretanierinnen, die dort lebten und zu mir sagten: Moubaye, du kannst doch keinen Urlaub machen! Du musst wieder ins Fernsehen und uns zeigen, was die Mode ist.«

»Eine Malhafa, die wir abends im Fernsehen tragen, wird am nächsten Tag auf dem Markt sehr viel wertvoller sein als noch am Tag zuvor. Viele Frauen werden danach fragen«, bestätigt Mariam.

»In meinem speziellen Fall«, nickt Moubaye, »geht das so weit, dass es einen Händler gibt, der jeden Tag meine Sendung ansieht. Noch während sie läuft, ordert er Malhafas, die ähnlich oder die gleichen sind, wie ich sie gerade trage. Und meistens wird er währenddessen schon von Kundinnen aus allen möglichen Ländern angerufen, die genau diese Malhafa bei ihm vorbestellen.«

Die Malhafa wird also auch von Frauen getragen, die im Ausland leben, denke ich. Die Liebe der mauretanischen Frau zu diesem Kleidungsstück muss sehr groß sein.

»Das bedeutet ja«, sage ich zu Moubaye, »dass du eine sehr große Macht hast über die Zuschauerinnen.«

»Ja, sehr«, erwidert Moubaye. »und ich muss auch Rücksicht darauf nehmen. Einmal hat mich ein Mann angerufen. Er war sehr böse auf mich und hat zu mir gesagt, ich hätte ihm viele Probleme verursacht. Denn seine Frau wolle die gleichen Malhafas haben, wie ich sie besitze, aber diese seien so teuer, dass er sie sich nicht leisten könne. Seitdem ziehe ich öfter Malhafas an, die günstiger sind.«

»Gibt es abgesehen von der Malhafa weitere Kritikpunkte, die von den Zuschauern aufgegriffen werden?«

»Natürlich«, sagt Mariam. »Das Publikum achtet sehr darauf, ob man Fehler macht. Das fängt schon mit Anrufen an, dass der Lidschatten nicht zur Malhafa gepasst habe. Aber diese Dinge betreffen nicht allein uns Moderatorinnen. Sie betreffen *alle* Menschen, die auf einem Bildschirm zu sehen sind. Ich hatte einmal eine Frau in meinem Programm zu Gast. Diese Frau kam zu spät, sie hatte keine Zeit mehr, sich zurechtzumachen, und ich bekam am nächsten Tag unglaublich viele Anrufe: Was war denn mit *ihr* los?! Habt ihr sie direkt aus dem Bett geholt? Solche Erfahrungen sind gut. Denn sie zeigen einem, dass man das alles nicht so persönlich nehmen muss.«

Ich frage, ob es von Zuschauern auch Bemerkungen über ihre Körperlichkeit an sich gebe, also über die Natur ihrer Figur oder ihres Gesichtes, und nicht nur über die dem eigentlichen Körper »hinzugefügten« Dinge wie Make-up oder Kleidung.

Salwa verneint. »Nein, Kommentare über meine Körperlichkeit von Fremden – das kenne ich nicht. Solcherlei Unverschämtheiten höre ich nicht. Das kommt sehr, sehr selten vor. Und wenn – die Welt ist hier sehr klein. Wenn jemand so über dich spricht, wirst du es erfahren.«

»Bei mir ist das anders«, wirft Raky ein. »Wie oft hat man über mich schon gesagt, dass ich viel schöner wäre, wenn ich nur zunähme! Aber es geht auch noch um etwas anderes. Man hat nun mal nicht jeden Tag das gleiche Gesicht. Wir sind Menschen, keine Maschinen, wie jeder andere auch, und auch ich habe mal einen schlechten Tag. Dann bin ich nicht nicht dieselbe Raky wie die Raky von gestern. Die Leute bemerken das sofort, und sie reden darüber: Oh, Raky hat ein Problem. Welches Problem mag das sein? Dann fangen sie an, dieses Problem zu konstruieren, und manchmal erfinden sie Dinge, die gar nicht existieren.«

»Wie gehst du damit um?«, frage ich Raky. »Sowohl mit der Kritik an deinem Körper als auch mit den Gerüchten? Und was würdest du mit deiner langjährigen Erfahrung uns jüngeren Kolleginnen raten?«

»Ihr müsst stark sein«, antwortet Raky. »Ich sage euch: Wenn ich auf alles gehört hätte, was die Leute sagen, dann wäre ich nicht mehr hier. Ich würde hier nicht stehen. Aber ich verschließe meine Augen und Ohren, wenn ich diese Dinge erlebe. Ich mache mit dem weiter, was ich zu tun habe, und ich beschäftige mich nicht damit, was die Leute sagen. Das ist auch der Ratschlag, den ich euch als meinen Schwestern gebe. Macht eure Arbeit und hört nicht darauf, was die Leute sagen. Seid ihr selbst – und ihr werdet sehen, dass die Leute irgendwann schweigen.«

Ich spreche die Frauen auch auf die derzeitigen Veränderungen an und auf meine große Sorge, dass die Mauretanierinnen zukünftig an Stärke und Selbstbewusstsein verlieren könnten.

»Das tun sie bereits«, sagt Salwa. Und lächelt beruhigend, als sie mein erschrockenes Gesicht sieht. »Sie verlieren an Stärke und Selbstbewusstsein, indem sie sich nichtmauretanische Vorbilder suchen. Aber sich diese zu suchen ist ihr gutes Recht. Denn genau wie die Frauen in vielen anderen Gesellschaften wollen sie jetzt den Zugang zum Rest der Welt, der ihnen bislang verwehrt blieb. Indem sie sich nichtmauretanische Vorbilder suchen, verlieren sie zwar einen Teil ihrer Identität. Aber das haben sie früher, wenn du so willst, auch schon getan«, fährt sie fort. »Auch ein Mädchen, das der Gavage ausgesetzt war, konnte nur schwer Selbstbewusstsein entwickeln, denn sie sollte erst noch jemand *werden*. Statt schon jemand zu sein, der akzeptiert wird, wie er ist.«

Salwa teilt meine Skepsis bezüglich der Zukunft der Frauen in ihrem Heimatland deshalb nicht: »Weiterentwicklung muss es immer geben«, sagt sie. Und fügt zum Schluss noch hinzu: »Ist Raky nicht schon jetzt das beste Beispiel dafür, dass es in Mauretanien immer Frauen geben wird, die die Kraft haben, sich Vorbildern zu widersetzen? Letztendlich geht es doch immer darum: Statt die anderen anzuschauen, sollte man sich selbst anschauen. Und alles im Leben ist relativ.«

Als wir den Sender verlassen, habe ich nicht nur neue Antworten auf meine Fragen, sondern auch einen weiteren Termin im Gepäck: Mariam hat mich zu ihrer Talkshow »Der besondere Gast« eingeladen. Die Aufzeichnung soll Sonntagnachmittag stattfinden, und ich bin ziemlich aufgeregt, wenn ich daran denke. Ob es mir gelingt, meine Gedanken bis dahin so weit sortiert zu haben, dass ich unsere Reise, mein Anliegen und das, was wir herausgefunden haben, einigermaßen klar wiedergeben kann?

Eigentlich, denke ich, sollte ich keine Angst davor haben, denn im Grunde kann mir gar nichts Besseres passieren, als dass der Spieß jetzt einfach mal umgedreht wird. Es ist eine gute Gelegenheit, zu reflektieren. Und es ist der beste Moment dafür. Nicht nur deshalb, weil ich schon vieles sehr viel klarer sehe. Sondern auch, weil wir uns durch einen Fernsehauftritt so kurz vor dem Abflug keinem allzu großen Risiko mehr aussetzen. Zu einem früheren Zeitpunkt hätten wir eine solch öffentlichkeitswirksame Aktion eher vermeiden sollen.

Bei unserer Rückkehr zum Auto ist auch der auf uns wartende Mohamedoun ganz aufgewühlt. Es geht das Gerücht, Ägyptens Präsident Mubarak sei geflohen, nachdem Demonstranten angekündigt hatten, den Präsidentenpalast zu stürmen. Ob diese Information stimmt, bleibt den Abend über unklar. Wir haben die Mitarbeiter der deutschen Botschaft zum Essen eingeladen, aber auch sie können uns nichts Genaues sagen.

Der Abend wird mal wieder sehr lustig, und wenige Stunden später finden wir uns in einem dunklen, verrauchten Nachtclub wieder, von dem wir nicht einmal geahnt haben, dass es so etwas wie ihn in Nouakchott überhaupt gibt. Aber da stehen wir, trinken Gin Tonic, und der Wirt spielt uns zu Ehren »AC / DC«. Die mauretanischen Männer beweisen, wie phantastisch sie tanzen können, und die jungen Schwarzafrikanerinnen um mich herum wundern sich ebenso sehr über mein Kopftuch wie ich mich über ihre sehr spärliche Bekleidung und ihre schwindelerregenden High Heels. Nur eine maurisch-arabisch Frau ist weit und breit nicht in Sicht.

Als wir den Club wieder verlassen, haben René und ich für unseren nächsten Aufenthalt in Nouakchott ein Engagement als DJs. Und da ich an diesem Abend auch erfahren habe, dass insgesamt ganze 51 Deutsche in Mauretanien gemeldet sind, denke ich, dass das doch eine schöne Gelegenheit wäre, die alle mal zu einer Party zusammenzutrommeln.

Freitag, 11. Februar 2011

Mubarak hat sich tatsächlich verabschiedet; in der Stadt bricht ein Sturm der Begeisterung los. Rund um die ägyptische Botschaft bilden sich Autokorsos, und das Gehupe ist bis zu unserer Auberge zu hören. Auch Mohamedoun freut sich. Noch mehr freut er sich, als er hört, wo er uns am frühen Abend hinfahren darf, denn wir haben einen Termin bei Dimi Mint Abba. Wafa strahlt, als wir uns auf den Weg machen. Ich habe mich mittlerweile im Internet ein wenig genauer über Dimi informiert und dabei folgendes gefunden:

»Dimi Mint Abba ist die bekannteste Vertreterin der Griot-Tradition in Mauretanien. Griots sind weit mehr als folkloristische Sängerinnen, und so ist auch Dimi Mint Abba Bewahrerin von Traditionen, Kommentatorin des Zeitgeschehens, Poetin und Sängerin in einer Person. (...) In der immer noch streng hierarchischen Gesellschaft

Mauretaniens nahmen die Griots schon immer eine Sonderstellung ein: Sie waren eine Mischung aus Hofsänger, Biograph, Historiker und Hofnarr. Geliebt für ihren Gesang, gefürchtet für ihre scharfe Zunge, von dubioser sozialer Stellung, aber angeblich mit hellseherischen oder gar magischen Fähigkeiten ausgestattet.«

Es dauert etwa anderthalb Stunden, bis Dimi in dem Salon ihres Hauses auftaucht. Sie ist mindestens einen Kopf kleiner als ich, genauso rund wie im Fernsehen, hat ein trotz ihrer Fülle feingezeichnetes Gesicht, trägt eine sehr hübsche schwarzbunte Malhafa und eine Menge klimpernden Schmuck, der jede ihrer Bewegungen akustisch untermalt. Dimi entschuldigt sich für ihr Zuspätkommen und gibt uns eine kleine Kostprobe ihrer Deutschkenntnisse: »Donke schön«, sagt sie lachend, und »Guten Tog«, denn sie war war schon mehrfach in Deutschland auf Tour.

Als Erstes stellt sie fest, dass ich wohl nach Mauretanien gehören würde, so schön wie ich sei in meiner Malhafa. Ich freue mich darüber sehr und bedanke mich bei ihr ebenfalls mit einem Kompliment: Wie unübersehbar ihre Präsenz im Land auch für Kurzzeitgäste wie uns sei; dass jeder sie kenne und nur mit dem allergrößten Respekt und Stolz über sie spreche.

Ja, nickt Dimi, darauf sei auch sie sehr stolz und natürlich sehr glücklich darüber. Aber dann kommt sie sofort und ohne Umschweife darauf zu sprechen, dass das auch Nachteile habe, weil ihr Bekanntheitsgrad ihr Privatleben sehr beeinträchtige. Es sei zwar sehr schön, ein Star zu sein, sagt Dimi, aber das bedeute auch, dass sie nie unbeobachtet sei. Dass die Leute auch in ihrer Abwesenheit über sie sprächen, und trotz aller Beliebtheit sei dies nicht immer nur Gutes.

Ob sie eine besondere Strategie entwickelt habe, um mit solchen Situationen umzugehen, fragt René.

»Früher ist mir das wahnsinnig auf die Nerven gegangen«, sagt Dimi. »Heute weiß ich: Die Leute sprechen deshalb über mich, weil ich besonders bin. Weil ich ihnen etwas bedeute. Also sollte ich eigentlich froh darüber sein, dass sie sich mit mir beschäftigen, auch wenn es dabei um Dinge geht, die sie nun wirklich nichts angehen. Wichtig ist nur, dass die Menschen letztendlich mehr Gutes als Schlechtes über mich sagen. Und das ist zum Glück der Fall.« Sie lacht.

»Was tun Sie, wenn Ihnen etwas Schlechtes oder schlicht Falsches über Sie selbst zu Ohren kommt?«, frage ich. »Gehen Sie darauf ein? Versuchen Sie, die Dinge zu korrigieren? Oder die Urheber zur Rede zu stellen?«

»Nein, nein«, antwortet Dimi, auf so etwas reagiere sie gar nicht. »Ich verlasse mich lieber darauf, dass es Menschen gibt, die an meiner Statt für mich kämpfen. Weil sie mich mögen und wissen, wie es wirklich ist. Und als Fürsprecher für mich eintreten.« Wow.

»Außerdem«, fügt Dimi hinzu, »selbst wenn ich einschreiten *wollte* – das gehört sich für mich gar nicht. Ich komme aus einer sehr geachteten Familie. Meine Herkunft ist ein wichtiger Grund für die Liebe und den Respekt, die mir die meisten Menschen entgegenbringen. Warum also sollte ich genau das mit Füßen treten?«

Dies scheint umso bedeutender zu sein, als dass Dimis Familie sich diesen Respekt hart erarbeitet haben muss, da die Griots ja traditionell eher von zweifelhaftem Ansehen waren. Dimis Vater aber war ein hochangesehener Komponist. Sie selbst, erzählt Dimi, mache Musik, seit sie neun Jahre alt ist: Schon früh habe sie ihre Eltern zu Auftritten begleitet, und heute trete eine ihrer Töchter ebenfalls in ihre Fußstapfen. Von ihrer Mutter hat Dimi auch das Spielen der »Ardin« gelernt, und auf ein Zeichen hin springt Dimis Jüngster auf, der unser Gespräch aus sicherer Entfernung von der anderen Seite des Salons interessiert beobachtet, und holt das Instrument, um es uns zu zeigen. Es ist ein Zupfinstrument, dessen Saiten, die an einem langen Stab befestigt sind, in einer hölzernen Halbkugel am unteren Ende zusammenlaufen, und Dimi beginnt es umgehend zu stimmen. Der Klang ist einzigartig; mir fällt jedenfalls nichts ein, mit dem ich es vergleichen kann. Dimis Finger fliegen über die Saiten, und als Wafa und Dimi mir erklären, dass dieses Instrument ausschließlich von Frauen gespielt wird, denke ich, dass die mauretanischen Frauen vielleicht auch deshalb so lange, schmale Finger haben: um virtuos ihre Ardin zu beherrschen.

Als ich diesen Gedanken laut ausspreche, spielt Dimi zum Dank einen kleinen Tusch. »Donke schön!«, lacht sie, und wir klatschen uns ab. Klarer Fall, wir verstehen uns, und deshalb traue ich mich, ihr die Frage zu stellen, ob bei der Liebe ihres Volkes zu ihrer Person auch ihre Körperlichkeit, ihre Figur eine Rolle spiele.

»Nein«, antwortet Dimi und schüttelt den Kopf, »das glaube ich nicht. Als ich meine Karriere begonnen habe, habe ich nur fünfzig Kilo gewogen. Ich bin eben im Laufe der Zeit dicker geworden, aber das ist nicht wichtig. Es ändert nichts daran, wie ich respektiert werde. Dimi ist Dimi«, und sie lacht erneut.

René fragt nach ihren Texten, in denen sie ja auch ganz aktuelle, gesellschaftlich bedeutende Themen aufgreife, und Dimi bestätigt uns, dass sie mit ihren Liedern ihre Zuhörerinnen zum Beispiel immer wieder auffordere, mit ihren Kindern zu den angebotenen Impfungen zu gehen. Dann beginnt sie, uns etwas vorzusingen. Es ist ein Lied über eine sehr schöne Frau, die von ihrer Schönheit etwas abgeben solle, da sie so hochmütig sei, dass kein Mann sie heiraten möchte.

»Diese Lieder sind übrigens auch eine Gelegenheit, Erfahrungen mit Männern zu verarbeiten«, steckt Wafa mir nach dem beeindruckenden Privatkonzert. »Normalerweise können wir ja nicht so offen darüber reden. Aber durch diese Lieder sind wir in der Lage, uns über die Männer auszutauschen.«

»Und Gefühle zu zeigen?«, hake ich nach, und Wafa lacht. »Vielleicht«, sagt sie, aber mehr bekomme ich dazu nicht mehr aus ihr heraus. Denn Dimi hat es jetzt sehr eilig, da sie noch auf einer Hochzeit auftritt, und schnell zücken wir unsere Fotoapparate.

Samstag, 12. Februar 2011

Mittags besucht uns überraschend Aminetou mit einer jüngeren, sehr üppigen Kollegin im Schlepptau. Ihr Name ist Oumoulkhairy. Wir waren ihr vor einiger Zeit in Aminetous Büro begegnet und hatten sie gefragt, ob sie uns bei Gelegenheit ebenfalls ein paar Fragen beantworten würde, et voilà: Da ist sie. Unser Interviewbild richten wir auf dem Balkon der Auberge ein. Es ist heiß, aber da müssen wir jetzt durch, und wieder mal fällt mir auf, wie sehr die Malhafa und das leichte Unterkleid dabei helfen, die Temperaturen zu ertragen. Man möchte ja vielleicht meinen, das Gegenteil sei der Fall, wenn man sich in fünf Meter Stoff einwickelt, aber das stimmt überhaupt nicht.

Oumoulkhairy ist Ingenieurin, 1978 geboren und engagiert in

einer Partnerorganisation von Aminetous Association, die sich für Bildung einsetzt. Denn seit das Bildungswesen vor etwa zehn Jahren auch für private Unternehmer geöffnet wurde, erklärt Oumoulkhairy uns, gebe es ein großes Problem: Viele Lehrer würden von den öffentlichen an die privaten Schulen abwandern, wo sie mehr verdienen könnten, und dadurch sei auch der Bestechung Tür und Tor geöffnet. Abiturfragen würden vorab durch Lehrer verkauft; an den Privatschulen würden sich vermehrt schwache Schüler tummeln, deren Eltern – ob »nur« mit dem Schulgeld oder auch darüber hinaus – für gute Noten bezahlen. So sinke allmählich das Bildungsniveau, der Staat könne sich kaum noch gute Lehrer leisten, und deshalb kämpfe Oumoulkhairy unter anderem dafür, Lehrer zurück an die öffentlichen Schulen zu bringen. Oumoulkhairy hat nicht in Nouakchott, sondern in Syrien studiert, und ich frage sie, ob sie dort auch die Malhafa getragen habe. Schon, sagt Oumoulkhairy, aber sie habe sich natürlich Mühe gegeben, auch die andere, in ihrem Gastland gängigere Kleidung anzuziehen, also normale Röcke und Oberteile.

»Wie hat sich das angefühlt?«, frage ich sie.

»Am Anfang komisch«, antwortet Oumoulkhairy, »es ist nicht sehr bequem, wenn man die Malhafa gewöhnt ist.« Sie lacht. »Die Malhafa ist ja wirklich sehr gemütlich. Aber manchmal ein bisschen unpraktisch, zum Beispiel wenn man in einem Labor arbeitet. Deshalb ist es auch hier in Mauretanien völlig okay, wenn Frauen in einem solchen Job etwas anderes anziehen.«

Ich frage sie, ob es Momente in ihrem Leben gebe, in denen sie sich wünsche, schlank zu sein. »Ja«, nickt Oumoulkhairy, »und diese Momente hängen genau damit zusammen: Wenn ich schöne Mode sehe, im Internet zum Beispiel, oder wenn ich in Europa bin und eine schöne, schlanke Frau sehe, die diese Mode trägt. Aber meistens weiß ich dann, dass mir das eh nicht passt und auch nicht steht«, sie lacht wieder, »und dann ist es auch okay.«

»Was hältst du davon, dass viele Frauen sich mittlerweile auch hier in Mauretanien an der westlichen Mode orientieren? Und deshalb viele auch lieber dünner sein möchten?«

»Ich finde es nicht schlimm. Im Gegenteil, es ist doch gut, wenn Menschen sich voneinander etwas abschauen.«

»Aber ist es nicht schade, wenn sich alle aneinander anpassen und die Unterschiede verschwinden? Wenn irgendwann alle Frauen auf dieser Welt gleich aussehen?«

»Natürlich wäre das schade«, nickt Oumoulkhairy, »das wäre sogar sehr traurig. Aber keine Angst, das wird schon nicht passieren. Jedenfalls nicht, was die mauretanischen Frauen betrifft. Denn, weißt du, solche Veränderungen sind hier ja nicht neu.«

»Sind sie nicht?«, frage ich baff, und Oumoulkhairy lacht erneut. »Nein, sind sie nicht«, wiederholt sie. »Wenn du dir unsere Malhafas anschaust, haben sie sich im Laufe der Zeit schon *sehr* verändert. Früher, da bestand die Malhafa aus einem sehr dunklen, dicken Stoff, und die Frauen ließen nur ihre Augen frei. Die Malhafas hatten auch keine Muster, sie waren einheitlich dunkelblau. Irgendwann, vielleicht Ende der Siebziger, wurden die Stoffe langsam leichter.«

»Und dann kamen die Farben«, nimmt Wafa den Faden auf. »Einer der ersten Fernsehkanäle, die wir hier in Mauretanien nicht nur in Schwarzweiß empfangen konnten, war ein senegalesischer Sender.«

»Und die Senegalesinnen kleiden sich sehr farbenfroh«, ergänze ich. Wafa und Oumoulkhairy nicken zustimmend.

»Das heißt also«, schlussfolgere ich, »dass die Malhafa, wie sie heute aussieht, ein Beweis dafür ist, dass es Einflüsse von außen schon immer gegeben hat, ohne der Tradition gefährlich zu werden?«

»Genau«, sagt Oumoulkhairy. »Was man darunter trägt oder sogar darüber – denn heute kann eine Frau über einer Malhafa zum Beispiel auch einen Mantel tragen, wenn sie möchte –, das ist vielleicht neu. Die Malhafa an sich ist nicht neu, aber sie ändert sich. Sie folgt zwar ebenfalls einer Mode und passt sich an – aber sie bleibt.«

»Die Malhafa«, führt Wafa fort, »ist eine Sache, die wir nicht lassen können. Sie gehört zu uns mauretanischen Frauen, und sie wird auch in dreißig Jahren noch unser wichtigstes Kleidungsstück sein. Davon bin ich fest überzeugt.« Auch Oumoulkhairy nickt heftig.

»Was, glaubt ihr, bedeutet das für die Zukunft der mauretanischen Frauen im Hinblick auf die äußerliche Schönheit?«, frage ich.

»Das bedeutet«, sagt Wafa vergnügt, »dass mit der Malhafa in irgendeiner Form auch immer eine Vorliebe für rundliche Frauen bleiben wird. Sowohl vonseiten der Frauen als auch vonseiten der Männer. Selbst wenn es gleichzeitig als modern gilt, schlanker zu sein. Von daher brauchst du wirklich keine Angst haben, dass hier eines Tages nur noch Zahnstocher herumlaufen.«

Sie lacht mich freudig an, und ihre Augen blitzen, während es mir endlich, endlich!, wie Schuppen von den Augen fällt.

Da also ist das »Etwas«, nachdem ich gesucht habe. Ich hatte es die ganze Zeit genau vor mir! Mehr noch: Ich hatte es nicht nur die ganze Zeit vor Augen, sondern trage es sogar an meinem Körper. Die Malhafa, denke ich. Natürlich! Ist sie tatsächlich der rote Faden? Alles weist darauf hin: Die große Liebe der Frauen zu diesem Kleidungsstück. Wafas Perfektionismus und die Sorgfalt der Moderationskolleginnen im Umgang damit. Die Tatsache, dass die Malhafa auch für mauretanische Frauen, die im Ausland leben, ein so wichtiges, identitätsstiftendes Moment zu sein scheint. Die Freude der Menschen hier, wenn sie sehen, dass eine europäische Frau sich die Mühe macht, das Tragen dieses Kleidungsstücks zu erlernen.

Und wenn die Malhafa wirklich das Geheimnis ist, dann wäre ich meine Sorge los! Denn in Verbindung mit dem soeben erlangten Wissen würde dies bedeuten, dass die derzeitigen Veränderungen den Mauretanierinnen nichts werden anhaben können, ebenso wenig wie die bereits durchlebten Veränderungen ihnen etwas anhaben konnten. Dass ihre Stärke und ihr Selbstbewusstsein bleiben werden, solange nur die Malhafa als mit Einfluss gefülltes Sinnbild ebenfalls bleibt. Nicht als altmodisches Symbol aus früheren Zeiten, sondern als etwas, das weiterhin gelebt wird, den Alltag begleitet und mitbestimmt.

Ich muss unbedingt Abderrahmane danach fragen. Ob er mir diese Theorie bestätigen kann?

Wo wir gerade schon mal Tacheles reden, nutze ich die nächste Situation, in der Wafa und ich miteinander allein sind, um sie noch auf etwas ganz anderes anzusprechen.

»Wafa«, sage ich ernst und schaue sie an, »wir müssen jetzt auch noch mal über etwas anderes reden.«

»Ja, Tine?«, sagt sie und grinst mich an, als wisse sie längst, was kommt, und hätte nur darauf gewartet, dass ich endlich danach frage.

»Also, dieses mit dem ›keine Gefühle zeigen‹«, setze ich an. »Ständig kommst du irgendwie immer wieder auf diesen Punkt, und auch

Yadali hat viel davon gesprochen. Aber ich verstehe das nicht. Was meinst du damit eigentlich? Ist das irgendwie eine Geheimsprache oder so was?«

Wafa vergewissert sich, dass wir allein sind und uns wirklich niemand hören kann, und dann klärt sie mich mit leiser, flüsternder Stimme auf. Im wahrsten Sinne des Wortes. Denn wie so oft auf dieser Welt geht es auch in diesem Fall – natürlich – um Sex. Und so erfahre ich endlich, was mit dem Ausdruck »Gefühle zeigen« tatsächlich gemeint ist.

Dass Sexualität ein so großes Tabu sei, dass man tatsächlich nur verschlüsselt darüber spreche. Dass die mauretanische Frau dermaßen stolz sei, dass sie nicht nur im ganz alltäglichen Umgang mit Männern, sondern auch im Bett, innerhalb der Ehe, manchmal wie versteinert sei. »Wie ein Eisklotz. Wie eine Matratze. Sie ist sehr passiv. Sie zeigt oft nicht, was ihr gefällt oder nicht. Und sie äußert auch ihre Wünsche nicht.«

»Aber warum denn nicht?«, frage ich verzweifelt. »Ich meine, innerhalb der Ehe muss das doch möglich sein, oder?«

»Natürlich ist es *möglich*«, erklärt Wafa. »Aber du darfst nicht vergessen, wie wichtig der Mauretanierin ihre Würde ist. Und diese Würde verliert sie ihrer Meinung nach schon dann, wenn sie auch nur ein einziges Mal die Kontrolle über sich verliert. Sie ist dabei in diesem Fall ja nicht allein. Der Mann ist bei ihr, und wenn er sich irgendwann einmal von ihr trennt, dann nimmt er diese Erinnerungen mit. Er wäre dann jederzeit in der Lage, sie bloßzustellen, zu verletzen oder zu entehren. Er hat also ab diesem Zeitpunkt eine sehr große Macht über sie. Und das wollen viele Frauen nicht zulassen.«

Ob auch die weibliche Beschneidung, die ja in Mauretanien noch immer vereinzelt praktiziert wird, hier eine Rolle spielt? Zu vermuten ist es. Harter Stoff, denke ich.

»Aber das Frauenbild, das uns jetzt plötzlich durch die ausländischen Medien überrollt, das ist ein ganz anderes. Da sind die Frauen aktiv. Sie nehmen sich, was sie wollen und brauchen. Sie zeigen eben ihre Gefühle.«

»Und deshalb«, schlussfolgere ich, »machen viele junge Männer, die hier diese Medien konsumieren, vielleicht eine Gleichung auf, die eigentlich nur logisch ist. Denn in diesen ausländischen Medien finden runde Frauen nicht statt. Die Frauen in diesen Medien sind nahezu ausnahmslos schlank. Also denken die jungen Männer, wenn sie sich eine schlanke Frau nehmen, dann bekommen sie eine Frau, die auch im Bett mehr mitmacht.«

»Weißt du«, nickt Wafa, »ich brauche dir ja nicht zu erklären, was für Filme das sind, die die Jungen und auch Mädchen sich manchmal auf den Schulhöfen über ihre Handys ansehen.«

Nein, denke ich, das braucht sie wirklich nicht weiter zu präzisieren, das kann ich Wafa ersparen.

»Es gibt keine Auseinandersetzung mit diesem Thema. Man spricht einfach nicht darüber. Jeder weiß, dass man auch hier zum Beispiel Dessous kaufen kann, wenn man weiß, wo man dafür hingehen muss. Aber man kann es niemals laut sagen.«

Jetzt endlich habe ich verstanden, was Yadali damit meinte, als er sagte: »Die jungen Männer wollen es heutzutage nicht mehr akzeptieren, dass ihre Frauen ihnen gegenüber keine Gefühle zeigen. Sie wollen, dass die Beziehungen offener werden. Dass das Miteinander ehrlicher wird.«

Und zum ersten Mal wird mir klar, dass in der Globalisierung, in der Öffnung des Landes für andere Einflüsse, so zweifelhaft sie teilweise sein mögen, für die Frauen Mauretaniens auch eine Chance liegen kann. Dass viele unter ihnen diese Chance vermutlich längst begriffen haben. Und dass sie wohl genau deshalb auch keine Angst davor spüren.

Am späten Nachmittag erhalten wir einen Anruf von Tete, und sie teilt uns mit, dass sie ab sofort nicht mehr für Aminetou arbeite. Weshalb, das sagt sie uns nicht.

Abends sind wir bei Wafa und der Familie ihres Onkels zum Essen eingeladen. Ich bekomme bei dieser Gelegenheit auch Haifa zu Gesicht, Wafas Schwester. Sie ist ein überaus scheues, schmales Mädchen mit lückenhaftem Gebiss, das uns schüchtern anlächelt, bevor sie gleich wieder verschwindet.

Das reichhaltige Essen ist nach der überwiegend schmalen Kost der vergangenen Wochen eine Offenbarung, es schmeckt unfassbar gut. So gut, dass wir auf dem Rückweg die steilen, mörderischen Treppen, die von der Wohnung zurück auf die Straße führen, kaum bewältigen können. »Warum sind die Stufen hier eigentlich immer so glatt?«, stöhne ich, während ich im Dunkeln verzweifelt versuche, mit meinen Flipflops nicht gleich in einem Rutsch hinunterzusegeln, und Wafa sagt: »Das kommt vom vielen Sand. Der ist auf den Fliesen wie Schmirgelpapier.« Womit dann auch eine der letzten meiner noch offenen Fragen beantwortet wäre.

Sonntag, 13. Februar 2011

Bevor wir Mariam mit ihrem Kamerateam zur Aufzeichnung von »Der besondere Gast« treffen, besuchen wir noch einmal Isselmou, den Teemann, um uns von ihm zu verabschieden und uns bei ihm zu bedanken, denn er hat uns als »stiller Briefkasten« für unsere Verabredungen mit Aminetou zuverlässige Dienste geleistet. Und außerdem hat er darauf bestanden, vor unserer Kamera ebenfalls noch seinen großen Auftritt zu bekommen. Wir treffen ihn wie immer in seiner Lagerstatt vor Aminetous Büro, und ebenfalls wie immer bereitet er für uns eine Runde Tee.

Er weiht uns in die Geheimnisse des Turbans ein und zeigt uns die verschiedenen Arten, wie dieser, abhängig von Jahreszeiten und Berufsgruppen, gebunden wird. Der Turban scheint für die Männer eine ähnliche Bedeutung und Symbolkraft zu haben wie die Malhafa für die Frauen. Zu einer wirklich innigen Diskussion darüber kommt es aber nicht, denn aufgrund der exponierten Lage von Isselmous Lager haben wir nicht die Ruhe, ein konzentriertes Gespräch zu führen: Immer wieder bleiben Männer neben seinem provisorischen Zelt stehen, beobachten uns und klopfen Sprüche, wovon sich Isselmou hier und da ebenfalls zu ein paar anzüglichen Frechheiten mir gegenüber verleiten lässt, die ich an dieser Stelle aus Gründen der Diskretion und des Anstands lieber verschweige.

Trotzdem sagt er auch etwas sehr Rührendes. Als ich ihn frage, wann eine Frau in seinen Augen schön ist, antwortet er: »Wenn sie sich ein bisschen Mühe mit sich gibt. Denn wenn sie schmutzig ist und sich nicht gut pflegt, dann kann man ihre Schönheit nicht sehen.« Die aber nichtsdestotrotz vorhanden ist, ergänze ich in Gedanken, und mir fällt sofort eine Anekdote ein, die Irina zu Beginn unserer Recherchen berichtet hatte: Von einem Gespräch mit Adolphos, einem Kommilitonen aus Ghana, ebenso filmbegeistert wie Irina, der oft in der Videothek der Hochschule saß und Drehbücher schrieb. »Adolphos«, so berichtete uns Irina, »hatte eine Vorstellung davon, was das Problem der Frauen in Europa sei. Denn in seiner Heimat, erklärte er mir, gälten die Frauen grundsätzlich als schön. Einige wenige Frauen seien vielleicht nicht *so* schön, doch die Natur der Frau sei es, schön zu sein. In Europa hingegen gälten nur ein paar der Frauen als schön, der Rest der Frauen gelte als nicht schön. Besonders in Deutschland gälten nur diejenigen Frauen als schön, die wie Models oder Popstars aussähen – mit den restlichen stimme immer irgendetwas nicht.«

Genau das hat auch Isselmou soeben gesagt, nur eben auf seine eigene Art und Weise: *»Die Natur der Frau ist es, schön zu sein.«* Und das macht ihn trotz seiner Anzüglichkeiten in meinen Augen doch zu einem kleinen Poeten.

Das bunte Treiben rund um Isselmous Zelt spielt uns einen weiteren Trumpf in die Hände: Mohammed, einen siebenunddreißigjährigen Schwarzafrikaner, der neben uns Platz nimmt, weil ihn das Thema, das wir zu beackern versuchen, tatsächlich zu interessieren scheint. Genau wie sein Kumpel Isselmou ist auch Mohammed der festen Überzeugung, dass die Vorliebe für dickere Frauen in Mauretanien niemals verschwinden wird. Als ich ihn nach dem Grund frage, weshalb sich viele junge Männer mittlerweile trotzdem nach schlanken Frauen umsehen würden, erwähnt er plötzlich, unerwartet und ganz von allein jene »Filme«, über die Wafa und ich uns schon am Vortag unterhalten hatten. Wafa hat also völlig recht.

Mohammeds Bemühungen, meine Telefonnummer zu erhalten, kann ich leider trotzdem nicht entsprechen, auch wenn er nach dem Ende des Gesprächs trotz einer ersten Abfuhr noch mit dem Auto hinter uns her fährt, um Wafa und mich einzuholen und erneut danach zu fragen. Und Mohammed bleibt an diesem Tag nicht der einzige Anwärter auf meine Gunst. Denn nach der Aufzeichnung von »Der besondere Gast« macht mir der Kameramann, ein durchaus attraktiver und netter Kerl, prompt einen Heiratsantrag.

Ich freue mich darüber, denn das dürfte ja bedeuten, dass ich in meinen Antworten vielleicht nicht nur zusammenhangslosen Schwachsinn gestammelt habe. Mariams Fragen waren nicht die einfachsten, der Verständnisschwund durch die Hin-und-Her-Übersetzungen hat sein Übriges getan, und deshalb war das Gespräch ziemlich anstrengend. Aber ich habe mein Bestes gegeben, und deshalb entlädt sich meine Anspannung jetzt in einem heiteren, lauten Lachen. Wie es so meine Art ist.

Wafa bekommt daraufhin unverzüglich Schnappatmung. Sie wirft sich in ihrem Sessel nach hinten, schlägt die Hände vors Gesicht und schüttelt den Kopf, während sie immer wieder »Oh mein Gott! Oh nein, oh nein« murmelt. Als ich sie verwirrt frage, was denn jetzt so schlimm sei – ich müsse doch freundlich bleiben, auch wenn ich den Antrag natürlich ablehnen würde –, sagt Wafa fassungslos: »Ja, natürlich kannst du *freundlich* sein. Aber wenn du *so* freundlich bist, dann ist das gleichbedeutend mit einem fröhlichen ›Ja‹!«

Hups.

»Vergiss nicht, dass zwei Zeugen anwesend sind«, raunt sie mir dann mit einer Kopfbewegung in Richtung der beiden weiteren mauretanischen Fernsehkollegen zu. Ich bin daraufhin doch sehr froh, dass mein Verlobter in spe es mit Humor nimmt, als ich ihm sage, es sei mir leider doch nicht möglich, ihn zu heiraten.

Montag, 14. Februar 2011

Gespräch zwischen Abderrahmane Ahmed Salem und Tine Wittler auf dem Abschiedsfest in der Auberge.

Tine Wittler: Ich habe eine Theorie. Wir haben in den vergangenen Wochen mit vielen Frauen und Männern über die Schönheit gesprochen und dabei festgestellt: Ja, es gibt viele neue Einflüsse, und es gibt viele Bilder, die Mauretanien erreichen, die nicht eure eigenen Bilder sind. Meine Theorie lautet: Ich glaube dennoch, dass die mauretanischen Frauen sich im Gegensatz zu uns Frauen in Europa nicht von diesen Bildern verrückt machen lassen werden. Ich glaube vielmehr, dass auch die Malhafa trotz all dieser Veränderungen nicht verschwinden wird. Ich glaube, dass sie das Symbol ist für das Selbstbewusstsein der Mauretanierinnen. Und dass das Bewahren der Malhafa für die mauretanischen Frauen auch das Bewahren ihrer Stärke bedeutet. Kannst du dem zustimmen?

Abderrahmane Ahmed Salem: Ein klares Ja. Bis vor nicht allzu langer Zeit, bis zum Ende der achtziger Jahre, und vielleicht gibt es das im Landesinneren bis heute, war es so: Wenn ein Mädchen zum ersten Mal ihre Regel bekam, dann lief sie nicht zu ihrer Mutter und erzählte es ihr. Stattdessen ging sie zu den Malhafas ihrer Mutter und riss sich dort ein Stück davon ab, um den Stoff für sich zu verwenden. So wusste ihre Mutter Bescheid. Es war wie ein Code zwischen Tochter und Mutter, der besagt: Jetzt bist du eine Frau. Und ab jetzt wirst du selbst eine Malhafa tragen.

Die Malhafa ist viel mehr als ein Kleidungsstück. Sie ist ein Teil der Persönlichkeit der Frau, sogar ein Teil ihres Körpers, wenn ich das so sagen kann. Sie ist kein Gegenstand, den sie nur benutzt oder anlegt, wenn sie sich zurechtmacht oder ausgehen will. Eine Mauretanierin wird zwar darüber nachdenken, Jeans zu tragen oder ihre Bluse zu wechseln, aber sie wird trotzdem immer auch eine Malhafa anziehen. Die Malhafa hat eine sehr starke kulturelle Bedeutung. Nicht so sehr einen religiösen Bezug oder einen materiellen. Nein, ihre Bedeutung liegt weit über der eines Werkzeugs, eines Mittels zum Zweck. Die Malhafa ist ihre Identität.

Tine Wittler: Und trotzdem verändert sie sich.

Abderrahmane Ahmed Salem: Das ist richtig, trotzdem verändert sie sich. Wenn du dir Abbildungen aus der Mitte des neunzehnten Jahrhunderts anschaust zum Beispiel, dann wirst du feststellen, dass es damals Malhafas gab, die schon ein bisschen kürzer waren als die heutigen. Bei den maurischen Sklavinnen jener Epoche war sogar nur ein Teil ihres Körpers bedeckt; ihre Brüste blieben frei. Aber statt dass die Malhafa später ganz verschwand, passierte das genaue Gegenteil, und man begann damit, auch den Oberkörper vermehrt zu bedecken. Die Malhafa wurde noch umfassender. Mit der Entwicklung und der Mode gewann sie sogar an Wichtigkeit, und das tut sie bis heute.

Tine Wittler: Die Veränderungen stellen also keine Gefahr dar?

Abderrahmane Ahmed Salem: Nein, überhaupt nicht. Im Gegenteil! Schau dir an, was zum Beispiel in den achtziger Jahren passiert ist.

Damals kauften die Frauen schicke Kleider, Blusen, Röcke oder sogar Miniröcke, sehr teuer, und zeigten damit, dass sie der Mode folgten. Gleichzeitig genierten sie sich darin aber auch ein bisschen. Deshalb haben sie begonnen, sehr transparente Malhafas zu tragen, bei denen man trotzdem sehen konnte, was sich darunter befand. Das war ihre Art, mit der Mode zu gehen. Sie haben dabei nicht daran gedacht, sich der Malhafa zu entledigen, sondern darüber nachgedacht, wie sie die Malhafa dem Neuen anpassen können.

Nouakchott/Hamburg
Dienstag, 15. Februar 2011

Ich glaube, ich habe endlich begriffen, worum es geht. Es geht um den Mut zum Anderssein und vor allem um den Mut zum Andersbleiben. Es geht darum, keine Angst vor den Maßstäben zu haben, die für die Mehrheit entscheidend sind.

Es geht aber auch darum, dass ich mich all den Praktiken dieser Maßstäbe nicht unbedingt entziehen oder verschließen muss. Im Gegenteil, ich darf mir daraus durchaus jene Praktiken aussuchen, die zu mir passen und die mir Freude bereiten. Aber sie dürfen mich nicht vereinnahmen. Ich muss sie mir aneignen, statt dass sie von mir Besitz ergreifen. Und ich darf darüber nicht vergessen, wer ich bin, was mir guttut und was ich wirklich will im Leben.

Wenn ich das schaffe, dann bin ich stark. Und wenn ich stark bin, dann bin ich schön – ganz egal, wie andere das sehen.

Als ich in das Flugzeug steige, das mich zurück nach Europa bringen wird, trage ich eine schwarzbraune Malhafa, und trotz meines verheulten Gesichts gehe ich stolz und aufrecht. Zum ersten Mal seit langer, langer Zeit habe ich keine Fragen mehr. Anstelle der Fragen, mit denen ich hergekommen bin, trage ich viel Liebe in meinem Herzen: für meine Freundin Wafa und ihre Heimat. Und für mich selbst. Dass ich auch nach rein optischen Gesichtspunkten schön sein kann, das weiß ich jetzt. Aber ich weiß vor allem, dass ich dieses Wissen nicht mehr brauche, um glücklich zu sein.

Postskriptum

Am 24. Februar 2011, acht Tage nach der Rückkehr von Tine Wittler und ihrem Team, reduzierte die Air France ihre wöchentlichen Flüge von Paris nach Nouakchott von fünf auf drei.

Die Freitagsdemonstrationen, die seit dem 25. Februar 2011 auch in Nouakchott stattfanden, verliefen größtenteils friedlich.

Wafas Exmann sitzt tatsächlich als Gefangener Nr. 760 in Guantanamo ein. Ihm wird vorgeworfen, an der Rekrutierung der Todespiloten vom 11. September 2001 beteiligt gewesen zu sein.

Tine Wittler und Wafa sind bis heute eng befreundet. Wafas Schwester Haifa geht es besser, seit sie geeignete Medikamente erhält.

Dimi Mint Abba starb am 4. Juni 2011 nach einem Konzert in Marokko völlig unerwartet an einem Hirnschlag.

Der Artikel aus der US-amerikanischen *Marie Claire*, auf den Tine Wittler bei ihren Recherchen stieß, erschien im Juli 2011 auch in der deutschen Frauenzeitschrift *Jolie*.

Im August 2011 wurde bei Tine Wittler eine Gefäßentzündung durch ein überreagierendes Immunsystem (Vaskulitis) festgestellt. Nach einem Ärztemarathon, der auch ins Bernhard-Nocht-Institut für Tropenmedizin führte, diagnostizierte die Hautärztin Petra Kiene-Sliwka schließlich eine »Nekrobiosis lipoidica«, eine seltene Hautkrankheit. Diese tritt häufig im Zusammenhang mit Diabetes auf. Da Tine Wittler jedoch keine Diabetikerin ist, kann als Auslöser die Kamelmilch nicht ausgeschlossen werden. Tine Wittler befand sich bei Drucklegung dieses Buches weiterhin in ärztlicher Behandlung.

Die Beziehung zu Boris zerbrach noch während der Diagnostik.

Mauretania Gregors Reisehoroskop zum Nachlesen

Die Reise steht grundsätzlich unter erfolgversprechenden Konstellationen. Schönste und erfolgreichste Tage: 12.–15. Januar – überraschende, unerwartete Glücksfälle und Ereignisse möglich. Begegnung mit großzügigen, jovialen Menschen. Sehr beliebt. Förderung. Für später: Erfolge, wachsende Popularität. 18.–20. Januar – sehr verführerisch und beliebt. Super für »liebevolle« Kontakte, Shopping, Begegnung mit künstlerischen Menschen, Kunst, Kultur. Amüsante Geselligkeit. 20.–24. Januar – kritische Tage. Sehr dynamisch, leicht reizbar, erregbares Gemüt, aggressive Stimmung möglich. Alkoholkonsum einschränken! Kraftakte! Gleichzeitig: Gefühlsfrust, unerfüllte Liebessehnsucht. Aufreizendes Outfit könnte Männer ermutigen, Grenzen zu überschreiten. 5.–11. Februar – aufgestaute Wut kann sich explosiv entladen. Streitbare Gemüter besänftigen oder meiden. Keine Risiken, keine Provokation! Konfrontationen mit feindlich Gesinnten. Gefahrenzonen meiden!

Danke an:

Irina Linke und René Schöttler. Wafa und all unsere Gesprächspartner in Mauretanien. Mohamed Lemine Ould Taleb (Palm Tours SA). Aminetou Mint El Moctar und die Association des Femmes Chefs de Famille. Yacoub Ould Mansour. Abdel Mounime Ould Idoubou. Das mauretanische Informationsministerium und das mauretanische Staatsfernsehen. Das Auswärtige Amt mit der deutschen Botschaft in Nouakchott, insbesondere Anja Niang, Claudia Fröning, Nicole Stechmann und Jan Albers, sowie die mauretanische Botschaft in Berlin. Die GIZ in Nouakchott. Olivia und Youba, »Maison Jeloua«. Justus Buma und Cora, »Bab Sahara«. Mohamedoun. Christine Schröder. Holger Riedel. Petra Reiner, DJV Hamburg. Mauretania Gregor und Larah. Air France, insbesondere Julia Lange und Bianca Wirth. Hamburger Sparkasse. Flughafen Hamburg. Martina Schleif und Matthias Pichler. Barbara und Herbert Schalt. Boris und alle, die an dieses Projekt geglaubt haben.

Zum Nachlesen:

von Bismarck, Elisabeth: Du fette Nudel. Wo bleiben in unserer Gesellschaft die übergewichtigen Kinder? In: Hauner, Andrea / Reichart, Elke (Hg.): Bodytalk. dtv 2004, S. 137 – 143

Boyle, T. Coraghessan: Wassermusik. rororo 1990

Döll, Alexandra: Boulevard-Journalismus in den Medien. In: www.suite101.de, 7. August 2010

Fuchs, Cornelia / Gassel, Steffen: Das unterdrückte Geschlecht – Frauen im Islam. In: Stern Nr. 28 / 2010, 7. Juli 2010

Gabo: Digitale Wesen im Zeitalter geistiger Bulimie oder Eine Fotografin zieht Bilanz. In: Hauner, Andrea / Reichart, Elke (Hg.): Bodytalk. dtv 2004, S. 169 – 174

Gasper, Regina und Harald: Herrlich hässlich! Warum die Welt nicht den Schönen gehört. Eichborn 2005

Goetz, John / Rosenbach, Marcel / Sandberg, Britta / Stark, Holger: Der Gefangene Nr. 760. In: Spiegel Nr. 41 / 2008, 6. Oktober 2008

Gründl, Martin: Was ist Schönheit? In: Hauner, Andrea / Reichart, Elke (Hg.): Bodytalk. dtv 2004, S. 9 – 33

Haas, Michaela: Der Feind in mir. In: Süddeutsche Zeitung Magazin Nr. 31 / 1009, 31. Juli 2009

Hassebrauck, Manfred: Erste Liebe, zweite Liebe: Wie wir vom Aussehen auf den Charakter schließen. In: Hauner, Andrea / Reichart, Elke (Hg.): Bodytalk. dtv 2004, S. 36 – 48

Hauner, Andrea / Reichart, Elke (Hg.): Bodytalk: Der riskante Kult um Körper und Schönheit. dtv 2004

Kohlbach, Edith: Mauretanien: Ein Reiseführer rund um die Asphaltstraßen des Landes. Eigenverlag 2007

Klute, Hilmar: Schwer in Ordnung: Über das neue Selbstbewusstsein der Dicken. In: Süddeutsche Zeitung Nr. 54 / 2010, 6. März 2010

Lütz, Manfred: Gott ist tot. Die Gesundheitsreligion frisst ihre Kinder. In: Hauner, Andrea / Reichart, Elke (Hg.): Bodytalk. dtv 2004, S. 144 – 148

Mangweth, Barbara: Der Adonis-Komplex. Der männliche Drang zum schönen Körper. In: Hauner, Andrea / Reichart, Elke (Hg.): Bodytalk. dtv 2004, S. 104–113

Mieck, Ingrid: Du musst dünn sein. Hungern für das Selbstbewusstsein – über Essstörungen und die psychischen Folgen. In: Hauner, Andrea / Reichart, Elke (Hg.): Bodytalk. dtv 2004, S. 73–82

Orbach, Susie: Fat Is a Feminist Issue. Berkley 1979

Orbach, Susie: Bodies. Picador 2009

Precht, Richard David: Liebe – Ein unordentliches Gefühl. Goldmann 2009

Schorb, Friedrich: Dick, doof und arm? Die große Lüge vom Übergewicht und wer von ihr profitiert. Droemer 2009

Zum Weiterlesen:

Beyrouk, Dahmane Ould: 100 Femmes de Mauritanie. Portraits de femmes leaders. SIREC s. a. 2008

Därr, Erika (Hg.) / Baur, Thomas / Göttler, Gerhard: Sahel-Länder Westafrika – Handbuch für individuelles Entdecken. Reise Know-How Verlag 2007.

Ham, Anthony (Hg.): Lonely Planet West Africa. Lonely Planet Publications, 2009

Hebebrand, Johannes / Simon, Claus Peter: Irrtum Übergewicht. Zabert Sandmann 2008

Kunzelmann, Maja: Traumbilder und Realitätskonstruktion – Inszenierung des Fremden in Reisereportagen im Fernsehen am Beispiel von Mauretanien. GRIN 2002

Mühlich, Felissa: Übergewicht als Politikum? VS Verlag 2008

du Puigaudeau, Odette: Barfuß durch Mauretanien: Zwei wagemutige Abenteurerinnen durchqueren die Wüste. Malik National Geographic 2006

Renn, Crystal: Hungry. Heyne 2009

Riera, Ignasi: Dicke bevorzugt. Die Lust des Genießens. Eichborn 1992

Scholl, Norman: Eine Erfolgsgeschichte der anderen Art? Eine semiotische Analyse der Dove-Printanzeigen-Kampagne. GRIN 2007

Schmidt-Semisch, Henning / Schorb, Friedrich: Kreuzzug gegen Fette. Sozialwissenschaftliche Aspekte des gesellschaftlichen Umgangs mit Übergewicht und Adipositas. VS Verlag 2007

Siepe, Franz: Die Farben des Eros. Das Schönheitsideal im Wandel der Zeit. wjs 2007

Posch, Waltraud: Projekt Körper: Wie der Kult um die Schönheit unser Leben prägt. Campus 2009

Trillo, Richard / Hudges, Jim (Hg.): The Rough Guide To West Africa. Rough Guides. Penguin 2008